아두이노 C 프로그래밍

권 상 홍 저

오성미디어

- 저자서문 -

처음 프로그래밍 언어를 배우는 학생들에게 C 프로그래밍은 어려울 뿐만 아니라 재미없는 공부 중 하나이다. 단순히 PC 상에서 비주얼 스튜디오나 터보 C와 같은 프로그램 개발 툴을 이용하여 C 언어 문법을 공부하는 기존의 방식에서 탈피하여 좀 더 쉽고 재미있게 공부할 수 있는 방법이 무엇인지 고민하던 중에 아두이노를 접하게 되었다. 온도 센서, 습도 센서, 초음파 센서, 모터 등의 하드웨어를 이용하여 몇 줄의 코드로 스마트하게 동작하는 전자기기를 만들 수 있다는 것만으로도 아두이노는 초보자에게 관심을 끌기에 충분하다고 생각하였고, 아두이노를 통해 프로그래밍 초보자가 재미있게 C 언어를 공부할 수 있도록 책을 만들어 보기로 마음을 먹었다.

컴퓨터공학 전공자인 저자로서 생소한 전자 용어와 하드웨어에 대해서는 인터넷이나 책을 찾아 공부하고, 옆에 계시는 전자공학 전공자이신 동료 교수께 여쭤보면서 하드웨어 지식과 자료를 수집하여 전자공학 비전공자의 입장에서 하드웨어를 다루고자 노력하였다. 또한 C 프로그래밍에 관한 내용은 문법적인 부분을 좀 더 쉽게 이해할 수 있도록 다양한 사용 예와 예제 프로그램을 제시하였고, 아두이노 프로그램을 작성하는데 필요한 C 언어의 전반을 다루고자 하였으며, 예제 프로그램과 실습 프로그램은 다른 아두이노 프로그램의 밑바탕이 될 수 있도록 최대한 구조적으로 작성하였다.

아두이노는 전자공학이나 컴퓨터공학에 대한 깊은 지식이 없더라도 누구나 조금만 공부하면 멋진 아이디어를 제품으로 만들어 낼 수 있다. 단지 몇 만원의 투자로 아두이노 보드와 센서 등의 하드웨어를 구입하고 뚝딱뚝딱 브레드보드에 조립하여 C 코드를 작성하여 아두이노 보드의 핵심인 마이크로컨트롤러에 심어주어 원하는 동작을 하는 여러 제품을 만들어 테스트해보고 싶은 사람이라면 망설임 없이 이 책을 사서 공부해보기를 권한다.

저자는 4차 산업혁명 시대를 살고 있는 우리 모두에게 스마트폰을 사용하는 것만큼이나 코딩(프로그램 작성)이 생활기술이 될 날이 멀지 않았다고 생각한다. 소프트웨어 코딩이나 아두이노 프로그래밍 또는 C 프로그래밍에 관심 있는 누구든지 조금만 공부하는데 이 책이 큰 도움이 될 수 있기를 기대하며, 이 책이 나오기까지 도움을 주신 많은 분들께 깊은 감사를 드린다.

서사 권 상 홍

- 목 차 -

1장 임베디드와 프로그래밍

임베디드 시스템에 대한 개념과 구성에 대해 살펴보고 임베디드 프로그래밍 언어 종류와 프로그래밍 과정에 대해 살펴본다.

1. 임베디드 시스템

1.1 임베디드 시스템 개요

우리가 실생활에서 사용하는 모든 전자제품 안에는 아주 작은 컴퓨터가 장착되어 있다. 자동차에는 사용자의 운전 습관을 기록하고 분석하여 그에 따라 엔진에 분사하는 연료량을 조절하고 변속 타이밍을 조절하는 컴퓨터가 들어가 있으며, 전화기에도 통화기록 등을 저장하는 컴퓨터가 들어가 있다. 이들 제품에는 본체, 모니터, 키보드와 마우스로 구성되어 있지 않아 모양이 다르고 눈으로 보이지는 않지만 PC처럼 내장된 프로그램의 명령에 따라 동작하는 컴퓨터가 들어가 있는데, 제품 내부에 들어가기 때문에 크기가 작아 초소형 컴퓨터라는 의미로 마이크로컨트롤러라고 부른다.

임베디드(embedded)라는 말은 '내장되어 있는', '포함되어 있는'이라는 의미이다. 따라서 내부에 마이크로컨트롤러가 장착된 전자제품은 임베디드 시스템을 가지게 되는데, 기계가 동작을 하는데 필요한 각종 제어를 담당한다. 예를 들면 전기밥솥이 예약시간과 밥 짓기 종류(현미밥, 백미밥, 잡곡밥 등)를 기억하고 있다가 시간에 맞춰 밥을 한다거나 세탁기가 빨래를 하다가 물이 공급되지 않으면 경고음을 울린다거나 하는 일들을 임베디드 시스템인 마이크로컨트롤러가 처리하는 것이다.

1.2 임베디드 시스템 구성

우리가 사용하는 PC는 여러 가지 용도(범용)로 사용하는 전자제품의 일종으로 하드웨어와 소프트웨어로 구성되어 있다. 범용 컴퓨터 하드웨어는 기본적으로 본체, 모니터, 키보드와 마우스로 구성되어 있으며, 사용자의 필요에 따라 프린터나 USB 메모리와 같은 주변장치를 본체에 연결하여 사용할 수 있도록 되어 있다. 컴퓨터 소프트웨어는 하드웨어가 제기능을 할 수 있도록 구동시켜주는 운영체제(윈도우즈, 리눅스 등)와 하드웨어를 시켜 일을 하도록 해주는 각종 응용 프로그램(엑셀, 포토샵 등)으로 구성되어 있다.

임베디드 시스템은 기계의 특정 기능을 수행하도록 제어하는 컴퓨터 시스템으로 장치 내에 존재한다. 즉, 임베디드 시스템은 전체 장치의 일부분으로 구성되며 제어가 필요한 기계의 두뇌 역할을 하는 특수 목적의 컴퓨터 시스템이다. PC처럼 하드웨어와 소프트웨어로 구성되지만 다른 기계의 내부에 포함되기 때문에 본체나 모니터와 키보드 등을 가지고 있지 않으며, 기계를 구동하는데 필요한 기본적인 운영체제 기능만 있으면 되므로 PC의 운영체제처럼 덩치가 클 필요도 없다. 그러므로 임베디드 시스템은 정해진 기능을 수행하는데 필요한 최소한의 하드웨어와 소프트웨어로만으로 구성된다.

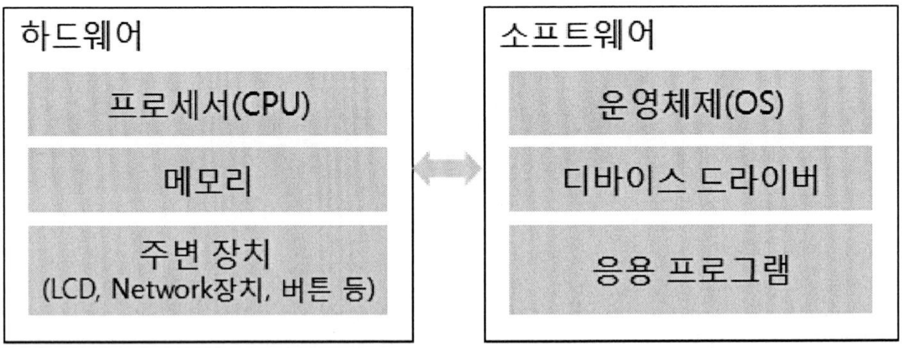

그림 1-1 임베디드 시스템의 구성

1.2.1 임베디드 하드웨어

▶ 프로세서

임베디드 시스템에 사용되는 프로세서(CPU, Central Processing Unit, 중앙처리장치)는 과거에는 4비트나 8비트 마이크로프로세서가 주로 사용되었지만 최근에는 기술의 발전으로 가격이 저렴해지고 소형화되어 32비트나 64비트 마이크로프로세서를 가지고 있는 마이크로컨트롤러가 주로 사용한다.

궁금해요 **마이크로프로세서와 마이크로컨트롤러**

마이크로프로세서는 CPU의 여러 형태중 하나로 CPU를 하나의 IC칩에 집적한 반도체소자(semiconductor device)이다. 때로는 MPU(Micro Processing Unit)라고도 불린다. 마이크로프로세서가 컴퓨터의 기능을 하기 위해서는 메모리와 입출력 회로가 추가로 필요한데 이것을 단일 칩에 모두 갖추고 있도록 한 것이 마이크로컨트롤러이다. 마이크로컨트롤러는 MCU(Micro Controller Unit)라고도 하며, Atmel사의 Atmega 시리즈가 대표적이다.

▶ 메모리

임베디드 시스템의 메모리는 마이크로컨트롤러 내부에 장착된 ROM(Read Only Memory)과 플래시메모리가 있다. ROM에는 임베디드 프로그램 코드를 저장하며 플래시메모리에는 임베디드 프로그램이 처리해야 할 데이터를 저장하는 공간이다. 대용량의 메모리가 필요한 임베디드 시스템의 경우는 외부 RAM(Random Access Memory)을 마이크로컨트롤러와 연결하여 사용하기도 한다.

궁금해요 비휘발성 메모리와 휘발성 메모리

메모리는 전원이 켜져 있지 않더라도 저장되어 있는 내용을 유지하는 비휘발성 메모리와 전원이 꺼지면 내용이 사라지는 휘발성 메모리가 있다. ROM, 플래시 메모리, 하드디스크는 비휘발성 메모리이며, RAM은 휘발성 메모리이다.

▶ 주변 장치

PC의 경우 키보드, 마우스, 모니터, 프린터, 무선 랜카드와 같은 주변장치를 사용하지만 임베디드 시스템은 기계의 상태를 표시하는 LCD, 각종 선택을 위한 버튼, 온도나 습도 센서, 블루투스나 와이파이 통신을 위한 네트워크 등의 주변 장치를 사용한다.

1.2.2 임베디드 소프트웨어

▶ 운영체제

임베디드 시스템은 운영체제(OS, Operating System)를 사용하지 않는 경우도 많은데, 이는 해당 기기의 고유한 목적에만 충실하도록 만들면 되었기 때문이다. 하지만 최근에는 하나의 제품으로 여러 기능을 복합적으로 사용할 수 있는 제품이 많아지고 있는데, 이렇게 하나의 제품을 여러 기능으로 사용하려면 각각의 기능을 관리해주는 운영체제를 사용해야 한다. 그 대표적인 것이 스마트폰이다.

임베디드 운영체제는 윈도 CE나 임베디드 리눅스 등 임베디드 시스템에 최적화된 운영체제나 RTOS를 사용하는 경우가 대부분이다. 이는 대개의 임베디드 시스템의 경우 CPU나 메모리 자원 등의 구성이 일반 PC의 표준적인 플랫폼과는 달리 한계가 있어 PC용 운영체제를 사용할 수 없기 때문이다.

▶ 디바이스 드라이버

디바이스 드라이버의 목적은 하드웨어 기능과 관련된 동작들을 감추어 프로그램에서 하드웨어를 사용하기 쉽게 만드는 것이다. 운영체제가 있는 임베디드 시스템과 운영체제가 없는 임베디드 시스템에서의 디바이스 드라이버는 서로 차이가 존재한다.

운영체제가 있는 임베디드 시스템에는 운영체제에서 응용 프로그램과의 인터페이스를 정의하고 디바이스 드라이버에서는 운영체제에 정의된 인터페이스에 맞추어 하드웨어 동작을 구현한다. 따라서 응용 프로그램은 운영체제의 인터페이스 호출을 통해서만 하드웨어를 사용할 수 있으며, 직접 접근하는 것은 불가능하게 된다.

반면 운영체제가 없는 임베디드 시스템에서는 모든 프로그램이 하나의 바이너리로 들어가므로 운영체제와 디바이스 드라이버, 응용 프로그램을 따로 구분하는 일이 거의 없다. 따라서 하드웨어의 직접적인 접근이 가능하며, 디바이스 드라이버를 구현하는 것은 프로그램 개발자의 몫이다.

▶ 응용 프로그램

임베디드 시스템의 응용 프로그램을 임베디드 프로그램이라고 부른다. 하드웨어를 구동시켜 원하는 기능을 수행할 수 있도록 해주는 프로그램이다.

2. 임베디드 프로그래밍

PC 이외 전자제품의 임베디드 시스템에 내장되어 제품에 요구되는 특정한 기능을 수행하는 임베디드 프로그램을 작성하는 것을 임베디드 프로그래밍이라고 한다. 임베디드 프로그래밍은 컴퓨터 프로그래밍과 마찬가지로 프로그래밍 언어로 코딩을 해야 한다.

2.1 임베디드 프로그래밍 언어

컴퓨터는 디지털 신호 0과 1에 의해 동작하는 디지털 기계이며, 임베디드 시스템을 가지는 전자제품 또한 디지털 신호에 의해 동작하는 디지털 기계이다. 우리가 사용하는 전기밥솥, 냉장고, 세탁기는 밥을 짓고, 아이스크림을 보관하고, 속옷을 삶아 세탁을 하도록 0과 1로 구성된 프로그램에 따라 동작한다.

디지털 기계의 동작을 구현하기 위해 사람이 직접 0과 1을 코딩하여 프로그램을 작성하는 것을 기계어 프로그래밍이라고 한다. 0과 1로 만들어진 기계어 프로그램은 어떤 의미인지 이해하기 어렵고 작성하기도 힘들었지만 1950년대 초반의 초기 프로그래머는 프로그래밍 언어가 없었기 때문에 기계어로 프로그램을 작성해야만 했다.

결국 기계어에 대응하면서 좀 더 쉽게 프로그램을 작성할 수 있는 언어가 개발되었는데, 이것이 어셈블리어(assembly language)이다. 어셈블리어는 기계어 명령에 대응하는 어셈블리 코드를 미리 정의해 두고 이 코드를 이용해 프로그램을 작성한다. 어셈블리 코드는 다시 기계어로 바꾸어 주는 번역 프로그램이 있어야 되는데, 이것을 어셈블러(assembler)라고 한다. 어셈블리어가 있어 좀 더 편리하게 프로그램을 작성하게 되었지만 기계어 명령과 일대일로 대응되는 어셈블리 코드는 여전히 어려웠다.

이후 어셈블리어 보다 쉽게 프로그램을 작성할 수 있도록 C, Pascal, Fortran 등과 같은 언어들이 개발되었고 C++, Java, C#에 이르기까지 많은 언어가 개발되었다. 이러한 언어들은 모두 인간이 쉽게 이해할 수 있는 코드로 구성되어 있기 때문에 고급 언어로 분류한다. 고급 언어의 상반 개념으로 기계어와 어셈블리어는 기계가 이해하기 쉬운 코드로 구성되어 있어 저급 언어로 분류한다.

임베디드 시스템이 4비트, 8비트 프로세서를 사용하던 시절에는 어셈블리어를 사용하여 프로그래밍을 했으나 최근에는 하드웨어 접근이 용이하도록 설계되어 운영체제 개발용 언어로 사용하는 C를 주로 사용하여 프로그램을 작성한다. 운영체제를 가진 임베디드 시스템에서는 C++나 Java와 같은 객체지향 프로그래밍 언어로 프로그래밍 할 수도 있다.

2.2 임베디드 프로그래밍 단계

어셈블리어나 고급 언어로 작성한 원시 프로그램(source program)은 기계가 이해할 수 있는 0과 1로 된 기계어 프로그램으로 번역하는 과정이 필요하다. 이러한 과정을 컴파일(compile)이라고 하는데 프로그램 작성시 사용한 언어가 기계어가 아니라면 프로그램은 반드시 번역 과정을 거쳐야 한다. 컴파일 과정에서 프로그래밍 언어의 문법에 맞지 않은 코드가 발견되면 컴파일 오류가 발생하게 되는데, 오류를 고쳐서(debugging) 다시 컴파일 과정을 거쳐야 한다. 컴파일이 완료되고 생성된 기계어 프로그램을 목적 프로그램(object program)이라 한다.

번역 후에는 여러 개로 나누어 생성된 목적 프로그램을 연결하여 하나의 실행 가능한 프로그램으로 생성하는 과정이 더 필요한데, 이 과정을 링크(link)라 한다. 링크 과정을 거치고 나면 일반 컴퓨터용 프로그램인 경우 실행 프로그램(.exe 파일)이 생성되지만 임베디드 시스템에서 사용할 프로그램이라면 바이너리 프로그램(.bin 파일)이 생성된다.

링크이후에는 프로그램이 정상적으로 동작하는지 테스트를 해야 되는데, 일반 컴퓨터용 프로그램은 바로 테스트하면 되지만 임베디드 프로그램은 타깃 보드에 업로드하여 테스트를 진행한다. 타깃 보드에서 테스트중 하드웨어가 정상적으로 동작하지 않는다면 임베디드 프로그램을 수정하거나 타깃 보드의 회로를 수정하는 등의 작업을 거쳐야 한다.

궁금해요 **크로스 컴파일러**

크로스 컴파일러(cross compiler)는 컴파일을 하고 있는 컴퓨터의 기계어 프로그램이 아닌 다른 기계에서 실행될 기계어 프로그램으로 번역하는 컴파일러를 말한다. [그림 1-2]에서 보면 호스트 컴퓨터가 타깃 보드의 기계어 코드를 생성하는데, 이 컴파일 과정을 담당하는 컴파일러가 크로스 컴파일러이다.

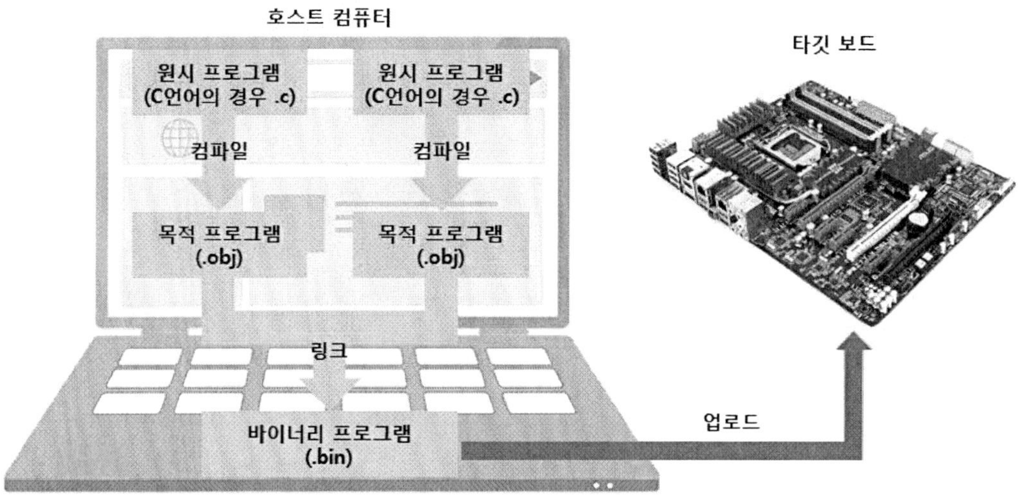

그림 1-2 임베디드 프로그래밍 단계

2장 아두이노 하드웨어와 소프트웨어

아두이노 개념과 아두이노 보드 종류 및 우노 보드 특성에 대해 살펴본 후, 아두이노 IDE에 대해 살펴본다.

1. 아두이노 개념

1.1 아두이노 개요

아두이노(Arduino)는 이탈리아 북부 이브레아(Ivrea)라는 작은 도시의 예술과 IT를 융합해 가르치던 IDII(Interaction Design Institute Ivrea)에서 2005년에 마시모 반지(Massimo Banzi) 교수가 하드웨어에 익숙지 않은 학생들이 자신들의 디자인 작품을 손쉽게 제어할 수 있게 하기 위해 만들었다.
이태리어로 아두이노는 '친한 친구'라는 뜻이다. 그 이름에서 알 수 있듯이 누구든지 전자공학이나 컴퓨터공학에 대한 깊은 지식이 없더라도 아두이노를 조금만 공부하면 친구처럼 편하게 다룰 수 있다. 우리는 아두이노 덕분에 각자 가진 아이디어를 직접 내손으로 실현해 볼 수 있게 된 것이다.
아두이노는 단일 보드 마이크로컨트롤러(소형 컴퓨터)로 완성된 하드웨어인 아두이노 보드와 이것을 제어하기 위한 마이크로컨트롤러용 프로그램인 스케치를 개발할 수 있는 소프트웨어인 아두이노 IDE를 통합해서 부르는 이름이다. 또한 아두이노는 누구든지 무료로 사용할 수 있도록 하드웨어와 소프트웨어의 소스를 공개하는 오픈소스의 이념이 포함되어 있다.

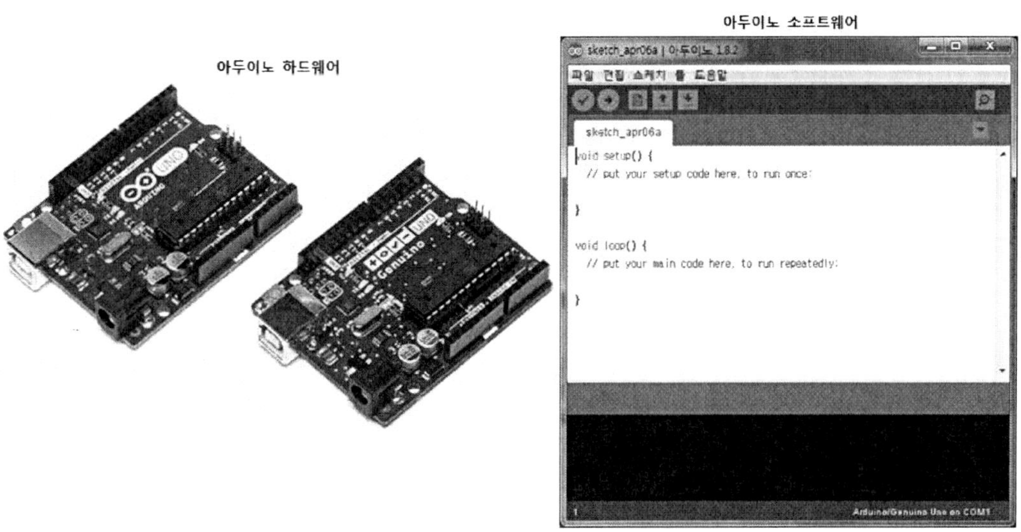

그림 2-1 아두이노 하드웨어와 소프트웨어

궁금해요 **아두이노와 제누이노**

아두이노의 다른 이름은 제누이노(Genuino)이다. 상표권 문제로 아두이노를 생산하는 업체에서 미국 내의 제품은 아두이노로 표기하고 다른 국가로 수출하는 제품은 제누이노로 표기하기로 했다.

궁금해요 **아두이노 스케치**

아두이노 소프트웨어(IDE)를 사용하여 작성된 프로그램을 스케치(sketch)라고 부르며, 주로 C 언어를 사용하여 작성한다.

아두이노는 오픈소스 기반이기 때문에 임베디드 시스템 개발 경험이 전혀 없는 사람도 쉽게 접근할 수 있도록 개발 도구, 회로도 등 관련된 모든 내용을 무상으로 제공한다. 1990년대 이후 ICT 혁명을 이끌어 온 한 축이 리눅스와 같은 오픈소소 소프트웨어라면, 최근 각광을 받고 있는 사물인터넷(IOT) 시대에는 아두이노와 같은 오픈소스 하드웨어가 또 다른 한 축이라고 할 수 있다.

1.2 아두이노 사용 분야

아두이노는 사용하기 쉬운 하드웨어와 소프트웨어로 공학도도 접근이 쉽지 않은 마이크로컨트롤러를 일반인이 쉽게 사용할 수 있도록 해 주었다. 아두이노는 다수의 스위치나 센서로 부터 값을 받아들여, LED나 모터와 같은 외부 전자 장치들을 통제함으로써 환경과 상호작용이 가능한 물건을 만들어 낼 수 있다. 스마트폰의 버튼을 눌러 LED 전등을 켜고, 빛을 감지하여 자동으로 커튼을 내리거나 올리고, 트위터 메시지를 읽어 온라인으로 게시하는 등의 처리를 할 수 있다.

1.3 아두이노 개발 과정

아두이노 보드는 입력과 출력을 할 수 있는 프로세서와 메모리를 가진 마이크로컨트롤러이다. 아두이노 보드의 입력과 출력 부분에 각종 부품(센서, 모터 등)을 연결하여 하드웨어를 구성하고, 상황에 맞게 동작할 수 있도록 제어 프로그램(아두이노

그림 2-2 레오나르도를 이용한 2D 지도 제작 장치 [출처 : 아두이노]

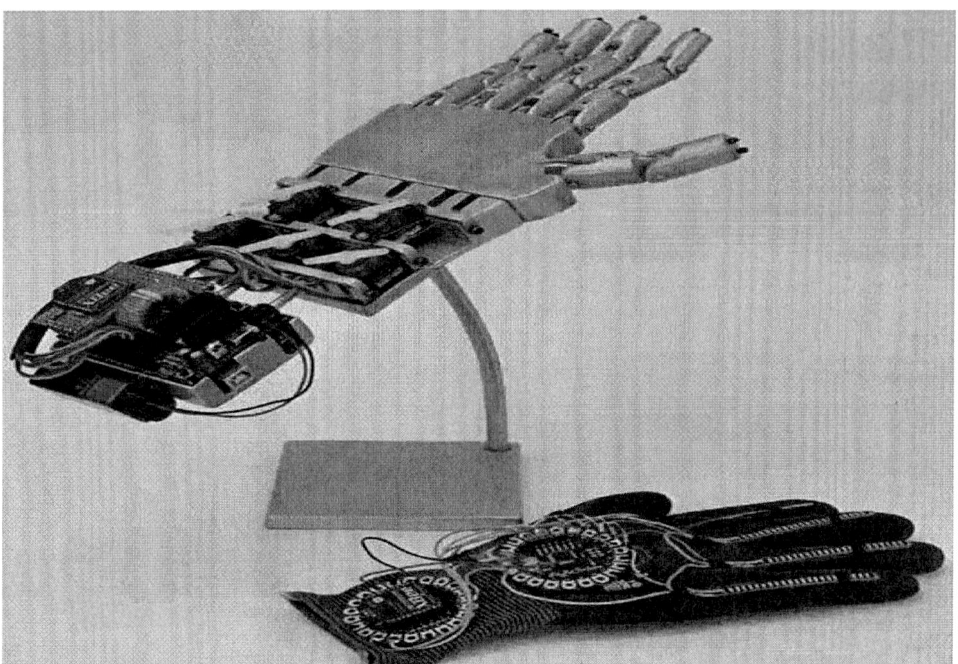

그림 2-3 릴리패드를 이용한 원격제어 로봇 손 [출처 : 아두이노]

스케치)을 작성하여, 스케치를 컴파일한 후 아두이노 보드에 업로드하고, 올바르게 동작하는지 테스트하는 과정을 거쳐 아두이노 제품을 개발한다.

아두이노 개발 과정을 요약하면 아래 그림과 같다.

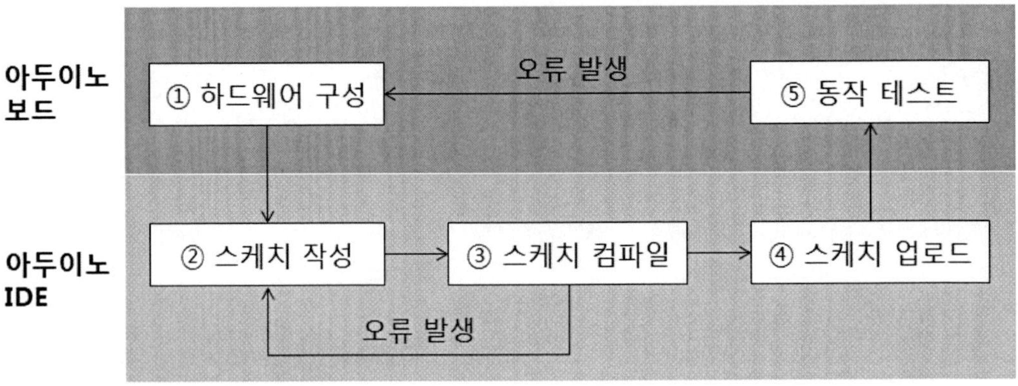

그림 2-4 아두이노 개발 과정

2. 아두이노 보드

2.1 아두이노 보드 소개

2.1.1 보드 종류

아두이노는 개발자의 요구에 맞는 다양한 하드웨어를 제공하고 있다. 그 중 몇 종류의 보드에 대해 살펴보자.

▶ 우노(UNO)
우노는 이태리어로 하나라는 뜻으로 아두이노 표준 보드이며, 교육용으로 가장 많이 사용되는 보드이다. 53.4 x 68.6mm 크기이며, 아날로그 6개, 디지털 14개의 단자를 제공한다.

그림 2-5 아두이노 우노 [출처 : 아두이노]

▶ 나노(NANO)
나노는 우노와 유사한 소형 보드이다. 이름이 나타내는 것처럼 18 × 45mm의 작은 크기이며, 아날로그 6개, 디지털 22개를 제공한다. 선을 끼울 단자가 없기 때문에 보드에 납땜을 하거나 브레드보드(bread board)에 연결하여 사용한다.

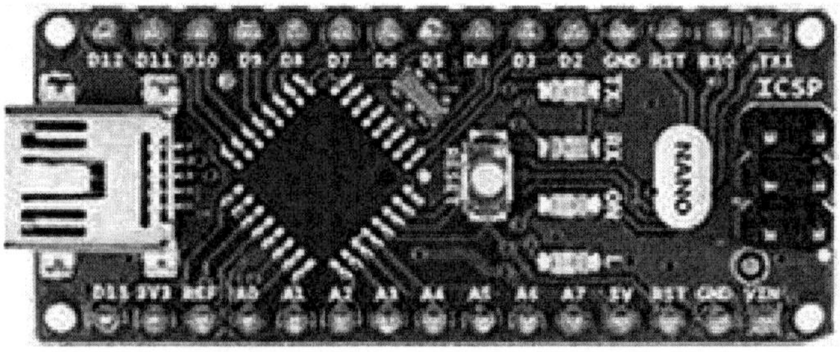

그림 2-6 아두이노 나노 [출처 : 아두이노]

▶ 메가(MEGA)

메가는 연결단자가 많이 필요할 때 사용하는 보드로 3D 프린터 및 로보틱스 프로젝트에 권장되는 보드이다. 아날로그 16개, 디지털 54개의 단자를 제공한다. 53.3 × 101.52mm 크기로 성능이 우수해 이미지나 동영상처리 등의 고성능이 필요한 곳에 사용한다.

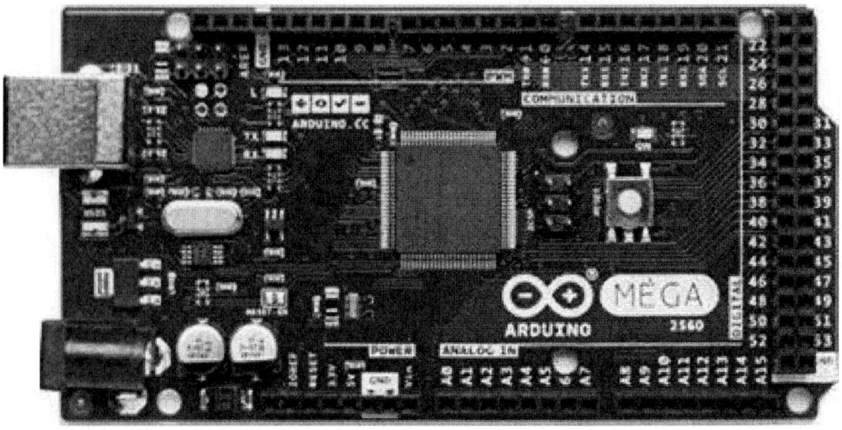

그림 2-7 아두이노 메가 [출처 : 아두이노]

▶ 두에(DUE)

두에는 이태리어로 둘이라는 뜻으로 32비트 ARM 코어 마이크로컨트롤러를 기반으로 한 최초의 아두이노 보드이다. 54개의 디지털 핀, 12개의 아날로그 핀을 가지고 있으며, 대규모 프로젝트에 사용된다. 대부분의 아두이노 보드와 달리 두에 보드는 3.3V에서 동작한다.

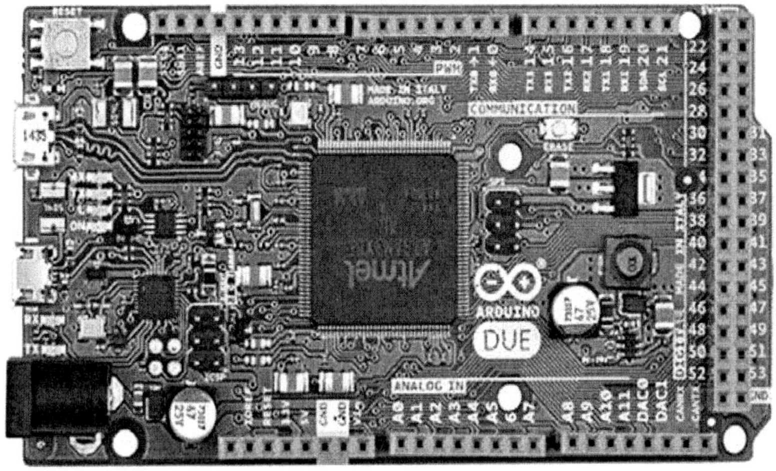

그림 2-8 아두이노 두에 [출처 : 아두이노]

그림 2-9 아두이노 릴리패드 [출처 : 아두이노]

▶ 릴리패드(LILYPAD)

릴리패드는 전자 섬유 및 웨어러블 프로젝트에 쉽게 통합되도록 설계된 특수 보드이다. 바느질로 센서 등을 연결하여 옷이나 가방 또는 신발 등에 장착하여 다양한 효과나 기능을 추가할 수 있다. 체온이 내려가면 자동으로 따뜻해지는 옷이나 번쩍번쩍 빛나는 신발을 만들어 볼 수 있다. 외경 50mm에 두께가 0.8mm의 얇은 PCB로 디지털 14개, 아날로그 입력 6개의 핀을 제공한다.

2.1.2 보드 특성

주요 아두이노 보드에 대한 특성은 아래 표와 같다.

구분	마이크로컨트롤러 (MCU)	디지털 핀	PWM 핀	아날로그 핀	플래시 메모리	USB 커넥터
우노	ATmega328P	14	6	6	32KB	○
미니	ATmega328	14	6	8	32KB	×
나노	ATmega328	22	6	8	32KB	○
레오나르도	ATmega32u4	20	7	12	32KB	○
101	Intel Curie	14	4	6	196KB	○
메가	ATmega2560	54	15	16	256KB	○
두에	AT91SAM3X8E	54	12	12	512KB	○
릴리패드	ATmega168/ ATmega328V	14	6	6	16KB	○

표 2-1 아두이노 보드 특징

2.2 아두이노 호환 보드

아두이노 보드는 아두이노에서 제조해서 판매하는 공식(정품) 보드와 동일한 기능을 하는 호환 보드가 존재한다. 아두이노는 하드웨어와 소프트웨어 구조가 모두 개방되어 있기 때문에 누구나 만들고 판매할 수 있기 때문에 다른 제조사들이 개조하거나 비슷하게 만들어 호환 보드를 판매하고 있는 것이다. 정품 보드는 호환 보드에 비해 비싸지만 품질이 우수하며, 호환 보드는 정품 보드에 비해 상대적으로 가격이 저렴하지만 품질이 좋을 수도 나쁠 수도 있다.

2.3 아두이노 쉴드 보드

아두이노 보드는 마이크로컨트롤러 기능만 존재하기 때문에 센서나 기타 입출력 장치가 필요한 경우가 생기는데, 쉴드 보드를 사용하여 해결할 수 있다. 쉴드 보드는 모니터 연결, 조이스틱 입력, WiFi 접속, 모터 제어 등의 특정 기능을 수행하는 보드로서 아두이노 보드와 결합하여 동작하는 일종의 확장 모듈이다.

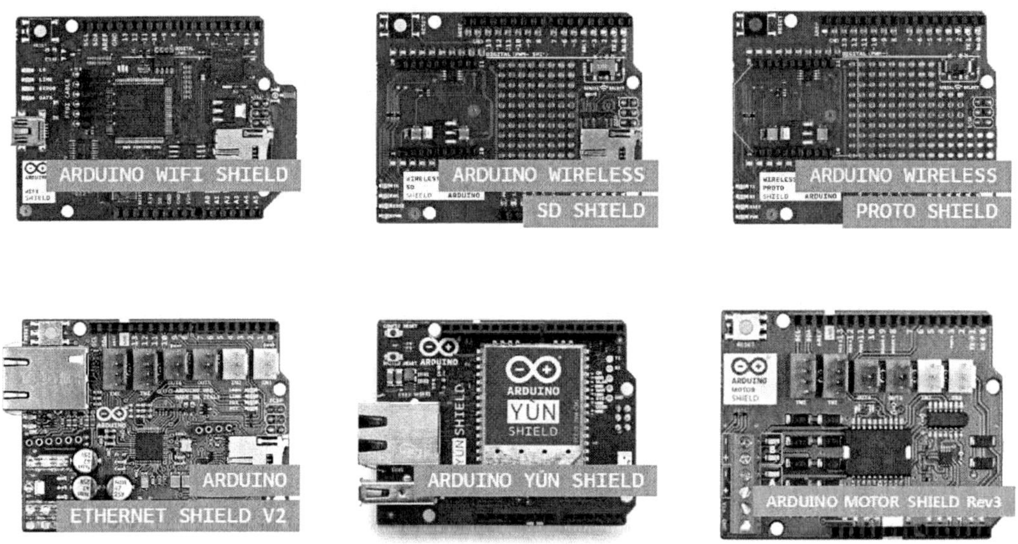

그림 2-10 다양한 아두이노 쉴드 보드 [출처 : 아두이노]

전자회로에 대한 지식이 없는 초보자도 아두이노를 쉽게 사용할 수 있는 이유 중의 하나는 아두이노 확장 모듈인 쉴드 보드가 있기 때문이다. 모터 쉴드를 이용하면 모터 속도, 회전 방향 등을 쉽게 제어할 수 있으며, 서보모터, DC모터 등의 여러 모터를 연결할 수 있다.

쉴드 보드는 아두이노 보드의 입출력 커넥터에 연결되도록 표준 규격의 커넥터를 사용하며, 각 쉴드 보드는 아두이노 보드 위에 꽂아서 사용하는 적층 구조로 서로 연결된다.

그림 2-11 모터 쉴드 적층 [출처 : 아두이노]

2.4 아두이노 우노

2.4.1 특성

우리가 사용할 아두이노 우노에 대해 더 자세하게 알아보자. 아두이노 우노는 ATmega328P 기반의 마이크로컨트롤러 보드로 14개의 디지털 입출력 핀(6개는 PWM 출력으로 사용할 수 있음), 6개의 아날로그 입력 핀, 16MHz 클럭 속도, USB 연결, 전원 잭, ICSP 헤더 및 재설정 버튼이 있다. 여기에는 마이크로컨트롤러를 지원하는데 필요한 모든 것이 포함되어 있다. USB 케이블을 사용하여 컴퓨터에 연결하거나 어댑터나 배터리로 전원을 공급하면 된다.

아두이노 우노의 상세 스펙은 다음 표와 같다.

구 분	규 격
마이크로컨트롤러	ATmega328P
동작 전압	5V
입력 전압(권장)	7 ~ 12V
입력 전압(한계)	6 ~ 20V
디지털 입출력 핀	14개(6개 PWM 출력 핀 포함)
PWM 디지털 입출력 핀	6개
아날로그 입력 핀	6개
플래시메모리	32KB
SRAM	2KB
EEPROM	1KB
클럭 속도	16MHz
LED(빌트인)	13개
길이	68.6 × 53.4mm
무게	25g

표 2-2 아두이노 우노 스펙 [출처 : 아두이노]

2.4.2 구성

아두이노 우노의 각 구성 요소에 대한 용도는 다음과 같다.

▶ USB 커넥터
USB 케이블을 이용하여 PC와 연결한다. PC에서 작성한 스케치 프로그램을 업로드하는데 쓰이며, 또한 전원을 공급받는다.

▶ 시리얼 입출력 LED
시리얼 통신시 데이터를 수신(입력)할 때는 RX LED에, 데이터를 송신(출력)할 때는 TX LED에 불이 켜진다.

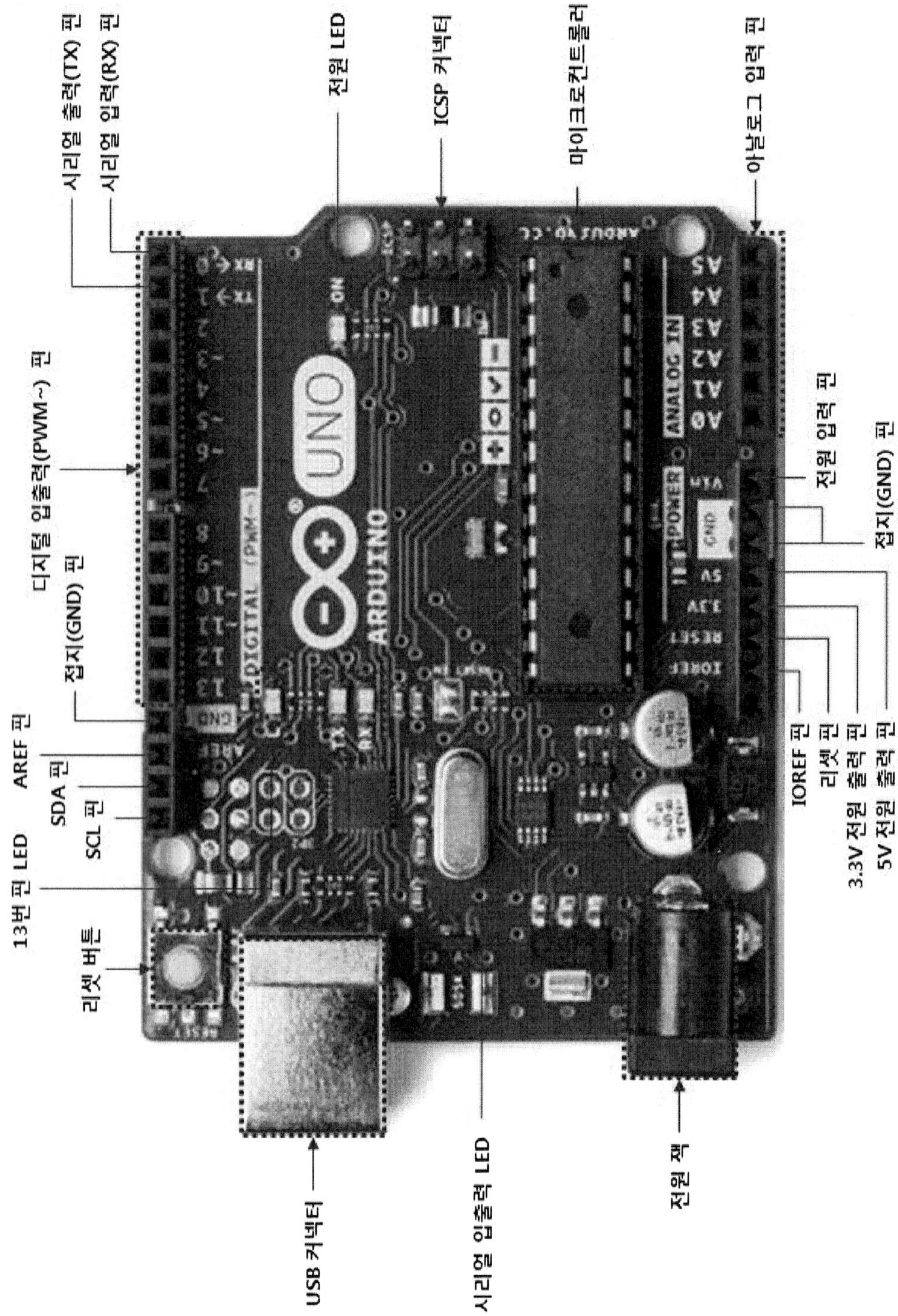

그림 2-12 아두이노 우노 구성

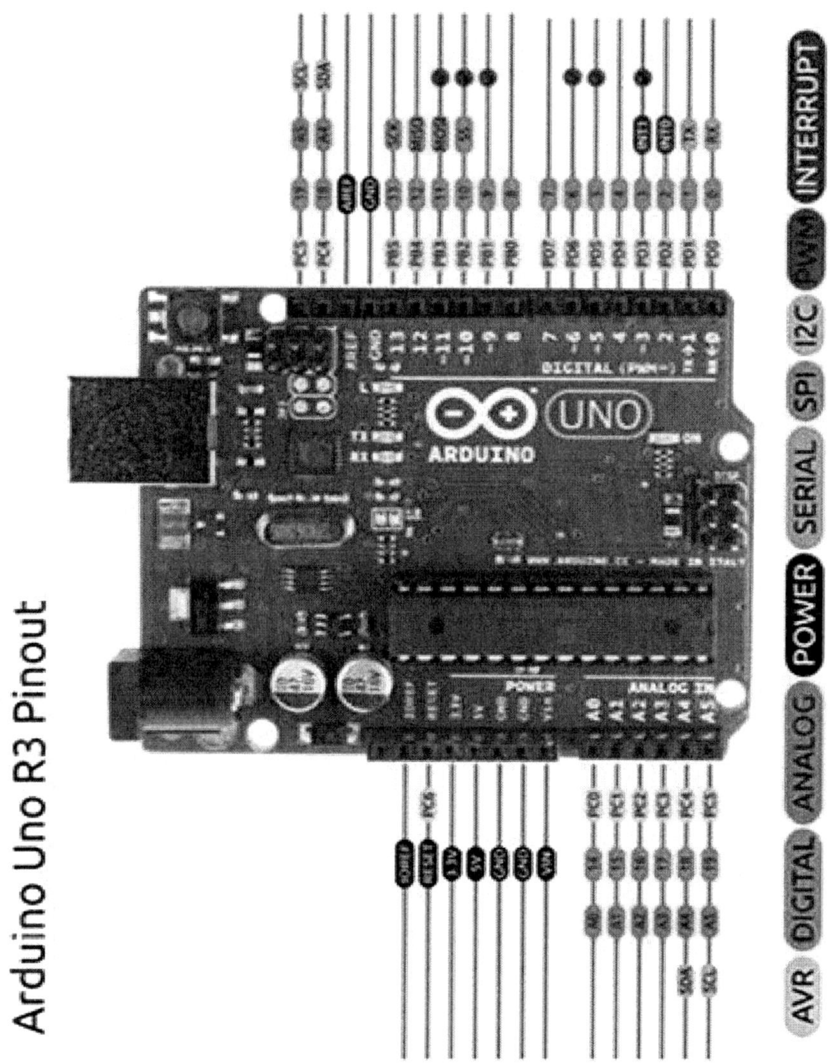

그림 2-13 아두이노 우노 핀아웃 [출처 : 아두이노]

▶ 전원 잭

PC와 연결하지 않고 독립적으로 보드를 사용할 때 9V 건전지를 연결해서 전원을 공급받는다. 어댑터를 이용해 전원을 공급받을 수도 있다.

▶ IOREF(IO REFerence) 핀

보드의 동작 전압을 알고 싶을 때 사용한다. 우노의 경우 항상 5V에서 동작한다.

▶ 리셋 핀
순간적으로 HIGH 신호(5V)가 입력되면 보드를 리셋(리부팅)한다.

▶ 3.3V 전원 출력 핀
외부회로에 3.3V(최대 50mA)의 전원을 공급(출력)한다.

▶ 5V 전원 출력 핀
외부회로에 5V(최대 50mA)의 전원을 공급(출력)한다.

▶ 접지(GND) 핀
그라운드(ground), 음극, 0V라고도 하며, 외부회로의 접지(-)로 사용한다.

▶ 전원 입력 핀
외부회로로부터 전원을 공급받을 때 사용하며, 사용시 주의가 필요하다.

▶ 아날로그 입력 핀
0 ~ 5V의 전압을 0 ~ 1023개의 정수로 변환해서 읽는다(analogRead() 함수 이용).

▶ 마이크로컨트롤러
보드의 핵심 역할을 하는 프로세서이다. 스케치 프로그램은 마이크로컨트롤러에 내장된 플래시메모리에 저장되어 각종 입출력을 제어한다.

▶ ICSP(In-Circuit Serial Programmer) 커넥터
ISP라고도 한다. 시리얼 통신 방식의 다른 주변기기를 연결하거나 다른 아두이노 보드와 통신할 때 사용한다.

▶ 전원 LED
보드에 전원이 공급되면 불이 켜진다.

▶ 시리얼 입력(RX) 핀
시리얼 통신에서 데이터를 수신한다.

▶ 시리얼 출력(TX) 핀
시리얼 통신에서 데이터를 송신한다.

▶ 디지털 입출력(PWM~) 핀
디지털 신호의 입력(digitalRead() 함수 이용) 또는 출력(digitalWrite() 함수 이용)한다. ~가 표시되어 있는 핀(3번, 5번, 6번, 9번, 10번, 11번)은 PWM 출력(analogWrite() 함수 이용)이 가능하다. 5V를 입출력할 수 있고 20~50kΩ의 풀업 저항이 내장되어 있다.

▶ AREF(Analog REFerence) 핀
아날로그 전압의 기준 전압을 바꿀 때 사용한다.

▶ SDA(Serial DAta) 핀
마스터에서 슬레이브 또는 슬레이브에서 마스터로 데이터를 전달한다.

▶ SCL(Serial CLock) 핀
통신의 동기화를 위한 클럭 시그널을 전송한다.

▶ 13번 핀 LED
아두이노 보드로 스케치를 업로드할 때 불이 켜진다.

▶ 리셋(reset) 버튼
보드를 리부팅한다.

3. 아두이노 IDE

아두이노 보드로 구성한 하드웨어가 동작하기 위해서는 하드웨어를 제어하는 프로그램, 즉 스케치를 작성해야 한다. 이때 아두이노 IDE(Integrated Development Environment, 통합개발환경)를 사용한다. 스케치 작성은 C/C++ 언어를 기반으로 한다.

3장 아두이노 개발환경 구축

아두이노 개발을 위한 하드웨어 준비물에 대해 알아보고 아두이노 IDE 설치와 사용법에 대해 살펴본 후 예제 스케치를 실행해 본다.

1. 하드웨어 준비

아두이노를 사용하여 임베디드 시스템을 개발하기 위해서는 아두이노 보드와 각종 센서 등의 하드웨어를 미리 준비하여야 한다.

이 책을 공부하는데 필요한 기초적인 하드웨어 준비물은 다음과 같으며, 가급적이면 하드웨어와 실습 매뉴얼을 포함하는 아두이노 우노 스타터 키트 구입을 권장한다.

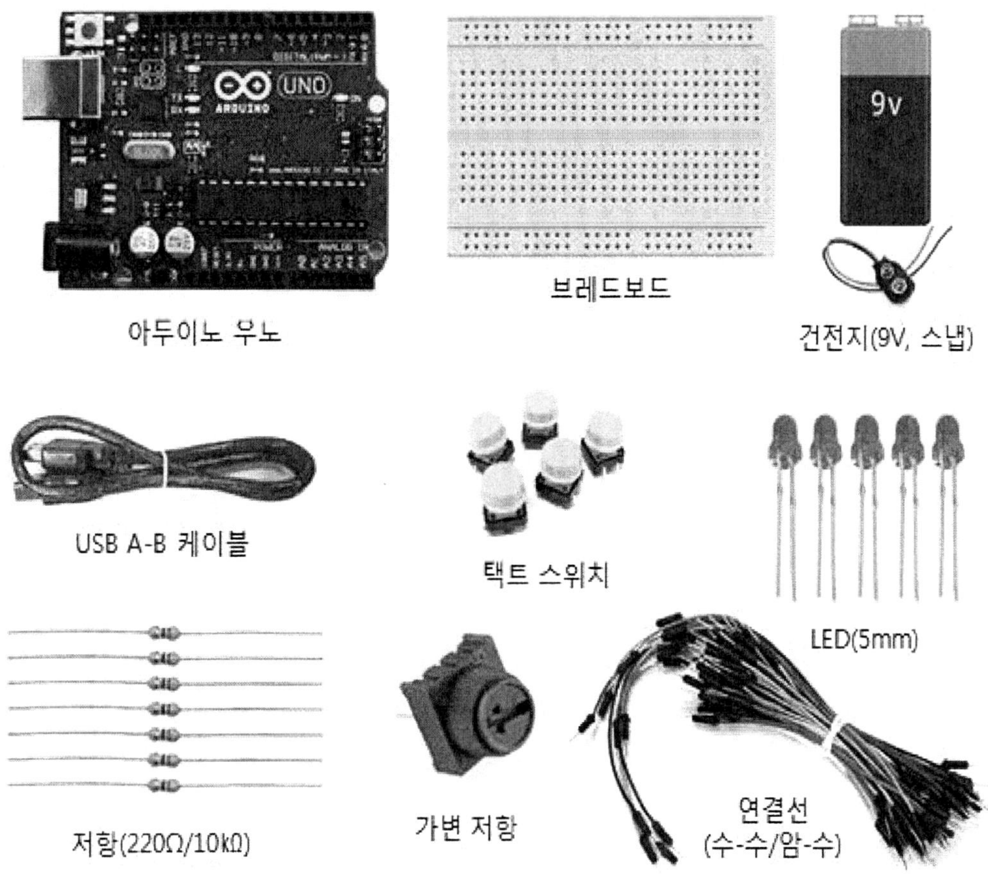

그림 3-1 아두이노 개발을 위한 기본 하드웨어

기본 하드웨어 준비물 외에 온도나 습도, 밝기, 거리 등의 측정을 위한 각종 센서와 모터가 추가로 필요하다.

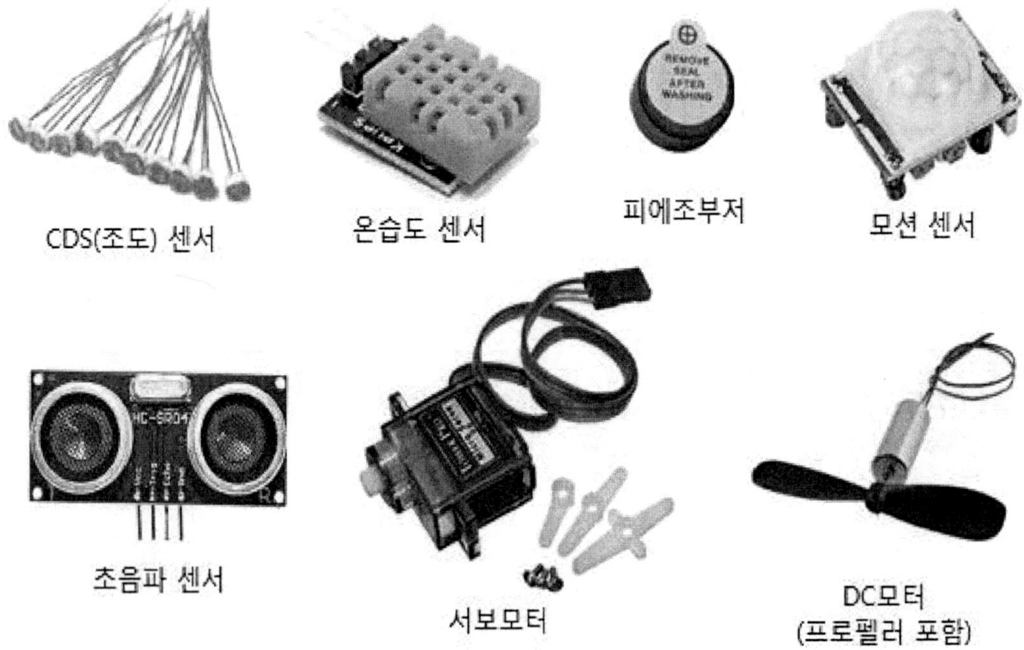

그림 3-2 아두이노 측정을 위한 하드웨어

또한 스마트 폰이나 태블릿 PC 등의 스마트 기기로 하드웨어를 제어하기 위해서는 블루투스나 와이파이 통신 프로그램을 작성해야 한다. 스마트 기기는 기본적으로 블루투스와 와이파이 통신을 지원해 주기 때문에 따로 부품을 구입할 필요가 없지만 아두이노 보드에는 블루투스나 와이파이 통신을 위한 부품이 장착되어 있지 않기 때문에 별도로 부품을 구입하여 연결해 주어야 한다. 이 책에서 사용하는 통신 모듈은 아래와 같다.

그림 3-3 아두이노 통신을 위한 하드웨어

2. 아두이노 IDE 설치

아두이노 IDE는 아두이노 공식 웹사이트에서 무료로 다운받아 사용할 수 있으며, 설치는 다음 순서에 따른다.

❶ 아두이노 공식 웹사이트(https://www.arduino.cc/)에 접속한다.

❷ 메인화면의 'Software' 메뉴를 선택한다.

❸ 'Software' 화면의 아래 방향으로 이동하여 'Download the Arduino IDE' 항목에서 'Windows Installer'를 클릭한다. 현재 아두이노 IDE 버전은 'ARDUINO 1.8.2'이다.

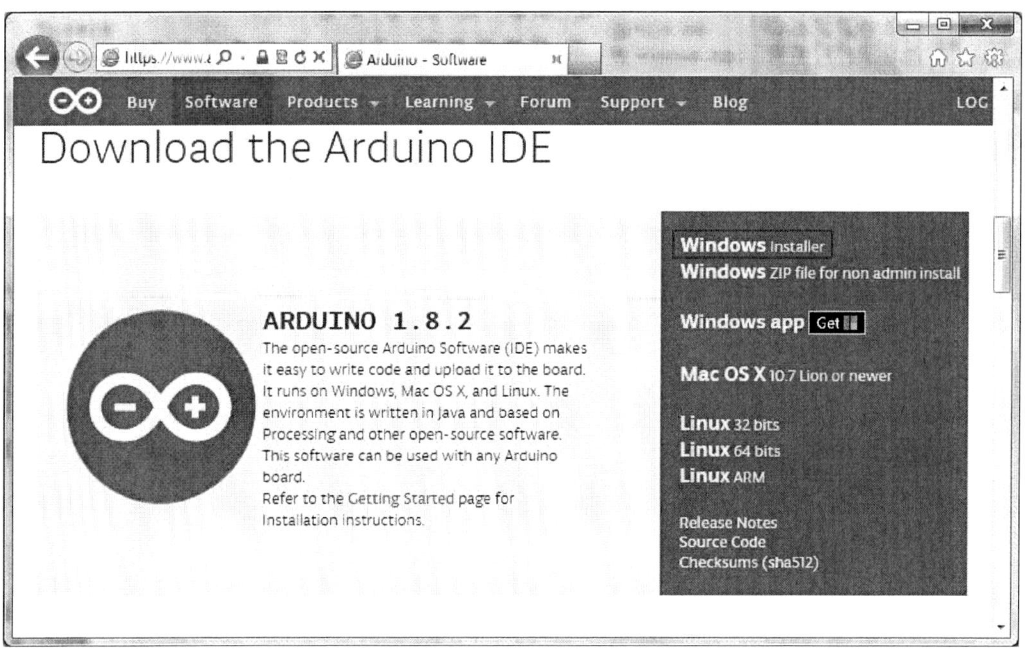

그림 3-4 아두이노 IDE 설치 = 소프트웨어 다운로드 1

❹ 'Donate' 화면의 아래 방향으로 이동하여 'Support the Arduino Software' 항목에서 'JUST DOWNLOAD'를 클릭한다.

그림 3-5 아두이노 IDE 설치 - 소프트웨어 다운로드 2

❺ 위 화면 맨 아래쪽에 나타나는 다운로드 메뉴에서 '실행(R)'을 선택한 후 다운로드를 완료할 때까지 기다린다.

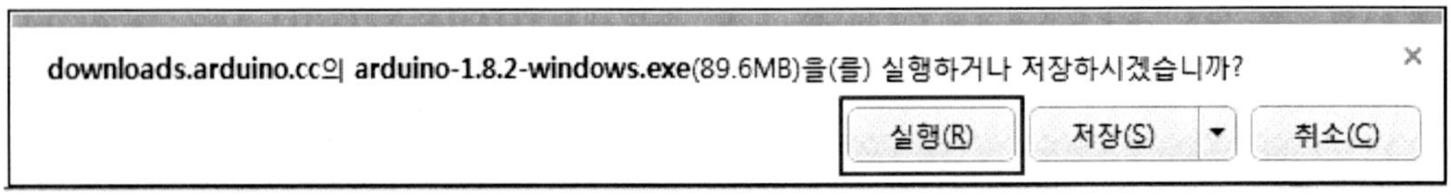

그림 3-6 아두이노 IDE 설치 - 소프트웨어 다운로드 3

다운로드가 완료되고 설치 시작시 보안 경고 창이 나타나면 '액세스 허용'을 선택한다.

❻ 'Arduino Setup: License Agreement' 창 오른쪽 하단의 'I Agree' 버튼을 누른다.

❼ 'Arduino Setup: Installation Options' 창 오른쪽 아래의 'Next >' 버튼을 누른다. 이 때 기본 선택된 모든 구성요소를 설치한다.

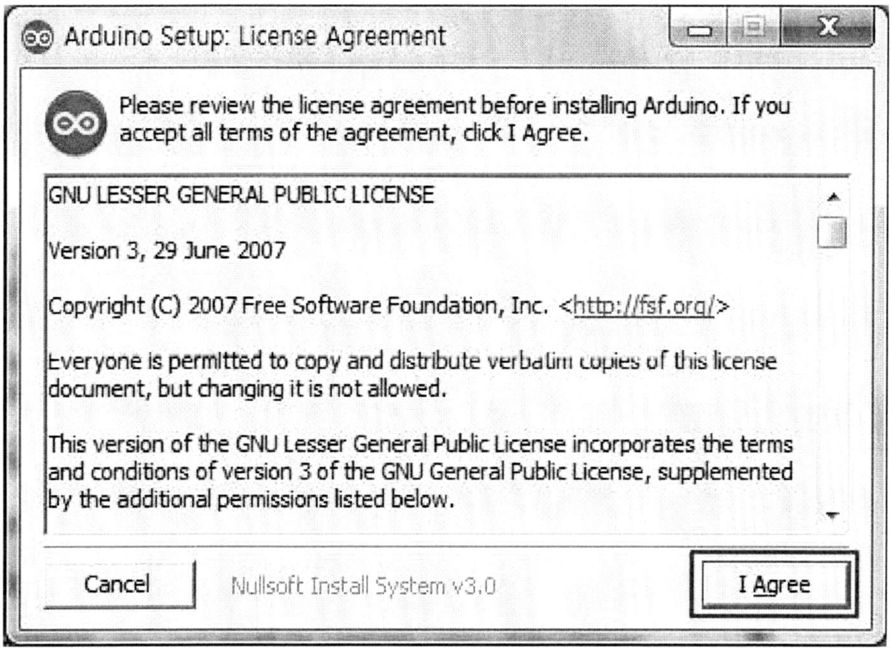

그림 3-7 아두이노 IDE 설치 - 라이센스 동의

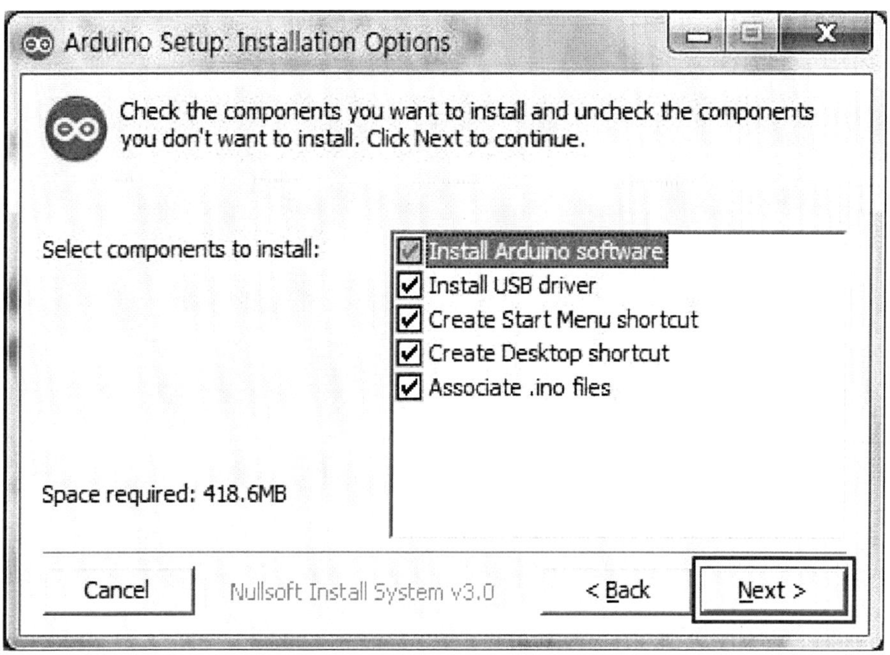

그림 3-8 아두이노 IDE 설치 - 설치 옵션 선택

❽ 'Arduino Setup: Installation Folder' 창 오른쪽 아래의 'Install' 버튼을 누른다. 이 때 창 오른쪽 가운데 'Browse...' 버튼을 눌러 아두이노 프로그램 설치 폴더를 변경할 수 있다. 프로그램을 설치하는 동안 기다린다.

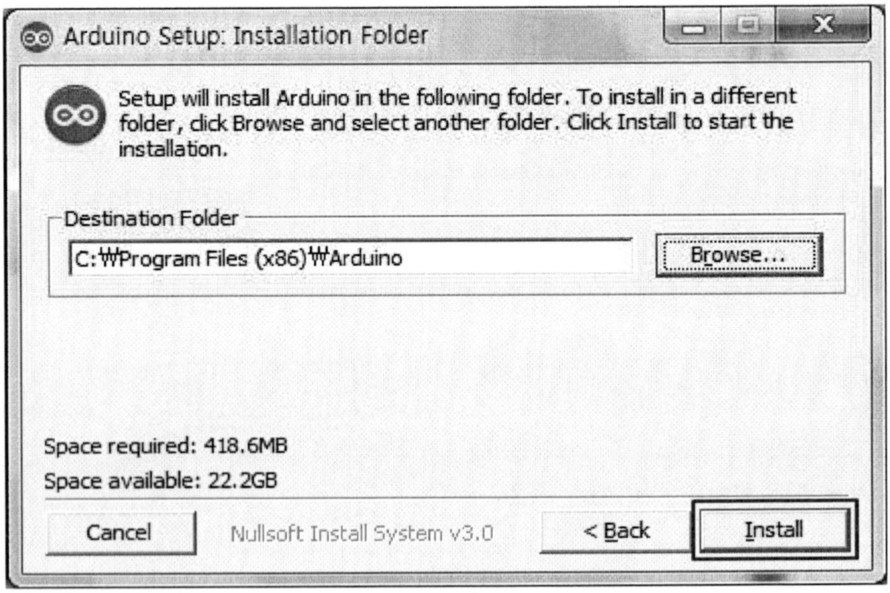

그림 3-9 아두이노 IDE 설치 - 폴더 설정

❾ 아래 그림과 같은 'Windows 보안' 창이 나타나면 '설치(I)' 버튼을 눌러 장치 드라이버를 설치한다. 경우에 따라서 나타나지 않을 수도 있다.

그림 3-10 아두이노 IDE 설치 - 드라이버 설치 1

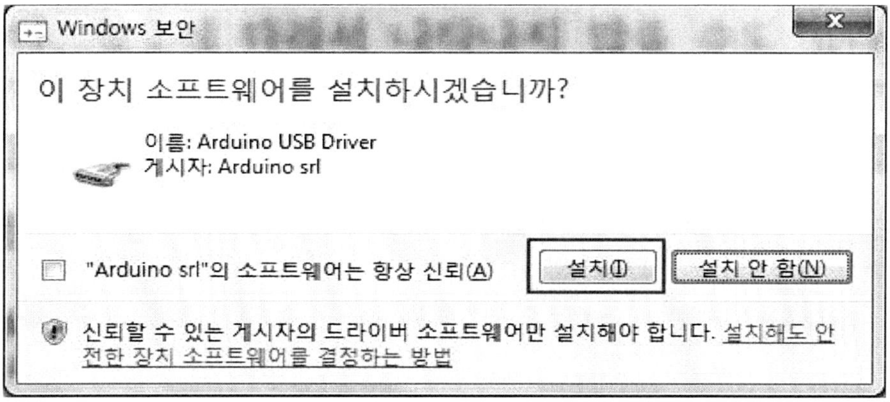

그림 3-11 아두이노 IDE 설치 - 드라이버 설치 2

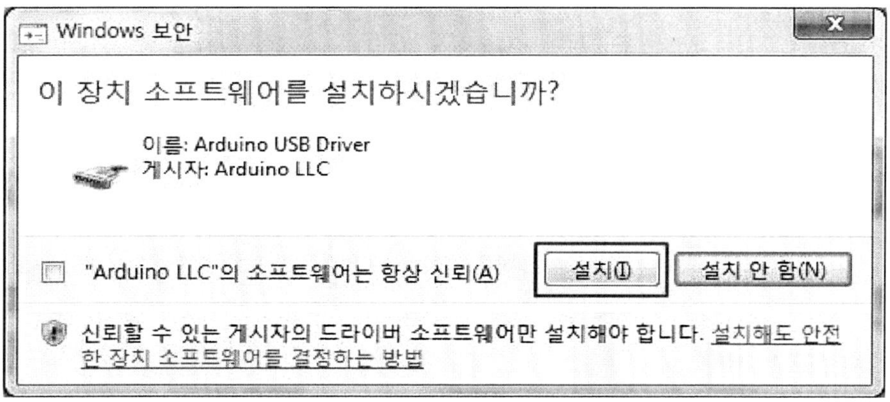

그림 3-12 아두이노 IDE 설치 - 드라이버 실치 3

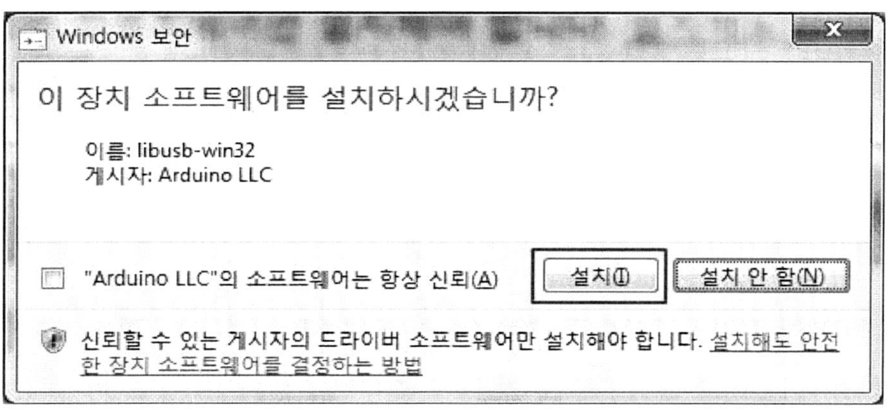

그림 3-13 아두이노 IDE 설치 - 드라이버 설치 4

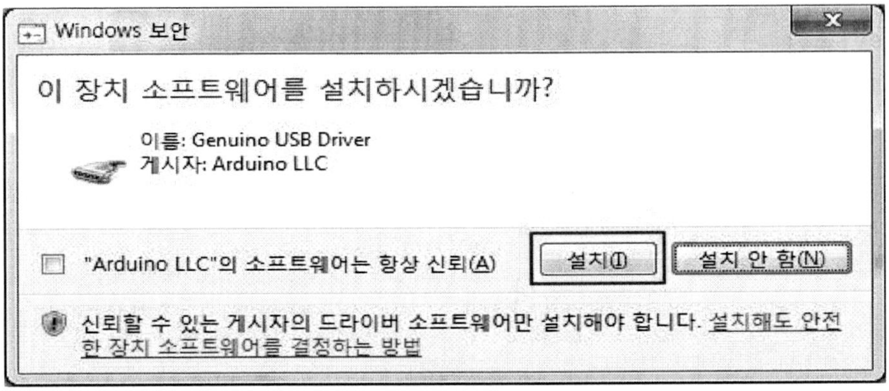

그림 3-14 아두이노 IDE 설치 - 드라이버 설치 5

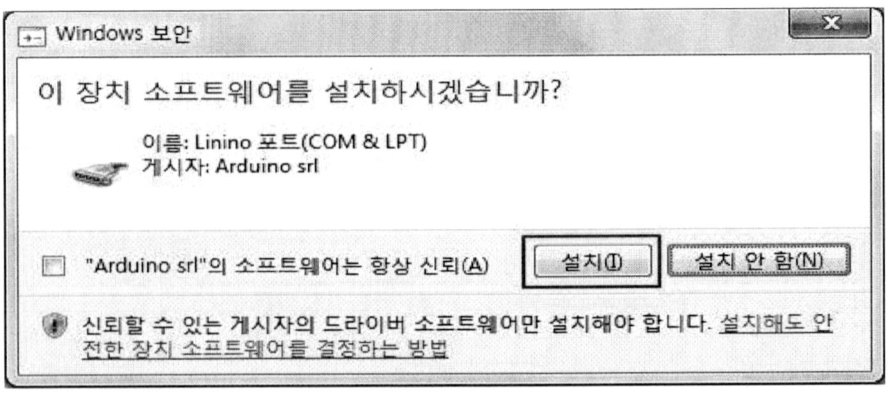

그림 3-15 아두이노 IDE 설치 - 드라이버 설치 6

⑩ 'Arduino Setup: Completed' 창 오른쪽 하단의 'Close' 버튼을 눌러 프로그램 설치를 종료한다.

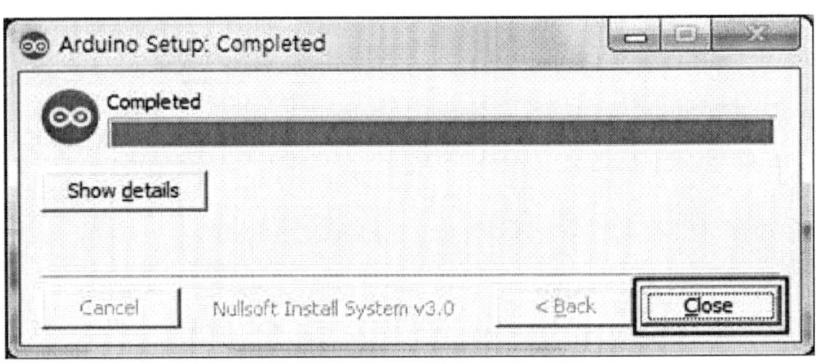

그림 3-16 아두이노 IDE 설치 - 설치 종료

3. 아두이노 IDE 사용

3.1 화면 구성

아두이노 IDE는 바탕화면에 생성된 바로가기( )를 더블클릭하여 시작하고, '파일-종료' 메뉴를 선택하여 종료한다. 아두이노 IDE는 스케치 파일을 열거나 새 파일을 생성하면 여러 개의 창이 열리는데, 스케치북 단위로 창을 사용한다. 타이틀바의 창닫기( ) 버튼이나 '파일>닫기' 메뉴를 선택하면 스케치북이 닫힌다. 만일 하나의 스케치북이 열려 있었다면 프로그램이 종료된다.

그림 3-17 아두이노 IDE 구성

▶ 타이틀 바

스케치북 이름과 현재 작업 중인 스케치 이름을 확인할 수 있으며, 아두이노 IDE 버전을 확인할 수 있다.

▶ 메뉴 바

아두이노 IDE에서 실행할 수 있는 명령들이 모여 있다. 파일, 편집, 스케치, 툴, 도움말의 메뉴 아래에 여러 하위 메뉴가 있다.

▶ 도구 상자

아두이노 IDE에서 자주 사용하는 명령들을 아이콘 형태의 버튼으로 제공한다.

▶ 파일 탭

스케치북에 속한 스케치 파일을 탭으로 구분하여 작업할 수 있도록 해준다.

▶ 편집 영역

스케치 파일의 소스 코드를 작성한다. 마우스 오른쪽 버튼을 눌러 잘라내기/붙여넣기 및 텍스트 검색/바꾸기 기능을 사용할 수 있다.

▶ 메시지 영역

다양한 메시지를 통해 에러를 확인할 수 있고, 컴파일이나 업로드 진행사항을 확인할 수 있다.

3.2 메뉴 살펴보기

3.2.1 파일 메뉴

궁금해요 스케치 파일의 확장자

아두이노 IDE 버전 1.0 이전 버전에서는 .pde 확장명을 사용하며, 버전 1.0 이상에서 .pde라는 이름의 파일을 열어도 소프트웨어는 자동으로 확장명을 .ino로 바꾼다.

파일 작업과 관련된 명령을 수행하기 위한 메뉴이다. 스케치 파일을 열거나 저장할 수 있으며, 새로운 스케치를 생성할 수 있다. 스케치 파일의 확장자는 .ino 이다.

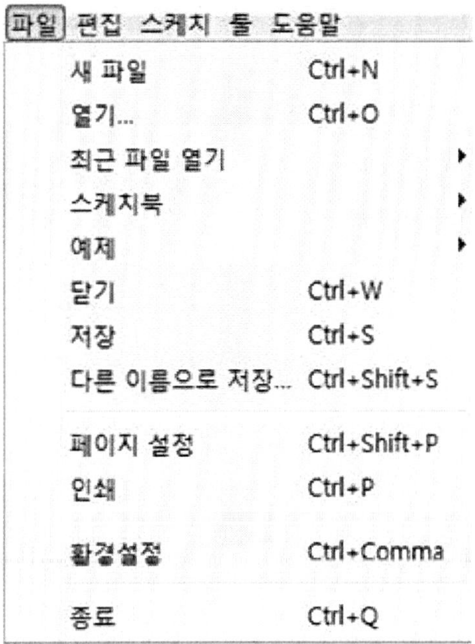

그림 3-18 파일 메뉴

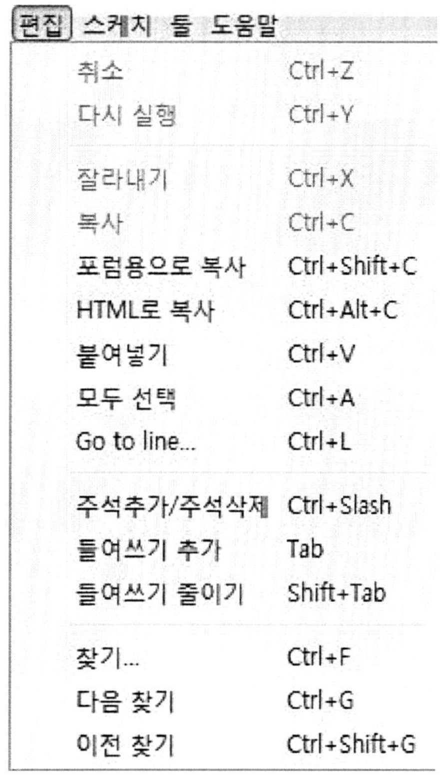

그림 3-19 편집 메뉴

▶ 새 파일

새로운 스케치북을 위한 인스턴스(instance)가 생성한다.

▶ 열기...

선택한 스케치 파일을 연다.

▶ 최근 파일 열기

최근에 사용한 스케치 목록에서 파일을 선택하여 불러온다.

▶ 스케치북

스케치북 폴더 구조 내에서 현재 스케치를 표시한다. 이름을 클릭하면 새 편집기 인스턴스에서 해당 스케치가 열린다.

▶ 예제

아두이노 IDE 또는 라이브러리에서 제공하는 예제가 메뉴 항목에 나타난다. 모든 예제는 주제 또는 라이브러리별로 쉽게 액세스 할 수 있는 트리 구조로 되어 있다.

▶ 닫기

현재 스케치 인스턴스를 닫는다.

▶ 저장

스케치를 현재 이름으로 저장한다. 처음 실행할 경우 '다른 이름으로 저장' 창이 열린다. 선택된 위치에 입력한 이름의 폴더가 생성되고 폴더 안에 폴더와 동일한 이름의 스케치 파일이 생성된다.

▶ 다른 이름으로 저장...

현재 스케치를 이름을 바꾸어 저장한다.

▶ 페이지 설정

인쇄용 페이지 설정 창이 나타난다.

▶ 인쇄

페이지 설정에 정의 된 설정에 따라 현재 스케치를 프린터로 전송한다.

▶ 환경설정

IDE의 일부 설정을 사용자 정의 할 수 있는 '환경 설정' 창이 열린다.

▶ 종료

모든 IDE 창을 닫는다.

3.2.2 편집 메뉴

편집 작업과 관련된 명령을 수행하기 위한 메뉴이다. 소스 코드의 일부분을 주석(설명) 처리하거나 복사할 수 있다.

▶ 취소
이전에 실행한 편집 작업을 취소한다,

▶ 다시 실행
이전에 취소한 편집 작업을 재실행한다,

▶ 잘라내기
선택한 텍스트를 편집기에서 제거하고 클립보드에 저장한다.

▶ 복사
선택한 텍스트를 편집기에서 복제하여 클립보드에 저장한다.

▶ 포럼용으로 복사
스케치의 코드를 구문 색상으로 완성하여 포럼에 게시하기에 적합한 형식으로 클립보드에 복사한다.

▶ HTML로 복사
웹 페이지에 포함하기에 적합한 스케치의 코드를 HTML로 클립보드에 복사한다.

▶ 붙여넣기
클립보드의 내용을 편집기의 커서 위치에 넣는다.

▶ 모두 선택
선택 편집기의 전체 내용을 선택한다.

▶ Go to line...
입력한 라인 번호로 이동한다.

▶ 주석추가/주석삭제
선택한 라인의 시작 부분에 주석 표시를 삽입하거나 제거한다.

▶ 들여쓰기 추가
각 선택한 줄의 시작 부분에 공백을 추가한다,

▶ 들여쓰기 줄이기
각 선택한 줄의 시작 부분에 공백을 삭제한다.

▶ 찾기...
옵션에 따라 현재 스케치 내에서 검색할 텍스트를 지정할 수 있는 찾기 및 바꾸기 창을 연다.

▶ 다음 찾기
커서 위치를 기준으로 찾기 윈도에서 검색 항목으로 지정된 문자열의 다음 항목(있는 경우)을 찾아 표시한다.

▶ 이전 찾기
커서 위치를 기준으로 찾기 윈도에서 검색 항목으로 지정된 문자열의 이전 항목(있는 경우)을 찾아 표시한다.

3.2.3 스케치 메뉴

스케치 작업과 관련된 명령을 수행하기 위한 메뉴이다. 작성한 스케치를 컴파일하거나 아두이노 보드로 업로드할 수 있다.

▶ 확인/컴파일
스케치를 컴파일하고 오류가 있는지 확인한다.

▶ 업로드
스케치를 컴파일하여 바이너리 코드를 시리얼포트를 통해 보드로 내보낸다.

▶ 프로그래머를 이용해 업로드
보드의 부트로더를 덮어 쓴다. 부트로더를 구울 때는 '툴>부트로더 굽기' 명령을 실행해야 한다.

▶ 컴파일된 바이너리 내보내기
스케치를 .hex 파일로 저장한다.

▶ 스케치 폴더 보이기
현재 스케치 폴더를 연다.

▶ 라이브러리 포함하기
코드 시작 부분에 #include 문을 삽입하여 라이브러리를 스케치에 추가한다.

▶ 파일 추가하기...
새 탭을 생성하여 새로운 파일이 스케치 창에 나타난다. 도구 모음의 오른쪽에 있는 시리얼모니터 아래에 작은 삼각형 아이콘(드롭다운 버튼)을 클릭하여 파일을 스케치에서 제거할 수 있다.

3.2.4 툴 메뉴

유용한 도구들을 사용하기 위한 메뉴이다. 이 메뉴를 이용해 아두이노 개발에 사용한 보드를 선택하고 PC에 연결된 USB 케이블의 시리얼 포트를 설정한다.

▶ 자동 포맷
코드를 보기 좋게 형식화한다. 중괄호 안의 명령문은 들여쓰기를 한다.

▶ 스케치 보관하기

현재 스케치의 사본을 .zip 형식으로 보관한다. 스케치와 같은 폴더에 저장된다.

▶ 인코딩 수정 & 새로 고침

편집기 char 맵 인코딩과 다른 운영체제 char 맵 간에 가능한 불일치를 수정한다.

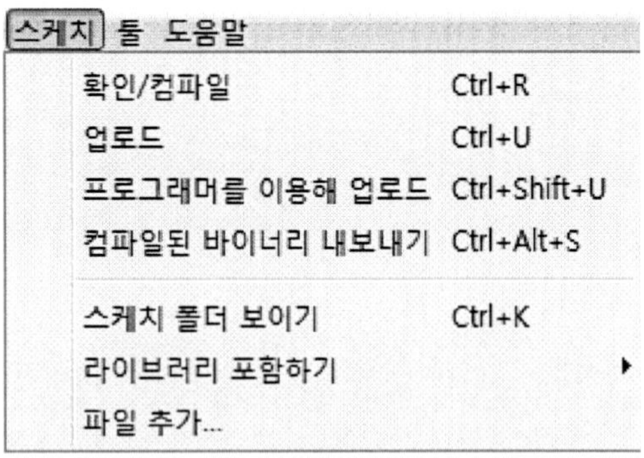

그림 3-20 스케치 메뉴

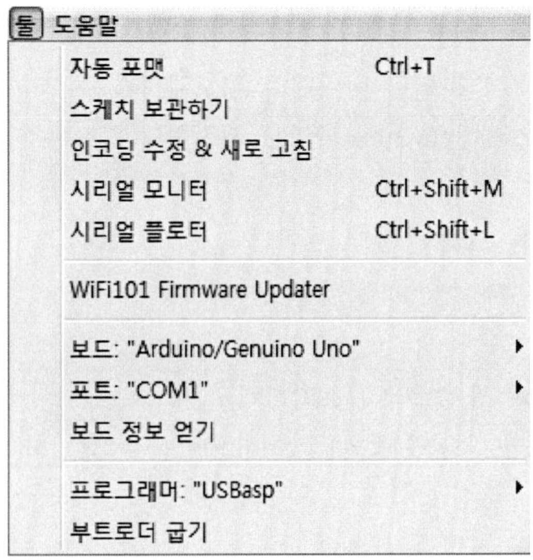

그림 3-21 툴 메뉴

▶ 시리얼 모니터

시리얼 모니터 창을 열고 현재 선택된 포트에 연결된 보드와 데이터 통신을 시작한다.

▶ 시리얼 플로터

시리얼 플로터 창을 연다.

▶ WIFI101 Firmware Updater

와이파이 모듈을 사용할 경우 펌웨어를 업데이트할 수 있도록 해준다.

▶ 보드

사용 중인 아두이노 보드를 선택한다.

▶ 포트

사용 중인 아두이노 보드와 연결된 통신 포트를 선택한다.

▶ 보드 정보 얻기

사용 중인 보드에 대한 시리얼번호 등의 정보를 보여준다.

▶ 프로그래머

USB 시리얼 연결을 사용하지 않고 프로그래밍할 때 하드웨어 프로그래머를 선택한다. 보통은 필요하지 않지만 새로운 마이크로컨트롤러에 부트로더를 변경할 때 사용한다.

▶ 부트로더 굽기

아두이노 보드의 마이크로컨트롤러에 부트로더를 구울 수 있다. 새로운 ATmega 마이크로컨트롤러(일반적으로 부트로더 없이)를 구입했을 때 유용하다.

궁금해요 **부트로더**

일반적으로 부트로더(boot loader)는 컴퓨터를 부팅하거나 시동시킬 때 사용자가 컴퓨터를 사용할 수 있도록 외부 기억장치로부터 운영체계를 읽어와 주기억장치에 설치해 주는 프로그램을 말한다. 보통 컴퓨터의 ROM에 저장되어 있다. 아두이노 보드는 플래시메모리에 부트 로더가 존재하며, 스케치 코드를 로드하여 실행할 수 있도록 하는 역할을 한다. 아두이노 부트 로더는 프로그래머 메뉴를 이용하여 변경가능하다.

3.2.5 도움말 메뉴

아두이노 개발에 필요한 도움말 기능 메뉴이다. 아두이노 뿐만 아니라 갈릴레오, 에디슨에 대한 도움말을 볼 수 있다.

궁금해요 **갈릴레오와 에디슨**

갈릴레오(Galileo)는 모바일과 임베디드 분야에서 암(ARM)쪽에 주도권을 빼앗긴 인텔이 사물인터넷 분야에서 주도권을 재탈환하기 위해 출시한 고성능의 임베디드 보드로, 리눅스 운영체제를 기반으로 하는 오픈소스 하드웨어 첫 제품이다. 갈릴레오는 아두이노와 똑같은 개발환경을 이용할 수 있다.
에디슨(Edison)은 인텔에서 갈릴레오 다음으로 출시한 것으로 웨어러블 컴퓨터와 사물 인터넷 장치의 개발 시스템으로 제공하는 초소형의 컴퓨터 온 모듈이다.

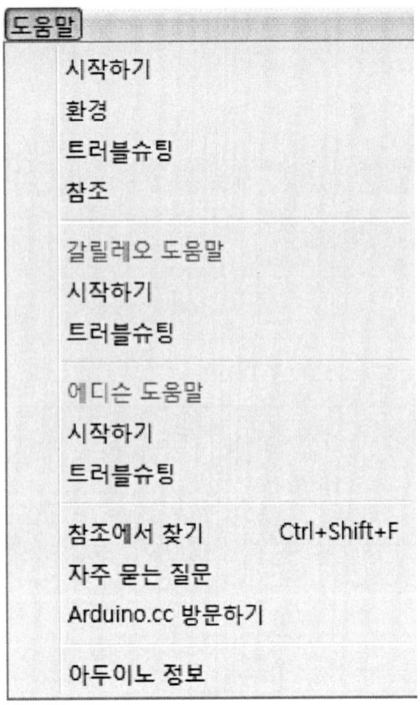

그림 3-22 도움말 메뉴

3.3 도구상자 살펴보기

각 아이콘의 기능은 다음과 같다.

▶ 확인
작성된 스케치를 컴파일해서 에러가 있는지 확인한다.

▶ 업로드

작성한 스케치를 현재 연결되어 있는 아두이노 보드의 플래시메모리에 올린다. 항상 컴파일한 후 업로드하기 때문에 '확인' 버튼의 기능을 포함하고 있다.

▶ 새 파일

새로운 스케치를 만든다.

▶ 열기

기존에 작성된 스케치 파일을 불러온다.

▶ 저장

작성한 스케치를 저장한다.

▶ 시리얼 모니터

아두이노 보드와 다른 장치의 시리얼 통신 내용을 모니터링 하는데 사용한다.

그림 3-23 도구상자

3.4 파일 탭 살펴보기

그림 3-24 파일탭 메뉴

파일 탭은 스케치북에 담긴 스케치 이름을 탭으로 보여주고 탭을 선택하여 코드를 편집할 수 있도록 해준다. 오른쪽 드롭다운 버튼( )을 누르면 나타나는 메뉴를 이용해 현재 스케치북에 새로운 스케치를 추가하거나 삭제할 수 있고, 스케치 파일 이름을 변경할 수 있다. 기존 스케치 파일을 추가할 때는 '스케치>파일 추가...' 메뉴를 사용한다.

3.5 환경설정

'파일>환경설정' 메뉴를 선택하여 스케치북이 생성되는 디폴트 폴더, 에디터 글꼴 크기 등의 설정을 변경할 수 있다. 아래와 같이 환경설정을 해보자.

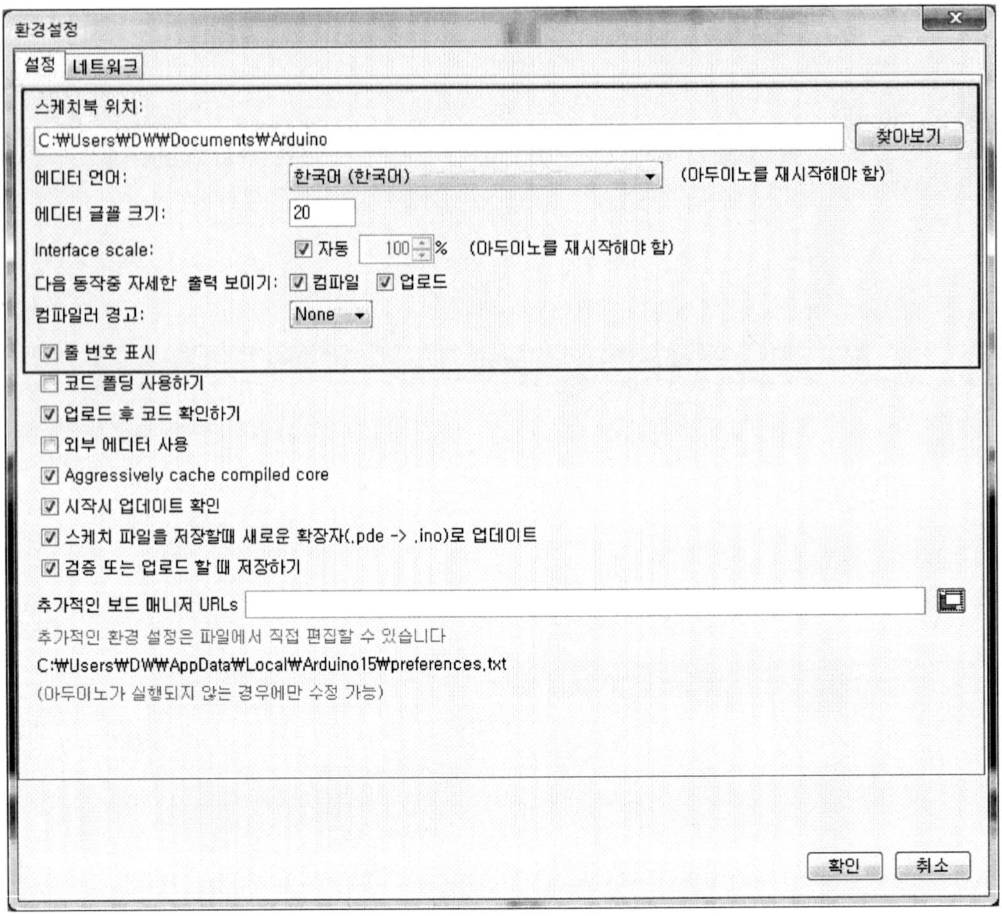

그림 3-25 IDE 환경설정

4. 아두이노 보드 연결

작성한 스케치를 아두이노 보드에 업로드하기 위해서는 아두이노 보드를 아두이노 IDE가 설치된 PC에 연결하여야 한다. 사용가능한 USB 포트에 USB 케이블로 연결해 주면 된다.

정상 연결되었다면 아래 그림에서 보는 바와 같이 보드의 전원 LED에 불이 켜진다. 추가로 다른 LED 불이 켜지거나 깜박이더라도 신경 쓸 필요는 없다.

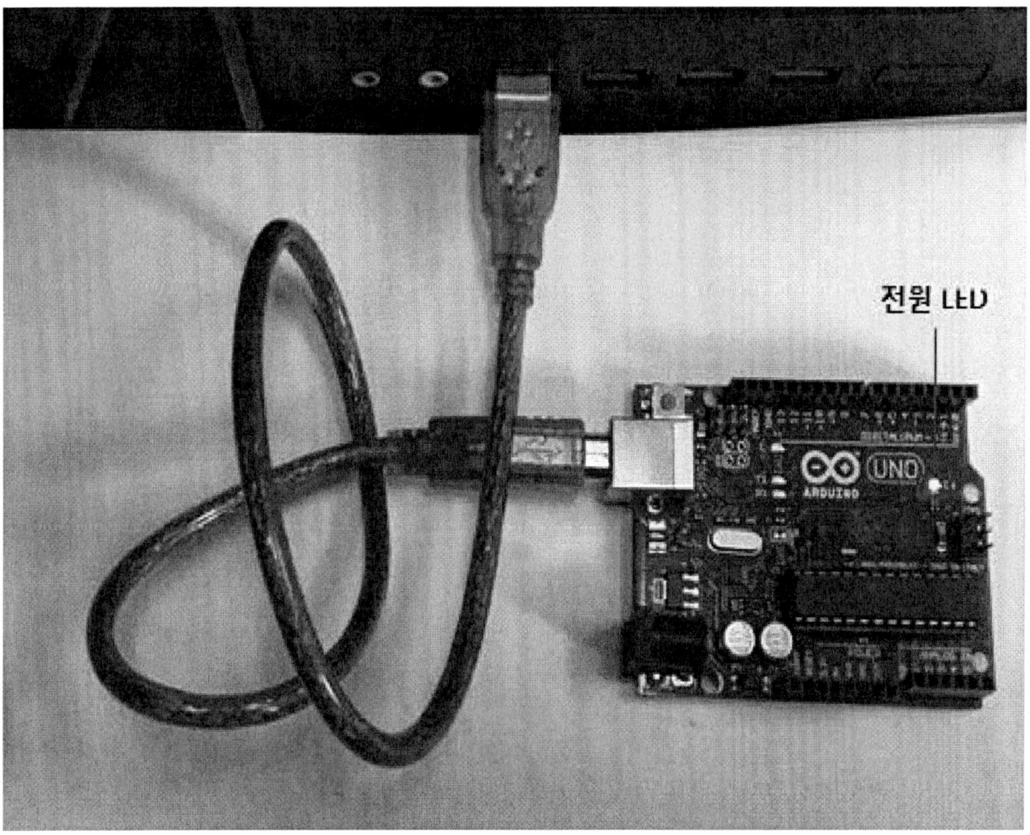

그림 3-26 아두이노 보드 연결

아두이노 보드 연결이 완료되면 스케치를 업로드하기 전에 아래 그림과 같이 '툴>보드' 메뉴에서 아두이노 보드를 선택하여야 한다.

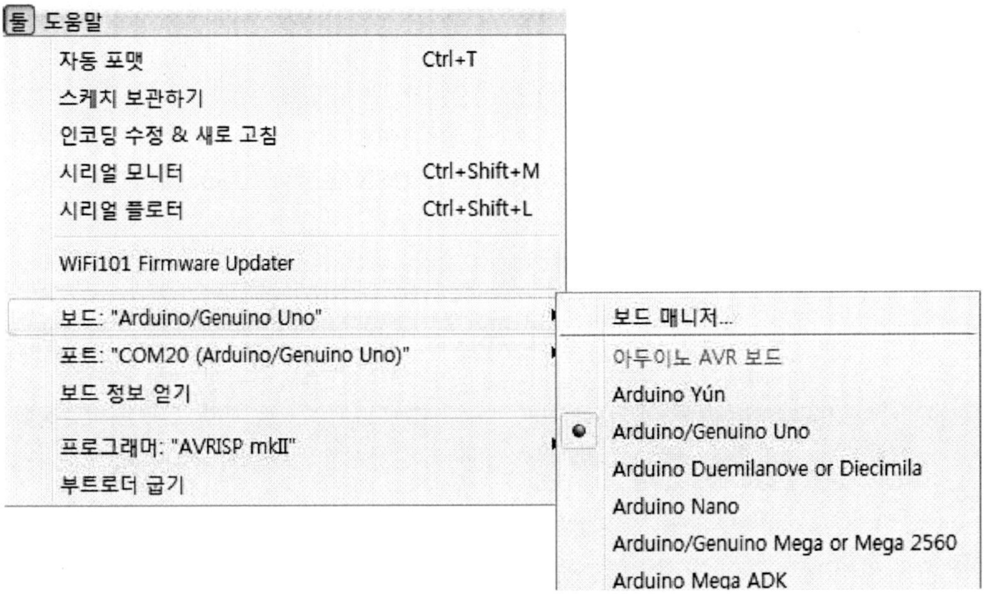

그림 3-27 보드 설정

그 다음 '툴>포트' 메뉴에서 아두이노 보드가 연결된 포트를 선택해 준다. 아두이노 보드가 정상적으로 PC에 연결되었다면 '툴>포트' 메뉴를 확인해보면 아래 그림과 같이 시리얼 포트가 자동으로 잡히는 것을 확인할 수 있다. 이 포트를 선택하면 된다.

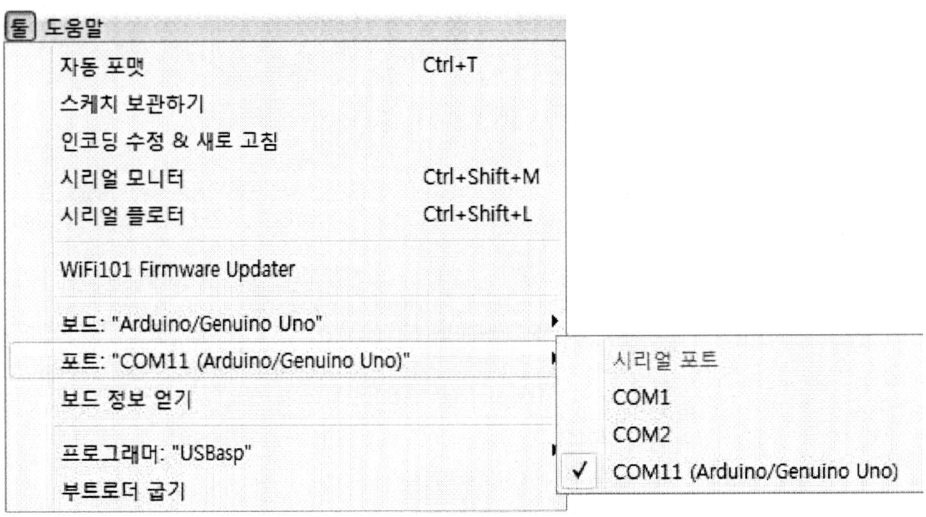

그림 3-28 포트 설정

아두이노 우노 정품보드는 USB 드라이버 칩으로 ATmega16U2 프로세서를 사용하는데, 아두이노 호환보드에서는 USB 드라이버 칩으로 CH340을 사용한 경우가 있다. 이때 윈도즈 10 이전 버전의 운영체제를 사용하는 PC에서는 USB 드라이버가 자동으로 설치되지 않아 시리얼 포트가 잡히지 않을 수 있다. USB 드라이버 설치 방법은 호환보드 제작사의 매뉴얼을 참고하기 바란다.

USB 드라이버가 설치되었는지 아닌지는 다음의 두 방법으로 확인할 수 있다.

첫째, 아두이노 IDE의 '툴>포트' 메뉴를 확인한다. PC에 USB 케이블을 뺐다 끼웠다하면서 시리얼 포트 선택 목록의 변화가 없다면 USB 드라이버가 설치되지 않은 것이다.

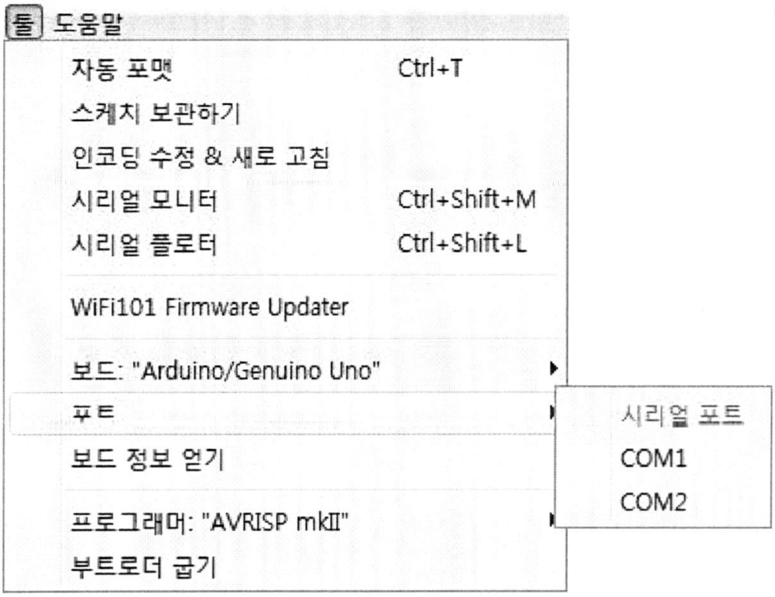

그림 3-29 USB 드라이버 미설치 확인 1

둘째, 컴퓨터의 장치관리자를 통해 확인할 수 있다. 장치관리자를 실행한 다음 PC에 USB 케이블을 뺐다 끼웠다하면 아래 그림처럼 경고 표시가 된 USB 장치가 보인다. 마우스 오른쪽 버튼을 눌러 속성을 보면 드라이버가 설치되지 않았다는 것을 확인할 수 있다.

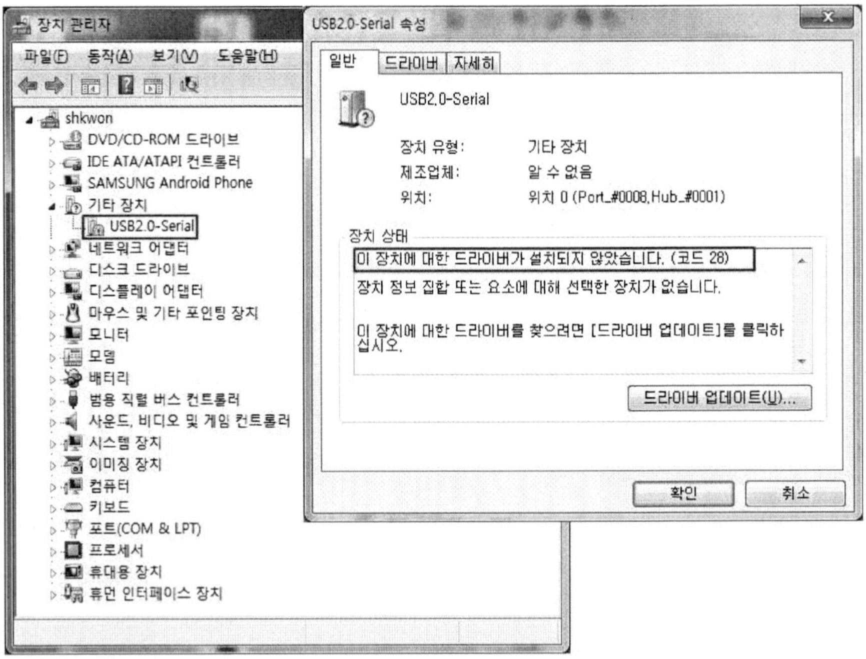

그림 3-30 USB 드라이버 미설치 확인 2

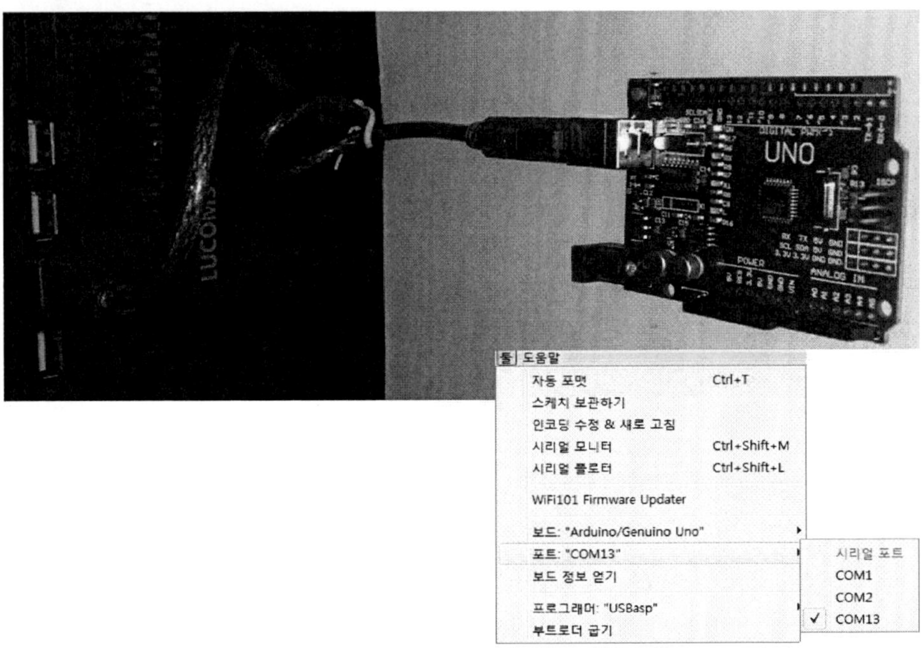

그림 3-31 아두이노 호환보드 연결과 드라이버 설치 후 시리얼 포트 설정

5. 아두이노 예제 스케치

아두이노 IDE는 다양한 예제 스케치를 제공한다. 아래 과정을 따라가면서 예제 스케치를 실행해 보자.

❶ ‘파일>예제>01.Basics>Blink’ 메뉴를 눌러 Blink를 불러온다.

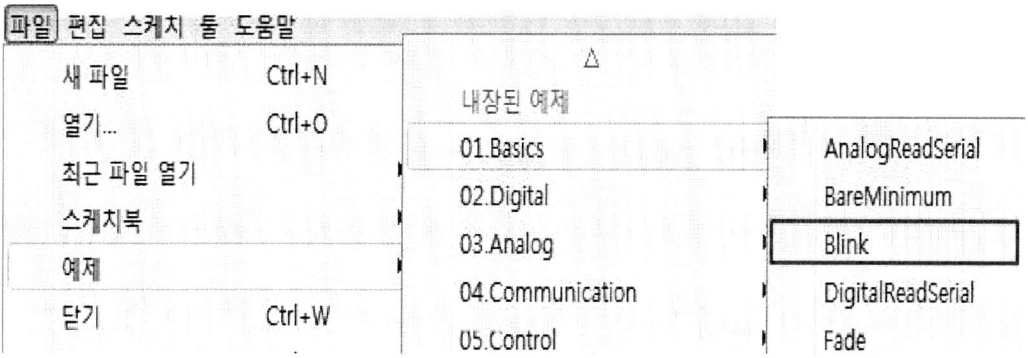

그림 3-32 Blink 불러오기

❷ Blink 스케치 소스 코드는 [그림 3-33]과 같다.

❸ 아두이노 보드를 PC에 연결한 다음 ‘툴’ 메뉴에서 보드와 포트를 선택한다(다음부터는 하지 않아도 된다).

❹ 도구상자의 확인 버튼( )을 눌러 스케치를 컴파일하여 업로드한다.

❺ 메시지 영역 가장 윗부분에 ‘업로드 완료’가 나오면 13번 핀 LED가 1초 간격으로 깜박이는 것을 확인할 수 있다. 스케치 업로드 중간에 [그림 3-36]과 같은 오류가 발생한다면 보드와 포트 설정이 올바른지 확인한다.

```
Blink
/*
  Blink
  Turns on an LED on for one second, then off for one second, repeatedly.

  Most Arduinos have an on-board LED you can control. On the UNO, MEGA and ZERO
  it is attached to digital pin 13, on MKR1000 on pin 6. LED_BUILTIN is set to
  the correct LED pin independent of which board is used.
  If you want to know what pin the on-board LED is connected to on your Arduino model, check
  the Technical Specs of your board  at https://www.arduino.cc/en/Main/Products

  This example code is in the public domain.

  modified 8 May 2014
  by Scott Fitzgerald

  modified 2 Sep 2016
  by Arturo Guadalupi

  modified 8 Sep 2016
  by Colby Newman
*/
```

Blink 설명

```
// the setup function runs once when you press reset or power the board
void setup() {
  // initialize digital pin LED_BUILTIN as an output.
  pinMode(LED_BUILTIN, OUTPUT);
}
```

setup 함수

```
// the loop function runs over and over again forever
void loop() {
  digitalWrite(LED_BUILTIN, HIGH);   // turn the LED on (HIGH is the voltage level)
  delay(1000);                       // wait for a second
  digitalWrite(LED_BUILTIN, LOW);    // turn the LED off by making the voltage LOW
  delay(1000);                       // wait for a second
}
```

loop 함수

그림 3-33 Blink 스케치 소스 : // 는 설명

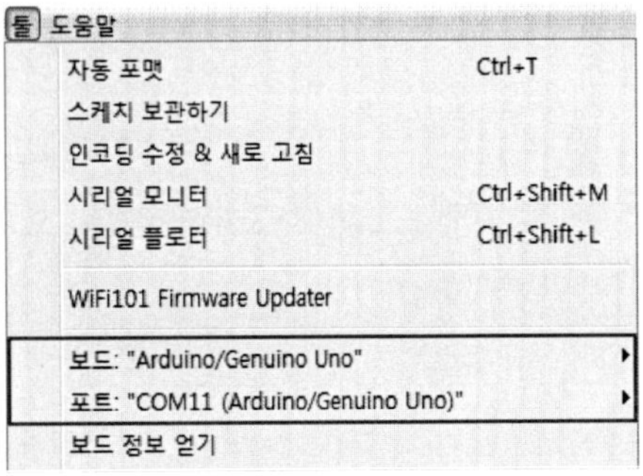

그림 3-34 보드와 포트 선택

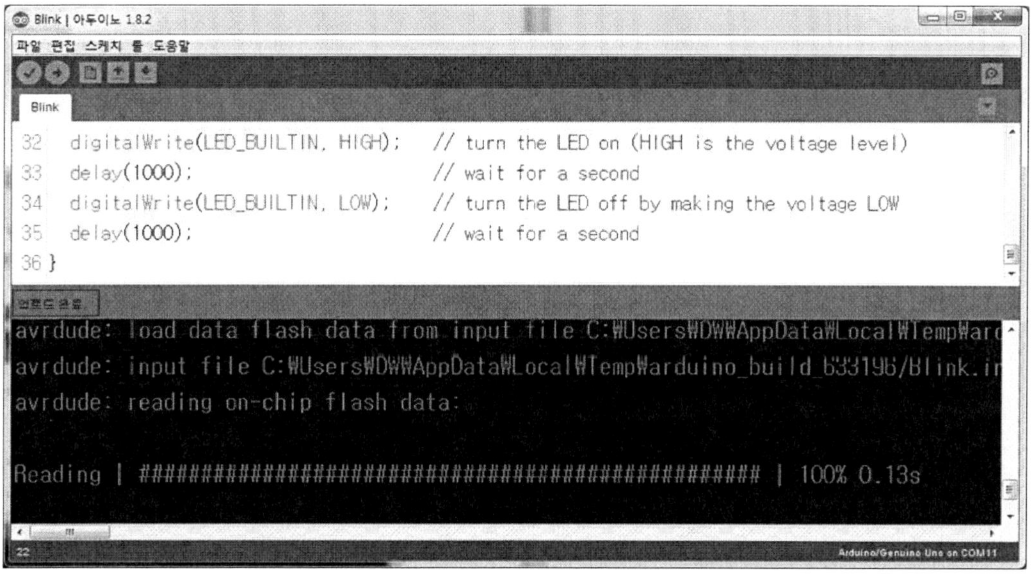

그림 3-35 업로드 성공

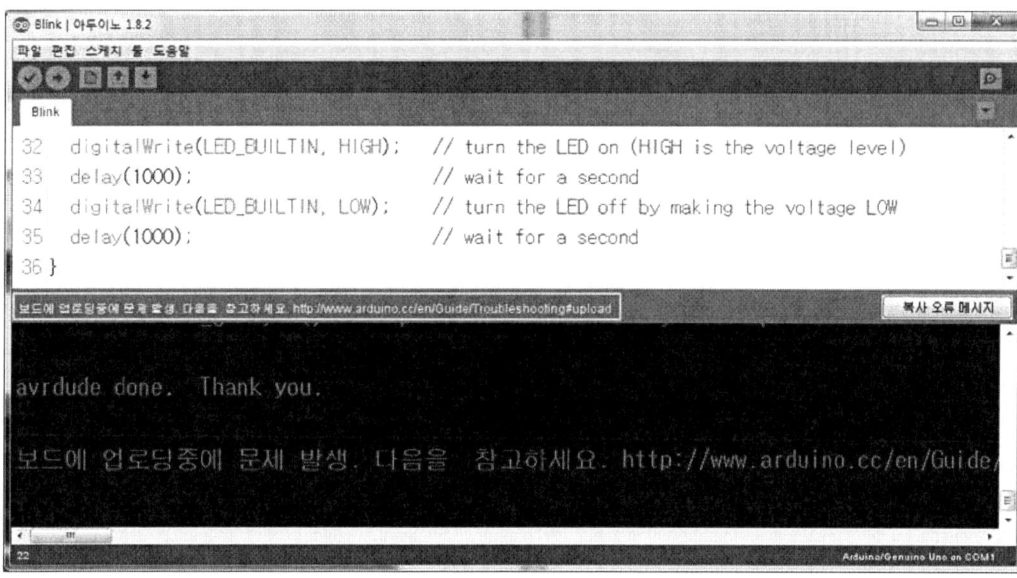

그림 3-36 업로드 실패

4장 아두이노를 위한 C 문법

아두이노 스케치에 대해 알아보고 아두이노 프로그래밍을 위한 C 언어의 문법에 대해 살펴본다.

1. 아두이노 스케치

1.1 아두이노 스케치 구조

1.1.1 setup()과 loop()

아두이노 IDE로 작성한 프로그램을 스케치라 부른다. 아두이노는 스케치 작성 언어로 C/C++를 사용하기 때문에 스케치는 C 프로그램 코드와 매우 유사하다.
'파일>새 파일' 메뉴를 눌러 스케치를 생성하면 다음 그림과 같은 형태의 코드가 자동으로 생성된다.

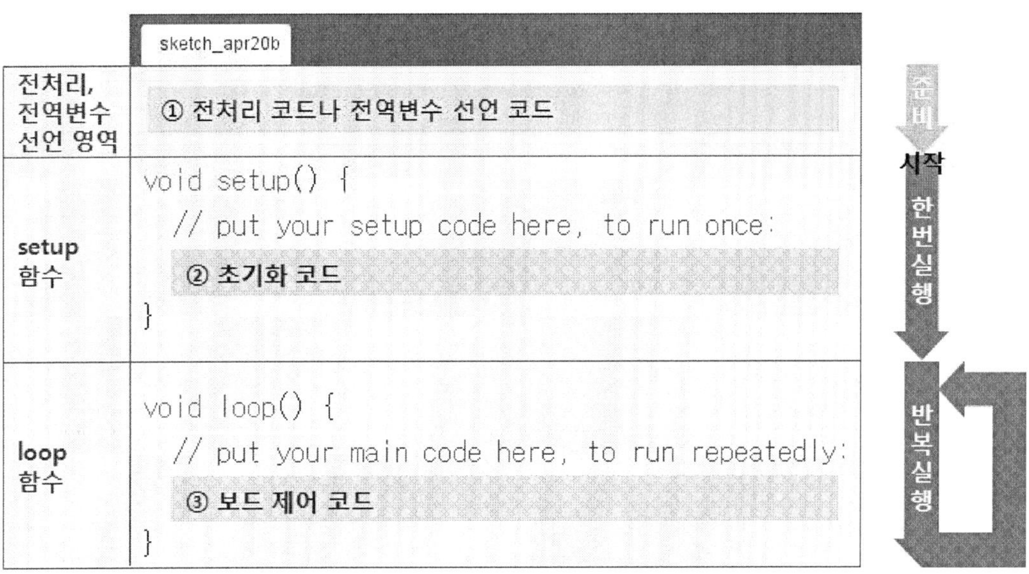

그림 4-1 아두이노 스케치 기본 구조

①에는 컴파일하기 이전에 미리 처리해야 할 문장인 전처리문이나 setup(), loop() 등의 함수에서 사용하는 전역 변수를 선언하는 코드를 작성한다. ②에는 변수의 초기 값 설정, 핀 모드 초기화, 라이브러리 사용 시작 등의 코드를 작성한다. ③에는 입력에 따라 각기 다른 처리를 하는 등의 보드 제어 코드를 작성한다. 필요하지 않다면 각 부분에 대한 코드는 작성하지 않아도 된다.

1.1.2 실행 과정

스케치가 실행되는 과정을 살펴보자. 스케치는 아두이노 보드를 켜거나 리셋 버튼을 누를 때 시작하는데, 그 시작은 setup()이다. 이 함수는 한번만 실행된다. 다음으로 loop()가 실행되는데 이 함수는 반복 실행된다.

이렇게 실행되는 이유는 우리가 작성한 스케치를 시작하게 하는 main 함수가 다음처럼 작성되어 있기 때문이다.

```
int main(void)
{
        init();

        initVariant();

#if defined(USBCON)
        USBDevice.attach();
#endif

        setup();          스케치의 setup() 호출

        for (;;) {
                loop();          스케치의 loop() 호출
                if (serialEventRun) serialEventRun();
        }                  (무한 반복)

        return 0;
}
```

그림 4-2 아두이노 main 함수

C나 C++ 프로그래밍 경험이 있는 사람이라면 프로그램의 실행이 main 함수에서 시작한다는 것을 잘 알고 있을 것이다. 아두이노도 마찬가지로 main()에서 시작하는데, 아래와 같이 설치 경로를 찾아 들어가 main.cpp 파일을 열면 위의 코드를 확인할 수 있다.

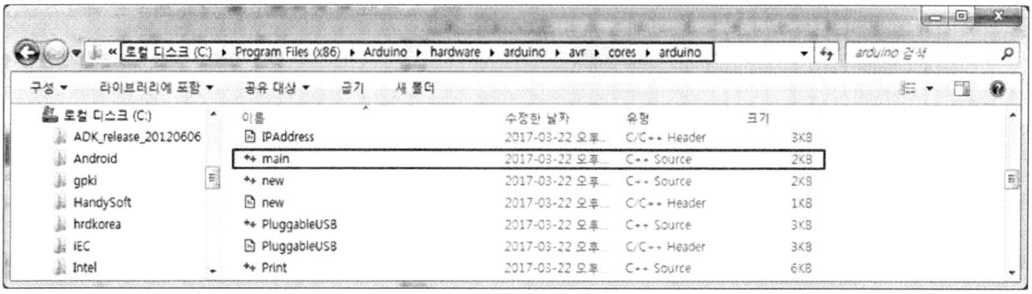

그림 4-3 main.cpp 열기

아두이노 IDE에서 아래와 같은 코드를 작성했다고 하자. 보드의 디지털 입출력 3번 핀에 버튼을 연결하여 하드웨어를 구성한 다음 버튼이 눌러졌는지 아닌지를 알아보는 스케치 코드이다.

ButtonTest

전역변수 선언

```
const int buttonPin = 3; // buttonPin이라는 전역변수를 선언,
                         // 3번핀으로 초기화하고 이후 값을 변경할 수 없음
```

setup 함수

```
void setup()
{
  Serial.begin(9600); // 시리얼 포트의 속도를 9600bps로 설정
  pinMode(buttonPin, INPUT); // 3번핀을 버튼 입력으로 설정
}
```

loop 함수

```
void loop()
{
  if (digitalRead(buttonPin) == HIGH) // 3번핀의 입력 값을 읽어서, 버튼이 눌렸으면
    Serial.println("버튼을 눌렀습니다."); // 시리얼 포트로 왼쪽 메시지 송신
  else // 버튼이 눌리지 않았다면
    Serial.println("버튼을 누르십시오."); // 시리얼 포트로 왼쪽 메시지 송신

  delay(1000); // 1초동안 아무것도 하지 않고 기다림
}
```

그림 4-4 스케치 예 - 버튼 테스트

코드 작성을 마쳤다면 업로드 버튼을 누를 것이다. 그러면 IDE는 스케치를 번역하고 링크하여 생성한 .hex 파일을 보드로 전송하는데, PC에 연결된 USB 케이블을 통해 마이크로컨트롤러의 플래시메모리에 기록된다. 이 작업이 끝나면 보드는 초기

화되고 바로 실행이 된다.
위 코드의 1번 줄의 명령문은 실행이전 준비해야 할 데이터로 컴파일시 처리된다. 따라서 main()에 의해 호출된 setup()의 첫 명령문 6번 줄에서 시작한다. 다음 7번 줄이 처리되고 setup()은 완료되어 main()으로 되돌아간다.
그러면 main()의 setup() 실행 다음에 있는 for (; ;) 로 이동하여 실행하는데 for (; ;)는 { } 안의 명령문을 끊임없이 반복하라는 의미이다. 그러므로 loop()를 호출하게 되고 12번 줄이 처리된다. 이 명령문은 둘 중 하나를 선택해서 처리하는데 버튼을 눌렀으면 13번 줄을, 아니면 15번 줄을 처리한다. 그 다음에는 17번 줄이 처리되고 loop()는 완료되어 main()으로 되돌아간다. loop()를 호출한 다음 줄의 명령문을 처리하고 다시 loop()가 호출되어 처리되는 과정이 반복된다.
위 스케치는 1초 간격으로 버튼 입력을 검사하여 버튼을 눌렀으면 "버튼을 눌렀습니다."라는 메시지를 시리얼 포트에 출력(송신)하고, 버튼을 누르지 않았다면 "버튼을 누르십시오."라는 메시지를 시리얼 포트에 출력하는 작업을 반복하는 프로그램이다. 하드웨어를 구성하지 않았더라도 위 코드를 작성하여 실행해 보자. 업로드 완료 후 시리얼모니터를 열어보면 "버튼을 누르십시오."가 반복 출력되는 것을 볼 수 있다.

1.1.3 구성 요소

스케치(프로그램)는 여러 개의 함수로 구성되는데, 위에서 살펴본 setup(), loop()와 같은 것을 함수라 부른다. 함수는 입력되는 데이터를 가공하여 특별한 출력을 만들어 내는 코드 단위로 여러 명령문(문장)으로 구성된다. 즉, 함수는 여러 개의 명령문으로 구성되고 스케치는 여러 개의 함수로 구성된다. 이 때 여러 개의 함수를 하나의 파일에 작성해도 되고 함수 별로 나누어 여러 개의 파일에 작성해도 된다.

그림 4-5 스케치 구성

함수는 setup(), loop()와 같이 프로그래머가 직접 코드를 작성하는 것도 있고 pinMode(), Serial.println(), delay()와 같이 코드를 작성하지 않고도 사용할 수 있는 것도 있다. 프로그래머가 직접 코드를 작성하여 만든 함수를 사용자 정의 함수라고 하며, 프로그래머가 코딩하지 않아도 사용할 수 있는 함수를 라이브러리 함수라고 한다. 라이브러리 함수는 프로그래머가 자주 사용하는 기능이나 기계 쪽에 가까운 저수준에서 다루어야 할 복잡하고 힘든 기능으로 C나 아두이노에서 미리 작성해서 제공해 주는 함수를 말한다. 그렇기 때문에 우리가 따로 코딩할 필요없이 가져다 사용하기만 하면 된다. setup(), loop() 외에 다른 사용자 정의 함수를 만들어서 사용하는 방법은 이 장의 6.2절에서 다루기로 한다.

스케치에서 사용하는 기호에 대해 살펴보자.

▶ ; (세미콜론)

문장을 종료하는 기호이다. 명령문은 일반적으로 한 줄에 하나를 작성하지만 여러 줄에 작성할 수도 있고 한 줄에 여러 개를 작성할 수 있는데, 그 구분은 ;로 한다.

【사용 예】

```
int a = 13;
```

▶ { } (중괄호)

{와 }는 여러 문장을 하나의 블록으로 묶어주는 역할을 하며, 항상 짝을 이뤄 사용하여야 한다. 함수에서는 함수가 처리해야 할 일의 시작과 끝을 알려주고, do..while에서는 반복처리 할 일의 시작과 끝을 알려주며, if에서는 선택해서 처리해야 할 일의 시작과 끝을 알려준다. { } 안의 문장들은 아래 사용 예에서와 같이 블록을 쉽게 구분할 수 있도록 들여쓰기를 해주는 것이 좋다.

【사용 예 - 함수】

```
int myfunction(int a, int b) {
    int sum;
```

```
    sum = a + b;

    return sum;
}
```

【사용 예 - if】

```
if (score >= 60) {
    Serial.println("합격입니다.");
    digitalWrite(5, HIGH);
} else {
    Serial.println("불합격입니다.");
    digitalWrite(5, LOW);
}
```

【사용 예 - do..while】

```
char c;

do {
    c = (char)Serial.read();
    if (c != -1) Serial.print(c);
    //delay(1000);
} while (c!='q' && c!='Q');
```

▶ //와 /*..*/ (주석)

주석(Comment, 설명)은 프로그램의 작동 방식에 대해 자신이나 다른 사람에게 알려주는 목적으로 사용한다. 컴파일러에 의해 무시되어 번역되지 않고 마이크로컨트롤러에 보내지도 않으므로 실행에 전혀 관여하지 않는다.

주석을 표현하는 방법에는 두 가지가 있는데, //와 /*..*/이다. //는 한줄 주석으로 // 다음부터 그 줄의 끝까지 설명을 적으면 된다. /*와 */는 여러 줄 주석이며, /*

다음부터 시작하여 */ 바로 앞까지 설명을 적으면 된다. 실수로 */를 빠뜨리지 않도록 주의해야 한다. /*..*/ 사이에 //는 가능하나 /*..*/ 사이에 /*..*/ 중첩해서 쓰는 것은 불가능하다.
때로는 주석은 디버깅할 때 프로그램을 부분적으로 테스트하거나 또는 에러가 발생한 부분을 삭제하지 않고 일시적으로 실행에서 제외하고자 할 때 유용하게 사용된다.

【사용 예】

```
x = 5; // 한 줄 주석

/* 여러 줄 주석-시작
if (gwb == 0) { // 한 줄 주석은 여러 줄 주석 내에서 OK
    x = 3;
}
여러 줄 주석-끝 */
```

▶ #define
#define, #include, #error, #if 등과 같이 # 기호가 붙은 문장을 전처리문이라 부른다. 보통의 문장과 달리 전처리문은 끝에 ;를 붙이지 않으며, =(대입) 기호를 사용할 수 없다. 전처리문은 컴파일 시간에 기계어로 번역되기 직전에 처리되는데, 소스파일에 다른 파일의 텍스트를 포함시키거나(#include) 일부 문장을 다른 문장으로 바꾸는(#define) 작업 등을 수행한다. 이 과정을 통해 전처리문은 사라지므로 설명문처럼 기계어로 번역되지 않는다.
#define은 프로그래머가 프로그램을 컴파일하기 전에 특정 상수나 문장을 의미 있는 단어로 정의하여 사용할 수 있도록 해준다. 이 때 정의한 단어를 매크로명이라고 한다. 컴파일러는 번역하기 전에 매크로명에 대한 참조를 특정 상수나 문장으로 대체한다. #define의 사용 형식은 다음과 같다.

【형식】

```
#define 매크로명 확장문자열
```

다음 예를 보자.

【사용 예】

```
#define BTNPIN 3
#define LEDPIN 5

void setup() {
    pinMode(BTNPIN, INPUT);
    pinMode(LEDPIN, OUTPUT);
}

void loop() {
    if (digitalRead(BTNPIN) == HIGH) { // 버튼을 누르면
        digitalWrite(LEDPIN, HIGH); // LED를 켠다.
    } else { // 버튼을 누르지 않았다면
        digitalWrite(LEDPIN, LOW); // LED를 끈다.
    }
}
```

위 코드는 컴파일 시간에 아래 코드로 변환된다(이해를 돕기 위해 INPUT, OUTPUT, HIGH, LOW는 고려하지 않았다).

【컴파일 직전 변경된 소스 코드】

```
void setup() {
    pinMode(3, INPUT);
    pinMode(5, OUTPUT);
}

void loop() {
    if (digitalRead(3) == HIGH) {
```

```
        digitalWrite(5, HIGH);
    } else {
        digitalWrite(5, LOW);
    }
}
```

전처리문은 일반적으로 소스 코드를 변경하기 쉽고 컴파일하기 용이하게 만들기 위해서 사용한다. 예를 들어 다른 파일의 내용을 소스 파일에 삽입하거나 텍스트에서 특정 값을 바꾸거나 할 때 기존 소스 코드를 건드리지 않기 때문에 코드를 변경하는데 용이할 뿐만 아니라 수정하지 않은 부분에 대해서는 다시 컴파일하지 않아도 되는 장점이 있다.
우리는 위 두 개의 소스 코드 중 어떤 부분으로 작성하든 동일한 결과를 얻을 수 있다. 첫 번째 사용 예처럼 코드를 작성했을 때 LED 출력 핀을 10으로 변경해야 한다면 '#define LEDPIN 10' 이라고 한 곳만 수정하면 되지만 두 번째 컴파일 직전 변경된 소스 코드처럼 코드를 작성했다면 'pinMode(10, OUTPUT);', 'digitalWrite(10, HIGH);', 'digitalWrite(10, LOW);'의 세 곳을 수정해야 된다.

▶ #include

#include는 스케치에 외부 라이브러리를 포함시키는데 사용된다. 프로그래머는 표준 C 라이브러리(미리 만들어진 함수)나 아두이노를 위해 특별히 작성된 라이브러리에 접근하고자 할 때 #include로 라이브러리가 정의되어 있는 헤더파일을 포함시켜야 한다. #include는 원하는 파일을 지정된 폴더에서 찾아 이 명령어가 사용된 곳에 포함시킨다.
사용 형식은 아래와 같이 두 종류가 있다. < >는 컴파일러에 지정되어 있는 폴더에서 포함할 파일을 찾는다. " "는 현재 작업 폴더에서 포함할 파일을 찾고, 파일이 존재하지 않으면 컴파일러에 지정되어 있는 폴더에서 포함할 파일을 찾는다.

【형식】

```
#include <파일이름>
```

```
#include "파일이름"
```

【사용 예】

```
#include <avr/pgmspace.h>

prog_uint16_t myConstants[] PROGMEM = { // PROGMEM은 3.5.5절 참고
    0, 21140, 702, 9128, 0, 25764, 8456, 0, 0, 0, 0, 0, 0, 0, 0, 29810,
    8968, 29762, 29762, 4500
};
```

1.2 라이브러리 설치와 사용

임베디드 프로그래밍을 하다보면 각종 센서, 모터, 디스플레이 등을 제어해야 할 경우가 대부분이다. 일반적으로 초보자들은 하드웨어에 대한 깊은 지식을 가지고 있지 않기 때문에 센서 입력을 받거나 모터를 움직이거나 하는 등의 고급 기능을 구현하기에는 어려움이 있다. 아두이노에서는 복잡한 기능의 하드웨어도 손쉽게 다룰 수 있도록 제조사나 전문가 그룹이 제공하는 라이브러리들이 다양하게 개발되어 있다.

1.2.1 라이브러리 설치

아두이노 IDE를 설치하면 자주 사용하는 delay(), digitalWrite() 등과 같은 기본 라이브러리는 이미 설치되어 있는데, 이는 아두이노 IDE가 설치된 폴더의 libraries 폴더를 확인해 보면 된다. 모터 쉴드, WiFi 쉴드 등을 사용하기 위한 일부 외부 라이브러리들도 이미 설치되어 있음을 알 수 있다.

또한 통신을 하기 위해 필요한 라이브러리나 EEPROM에 데이터를 쓰고 읽기 위한 라이브러리들도 설치되어 있다. 이 라이브러리들은 아두이노 IDE 설치폴더의 hardware/arduino/avr/libraries 폴더를 보면 확인할 수 있다. EEPROM, SoftwareSerial 등이 설치되어 있다. libraries 폴더를 열어보지 않고 설치된 라이브러리를 확인하는 보다 간단한 방법은 아두이노 IDE에서 '스케치>라이브러리 포함하기' 메뉴를 눌러보면 된다.

그림 4-6 libraries 폴더

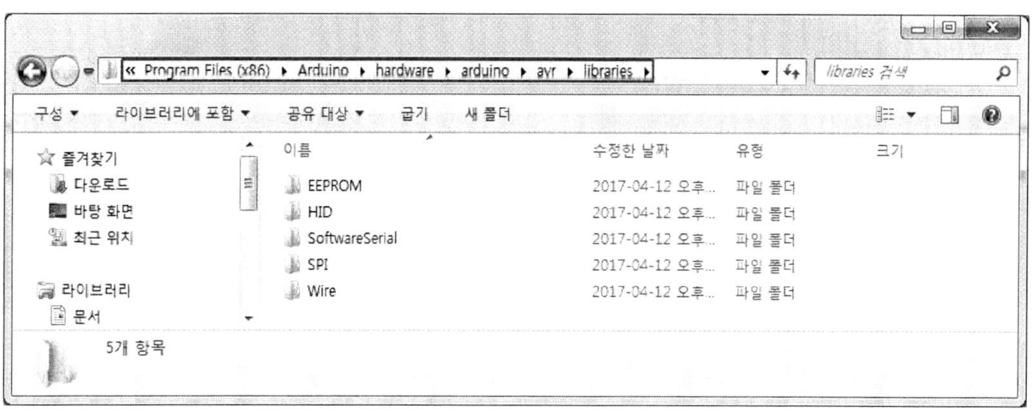

그림 4-7 hardware/arduino/avr/libraries 폴더

이미 설치되어 있는 라이브러리 외에 다른 외부 라이브러리를 설치하려면 인터넷에서 우리가 원하는 아두이노용 라이브러리를 다운로드 받아야 한다. 보통 zip 파일

형태로 배포된다. 설치 방법은 아두이노 IDE에서 설치하거나 압축을 해제하여 직접 설치하는 두 가지 방법이 있다.

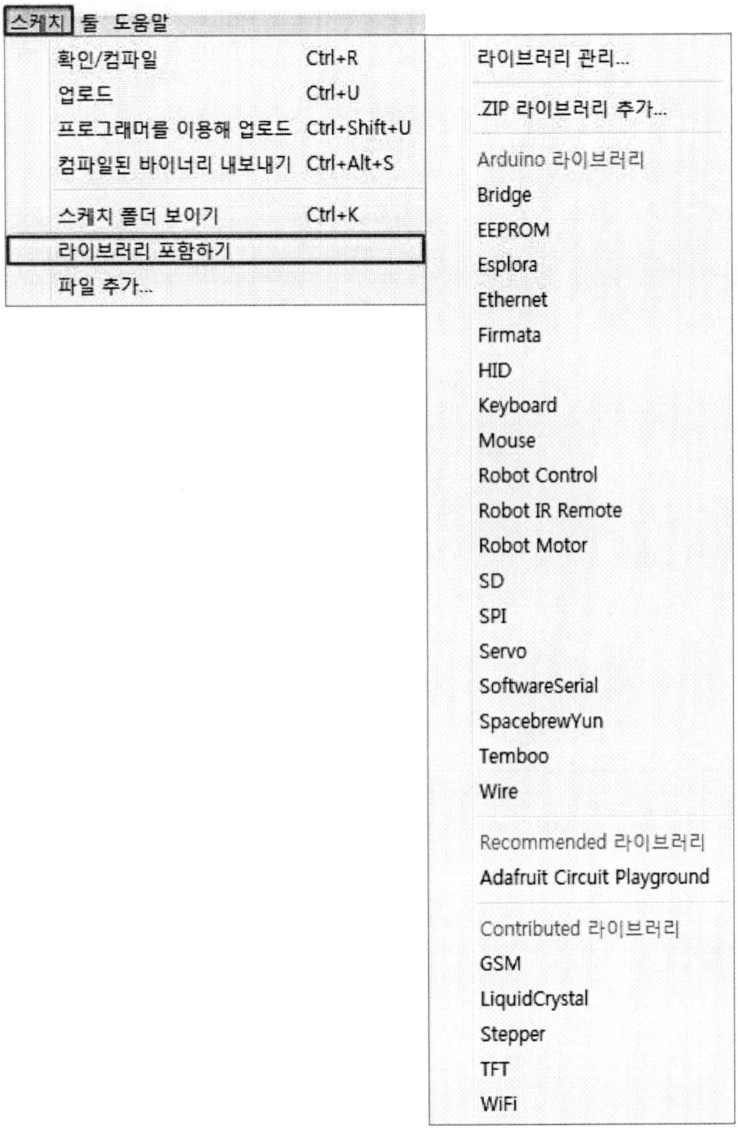

그림 4-8 '스케치>라이브러리 포함하기' 메뉴

▶ 아두이노 IDE에서 설치

'스케치>라이브러리 포함하기>.ZIP 라이브러리 추가...' 메뉴를 누르면 ZIP 파일 선택 창이 나타나는데, 다운로드 받은 라이브러리 ZIP 파일의 위치를 지정해 주면 된다.

▶ 직접 설치
다운받은 ZIP 파일을 압축 해제를 하여 생성된 폴더를 아두이노 IDE 설치폴더의 libraries 폴더(그림 4-6 참고)에 복사해 넣어주면 된다. 이 작업을 할 때 아두이노 IDE가 실행되어 있었다면 종료한 후 다시 실행하면 된다.

1.2.2 라이브러리 사용

라이브러리를 사용하는 방법은 아래 코드를 스케치 제일 앞부분에 넣어주면 된다. 직접 코딩하거나 '스케치>라이브러리 포함하기' 메뉴에서 사용할 라이브러리를 선택하면 생성된다.

```
#include <라이브러리이름.h>
```

라이브러리이름은 설치한 라이브러리 폴더의 이름과 일치하며, 폴더 안에는 반드시 '라이브러리이름.h' 이름의 헤더 파일이 있어야 한다.

1.3 아두이노 스케치 테스트를 위한 시리얼 통신

1.3.1 시리얼 통신 개요

일반적으로 마이크로프로세서가 데이터를 주고받는 방식은 병렬(parallel) 통신과 직렬(serial) 통신이다. 병렬 통신이란 다수의 비트를 동시에 송수신하는 방식으로 데이터 전송을 빠르게 처리할 수 있다. 하지만 한번에 처리하는 비트가 많아질수록 많은 데이터 선이 필요하게 되므로 멀리까지 통신하기 어려울 뿐만 아니라 선간 간섭(노이즈) 현상까지 생겨서 데이터 무결성에 문제가 생기게 된다. 이러한 이유로 주로 프로세서 내부에서는 병렬 통신을 사용하지만 외부와 통신하는 경우는 전송선이 훨씬 적은 직렬 통신을 많이 사용한다.
직렬 통신은 일반적으로 영문 표기 그대로 시리얼 통신으로 불리는데, 한번에 하나의 비트 단위로 연속으로 데이터를 전송하는 방식이다. 시리얼 통신은 한 번에 처리하는 데이터가 많지 않기 때문에 병렬 통신에 비해 느리지만 연결선 구성이 간단해서 구현하기 쉽고 비용이 적게 든다. 또한 멀리까지 전송할 수 있는 장점이 있어 임베디드 환경에서 많이 쓰인다.

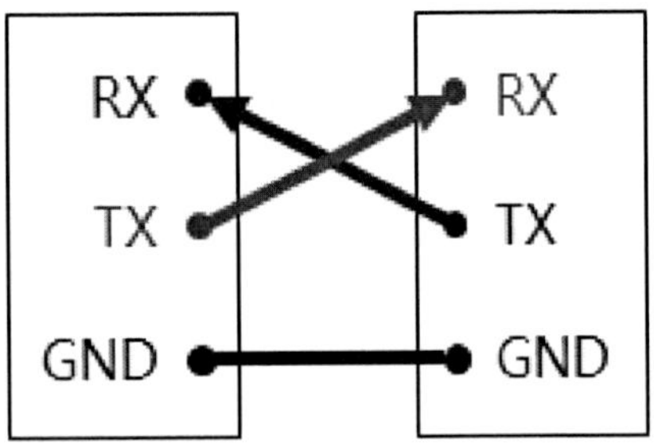

그림 4-9 시리얼 통신

아두이노 우노를 보면 디지털 입출력 0번 핀에 RX, 1번 핀에 TX라는 글자가 적혀 있는 것을 확인할 수 있다. RX는 수신(receive), TX는 송신(transmitt)이라는 의미이다. 우노 보드를 사용할 경우 0번 핀과 1번 핀을 통해서나 USB 케이블을 이용해서 시리얼 통신을 할 수 있다. 스케치에서 시리얼 통신을 사용한다면 0번 핀과 1번 핀을 디지털 입출력으로 사용할 수 없다.

1.3.2 시리얼 모니터

아두이노와 PC(호스트)간에 메시지를 주고받는 장치이다. 시리얼 모니터를 실행하여 가장 먼저 스케치에서 Serial.begin()에서 설정한 속도와 동일하게 창의 아래쪽에 [통신 속도]를 설정한다. 아두이노로 메시지를 보내고 싶을 때는 '아두이노로 보낼 메시지 입력'란에 메시지를 입력 후 '전송' 버튼을 누른다. 아두이노에서 보내온 메시지는 '아두이노가 보낸 메시지 출력' 부분에 출력된다.

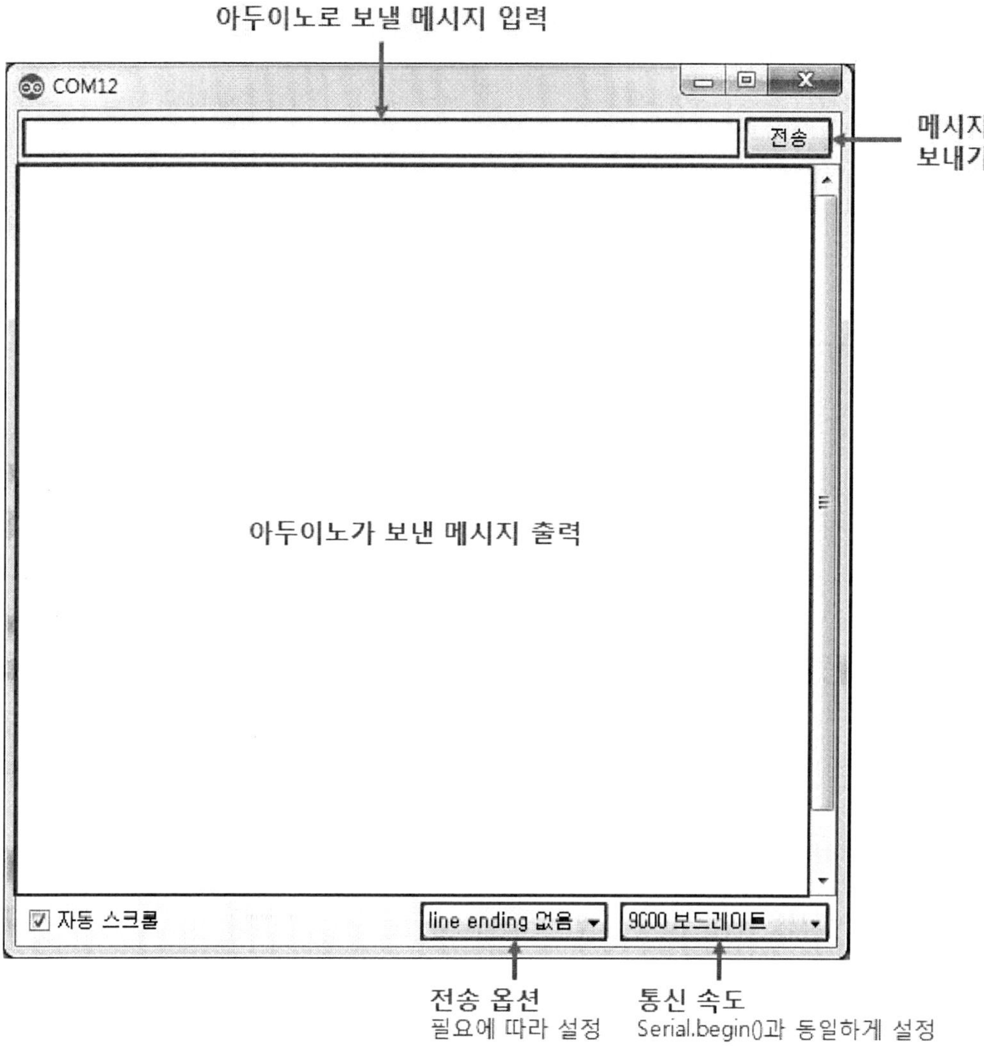

그림 4-10 시리얼 모니터 사용

1.3.3 시리얼 통신 함수

아두이노 시리얼 통신 관련 주요 함수는 다음과 같다.

▶ Serial.begin()

시리얼 통신의 시작을 알린다. 매개변수는 시리얼 통신속도(baud rate)를 몇 bps (초당 전송 비트수, bit per second)로 할 것인지를 설정한다.

【형식】

```
Serial.begin(통신속도)
```

【사용 예】

```
Serial.begin(9600); // 9600bps의 속도로 시리얼 통신 시작
```

▶ Serial.end()

시리얼 통신을 종료한다.

【형식】

```
Serial.end()
```

【사용 예】

```
Serial.end();
```

▶ Serial

Serial은 시리얼 포트의 이름이다. 여러 개의 시리얼 포트를 지원하는 메가 2560 보드의 경우 Serial(RX0과 TX0), Serial1(RX1과 TX1), Serial2(RX2와 TX2), Serial3(RX3과 TX3)이라는 4개의 시리얼 포트를 사용할 수 있다.

스케치 코드에서는 지정한 이름의 시리얼 포트가 사용가능한지를 알려준다. 가능하면 true를, 불가능하면 false를 반환한다.

【형식】

```
Serial // 또는 Serial1, ...
```

【사용 예】

```
void setup() {
    Serial.begin(9600);
    while (!Serial); // 시리얼 포트가 사용가능할 때까지 대기
}
```

그림 4-11 아두이노 메가 2560의 시리얼 포트

▶ Serial.print(), Serial.println()

데이터를 시리얼 포트로 송신(출력)한다. Serial.println()은 값을 출력한 후 줄바꿈 문자(\n)를 추가로 출력한다. 출력 값은 시리얼 모니터로 확인 가능하다.

【형식】

```
Serial.print(값)
Serial.print(값, 출력형식)
```

```
Serial.println(값)
Serial.println(값, 출력형식)
```

출력형식은 정수의 경우 BIN(2진수), OCT(8진수), DEC(10진수), HEX(16진수) 중 하나를 사용할 수 있으며, 실수(부동소수점수)의 경우는 출력할 소수점이하 자릿수를 지정한다.

【사용 예】

```
Serial.print("testing...");        // testing... 출력
Serial.println(65);                // 65 출력 후 줄바꿈
Serial.println(78, BIN);           // 1001110 출력 후 줄바꿈
Serial.println(1.23456, 2);        // 1.23 출력 후 줄바꿈
```

▶ Serial.write()

바이너리 데이터를 시리얼 포트로 송신(출력)하며, 출력한 바이트 수(문자 수)를 반환한다. 문자 출력은 Serial.print()와 동일하다. 문자열 출력은 길이를 지정하여 출력가능하며, 정수는 아스키 값에 해당하는 문자로 출력된다.

【형식】

```
Serial.write(값)                   // 정수, 문자 또는 문자열
변수 = Serial.write(값);
```

```
Serial.write(문자열, 길이)          // 문자열을 지정한 길이만큼 출력
변수 = Serial.write(문자열, 길이);
```

```
Serial.write(버퍼, 길이)            // 버퍼는 byte 타입의 배열
변수 = Serial.write(버퍼, 길이);
```

【사용 예】

```
Serial.write("testing...\n");       // testing... 출력 후 줄바꿈
Serial.write(65);                   // A 출력
Serial.write("testing...\n", 4);    // test 출력
byte buf[] = {'i', 'n', 'g', '.', '.', '.', '\n'};
int chars = Serial.write(buf, sizeof(buf)); // ing... 출력 후 줄바꿈
Serial.print("출력한 문자수 : ");
Serial.println(chars);              // 7 출력
```

예제 4-1 시리얼 통신 송수신 프로그램

```
void setup() {
    Serial.begin(9600);
    while (!Serial); // 시리얼 포트가 사용가능할 때까지 대기
}

void loop() {
    Serial.print("testing...");     // testing... 출력
    Serial.println(65);             // 65 출력 후 줄바꿈
    Serial.println(78, BIN);        // 1001110 출력 후 줄바꿈
    Serial.println(1.23456, 2);     // 1.23 출력 후 줄바꿈

    Serial.write("testing...\n"); // testing... 출력 후 줄바꿈
    Serial.write(65);                   // A 출력
    Serial.write("testing...\n", 4);    // test 출력

    byte buf[] = {'i', 'n', 'g', '.', '.', '.', '\n'};
    int chars = Serial.write(buf, sizeof(buf)); // ing... 출력 후 줄바꿈
    Serial.print("출력한 문자수 : ");
```

```
    Serial.println(chars)                    // 7 출력

    delay(3000);                             // 3초 동안 기다림
}
```

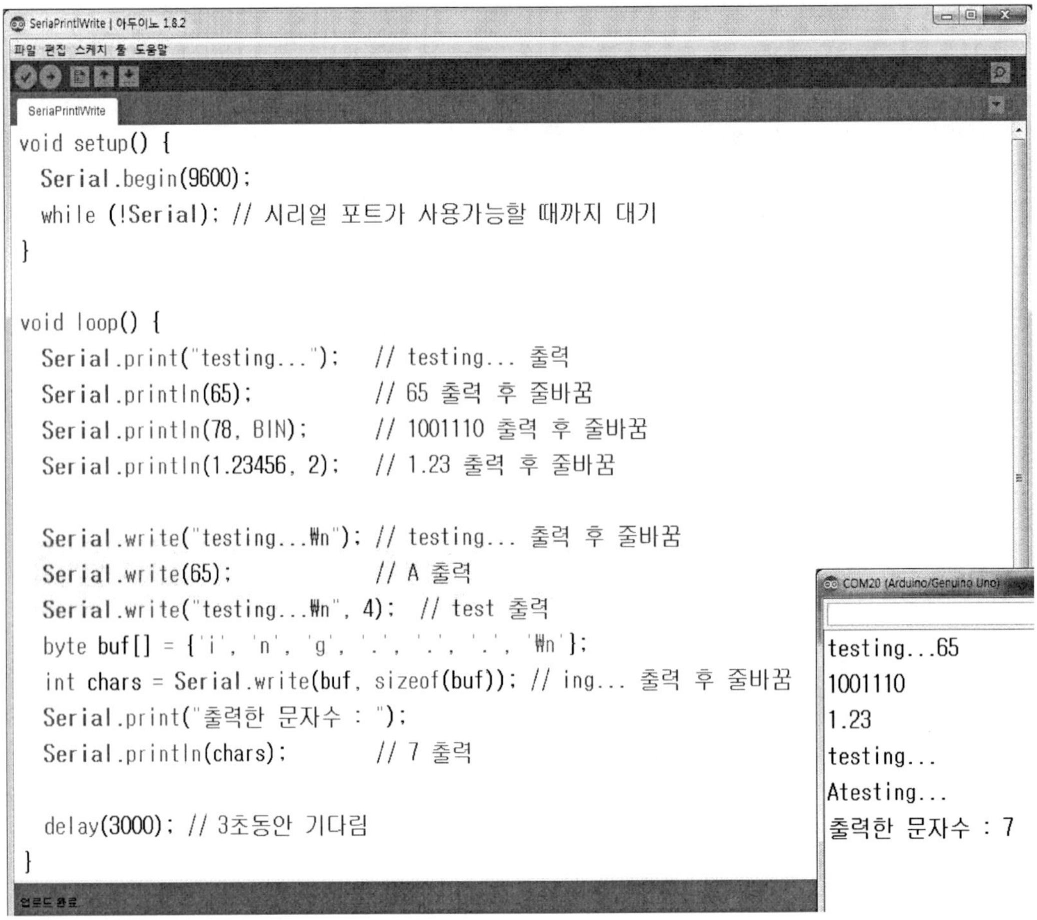

그림 4-12 예제 4-1 실행결과

▶ Serial.available()

시리얼 포트에 수신되어 버퍼에 저장되어 있는 바이트 수(문자 수)를 반환한다. 수신한 데이터가 없으면 0을 반환한다. 버퍼에는 64바이트까지 저장되며, 이 함수는 데이터를 수신했는지 검사할 때 사용된다.

【형식】

```
Serial.available()
```

【사용 예】

```
Serial.print("수신한 문자수 : ");
Serial.println(Serial.available()); // 수신한 문자수 출력
```

▶ Serial.read()

시리얼 버퍼에서 첫 번째 문자를 읽어 아스키 코드 값을 반환한다. 버퍼가 비어 있으면 -1을 반환한다.

【형식】

```
Serial.read()
변수 = Serial.read();
```

【사용 예】

```
while (Serial.available()) {                // 버퍼에 수신한 데이터가 있다면
    Serial.print((char)Serial.read());      // 버퍼에서 한문자를 읽어 출력
}
```

▶ Serial.readBytes()

시리얼 버퍼에서 지정한 바이트수 만큼의 문자를 읽어 버퍼(byte 타입의 배열)에 저장하고 읽어온 문자수를 반환한다. 읽은 데이터가 없다면 0을 반환한다.

【형식】

```
Serial.readBytes(버퍼, 길이) // 버퍼는 byte 타입의 배열
변수 = Serial.readBytes(버퍼, 길이);
```

【사용 예】

```
if (Serial.available()) { // 버퍼에 수신한 데이터가 있다면
    byte buf[64];
    int readBytes = Serial.readBytes(buf, sizeof(buf)); // 모든 문자를 읽어
    Serial.write(buf, readBytes); // 출력
}
```

▶ Serial.readBytesUntil()

Serial.readBytes()와 같이 수신 버퍼에서 지정한 바이트수 만큼의 문자를 읽어오거나 중간에 종료문자를 만날 때까지 문자를 읽어 버퍼(byte 타입의 배열)에 저장하고 읽어온 문자수를 반환한다. 읽은 데이터가 없다면 0을 반환한다.

【형식】

```
Serial.readBytesUntil(종료문자, 버퍼, 길이) // 버퍼는 byte 타입의 배열
변수 = Serial.readBytesUntil(종료문자, 버퍼, 길이);
```

【사용 예】

```
if (Serial.available()) { // 버퍼에 수신한 데이터가 있다면
    byte buf[64];
    // . 이전까지 또는 모든 문자를 읽어
    int readChars = Serial.readBytesUntil('.', buf, sizeof(buf));
    Serial.write(buf, readChars); // 출력
}
```

▶ Serial.readString(), Serial.readStringUntil()

시리얼 버퍼에서 문자열을 읽어 문자열 객체에 저장한다.

【형식】

```
문자열객체 = Serial.readString();
문자열객체 = Serial.readStringUntil(종료문자);
```

```
Serial.readString()
Serial.readStringUntil(종료문자)
```

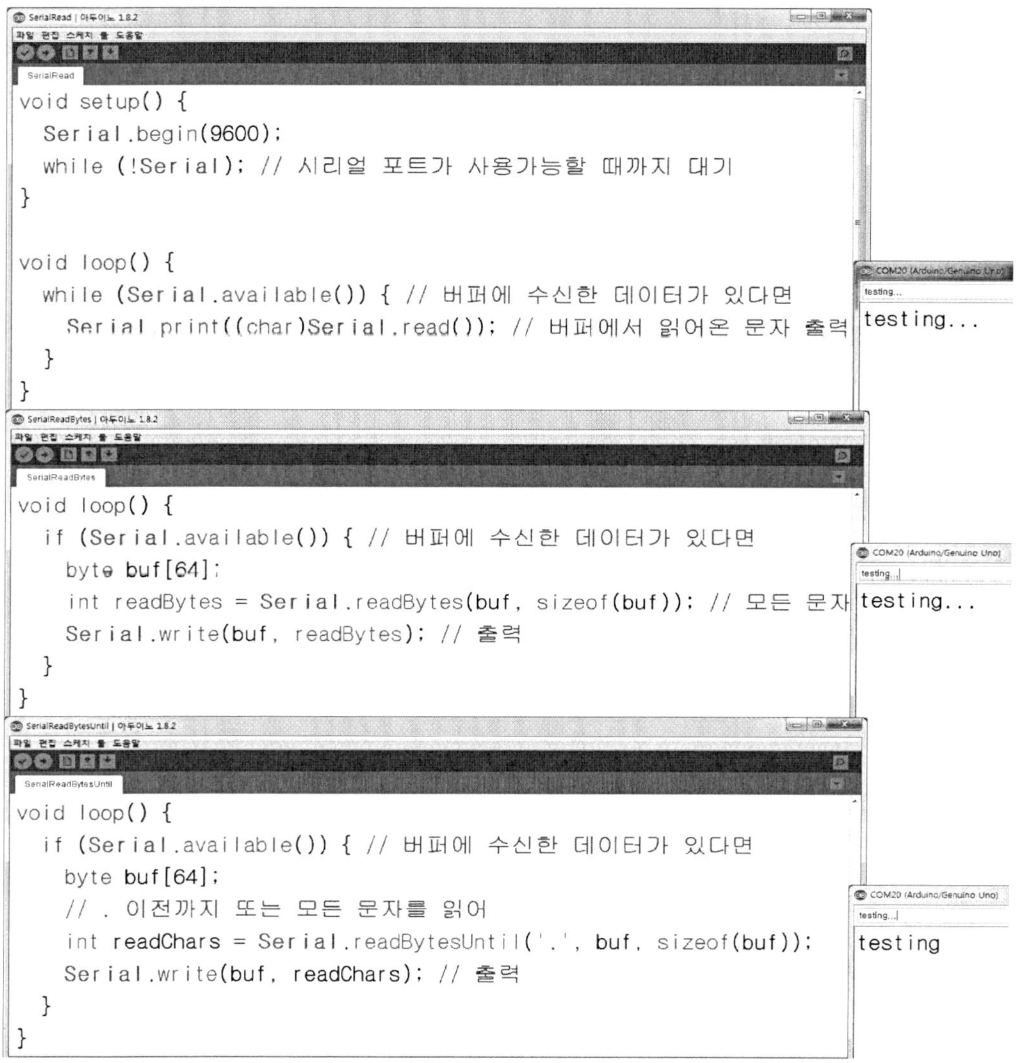

그림 4-13 시리얼 통신 입력 함수 실행결과

【사용 예】

```
if (Serial.available()) { // 버퍼에 수신한 데이터가 있다면
    String str = Serial.readString(); // 모든 문자를 읽어
    Serial.print(str); // 출력
}
if (Serial.available()) { // 버퍼에 수신한 데이터가 있다면
    Serial.print(Serial.readStringUntil('.')); // . 이전까지 문자를 읽어 출력
}
```

▶ Serial.parseInt()

시리얼 버퍼에서 유효한 정수를 읽어 반환한다. 숫자가 아닌 문자는 건너뛰며, 숫자가 없으면 0을 반환한다.

【형식】

```
Serial.parseInt()
변수 = Serial.parseInt();
```

【사용 예】

```
if (Serial.available()) { // 버퍼에 수신한 데이터가 있다면
    long num = Serial.parseInt();
    Serial.println(num);
}
```

▶ Serial.parseFloat()

시리얼 버퍼에서 유효한 부동소수점수(실수)를 읽어 반환한다. 숫자가 아닌 문자는 건너뛰며, 숫자가 없으면 0.0을 반환한다.

【형식】

```
Serial.parseFloat()
변수 = Serial.parseFloat();
```

【사용 예】

```
if (Serial.available()) { // 버퍼에 수신한 데이터가 있다면
    Serial.println(Serial.parseFloat());
}
```

실습 1 시리얼 통신 실행하기

우노의 13번 핀 LED를 시리얼 모니터에서 사용자 입력을 받아 켜고 끄는 시리얼 통신 프로그램을 작성해 보자.

(1) 하드웨어 준비물

아두이노 우노 × 1개

표 4-1 실습 1을 위한 하드웨어

(2) 스케치 작성

❶ 아두이노 IDE를 실행하여 '파일>새 파일' 명령을 실행한다.

❷ 아래 코드를 작성한다.

```
char yesno;

void setup() {
    Serial.begin(9600); // 시리얼포트 속도를 9600으로 설정
    pinMode(LED_BUILTIN, OUTPUT); // 13번핀을 출력으로 설정
}

void loop() {
    Serial.print("LED를 켤까요?(y/n) ");
    do { // 읽어온 문자가 'y'가 아니고 'n'이 아니면 반복
        yesno = (char) Serial.read(); // 버퍼에서 한문자 읽음
    } while (yesno != 'y' && yesno != 'n');
    Serial.println(yesno); // 읽은 문자 출력

    if (yesno == 'y') {
        Serial.println("LED를 켭니다.");
        digitalWrite(LED_BUILTIN, HIGH); // 13번핀 LED On
    } else {
        Serial.println("LED를 끕니다.");
        digitalWrite(LED_BUILTIN, LOW);  // 13번핀 LED Off
    }
}
```

❸ '파일>저장' 메뉴를 실행한다. 바탕화면에 'ArduinoProjects' 이름의 폴더를 만들고 'SerialMonitor'라는 이름으로 스케치를 저장한다.

❹ 도구상자의 확인 버튼(➔)을 눌러 스케치를 컴파일하여 업로드한다.

❺ 도구상자의 시리얼 모니터 버튼(🔍)을 눌러 시리얼 모니터를 실행한다. 통신 속도를 9600으로 설정하고 입력란에 y를 입력하고 Enter↵를 누르거나 전송 버튼을 눌러 시리얼 모니터 출력 부분과 아두이노 보드의 실행결과를 확인한다.

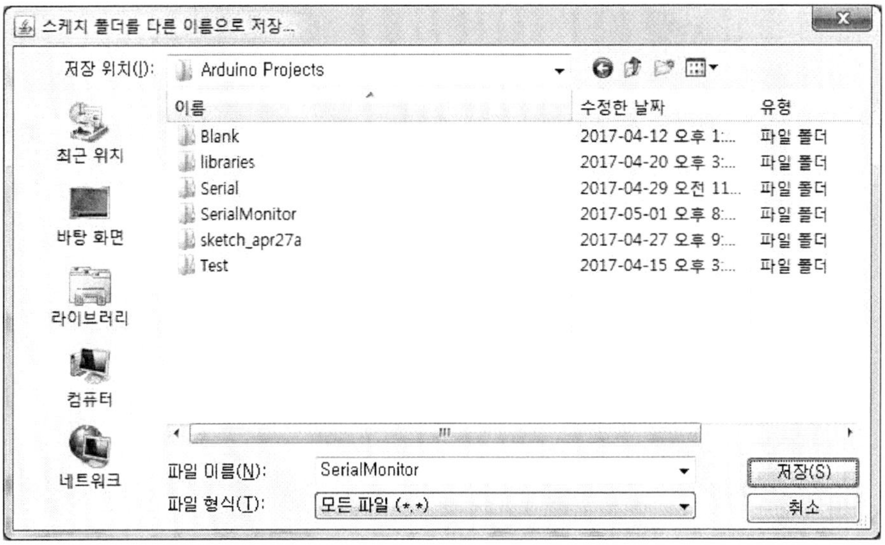

그림 4-14 스케치 저장

그림 4-15 실습 1 실행결과 - LED를 켰을 때

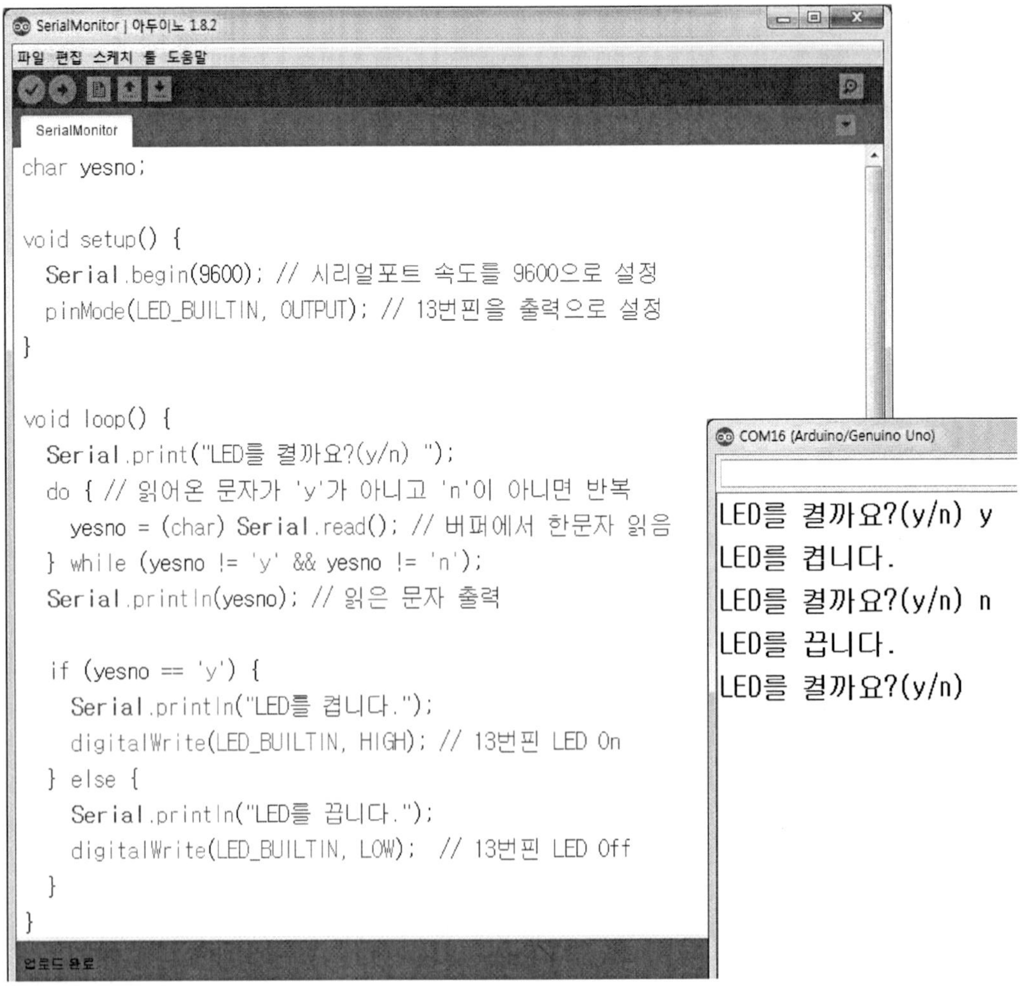

그림 4-16 실습 1 실행결과

2. 상수

스케치에서 사용하는 데이터, 즉 값을 상수(constant)라고 부른다. 아두이노에서 사용하는 데이터의 종류는 크게 숫자와 문자로 나뉜다.

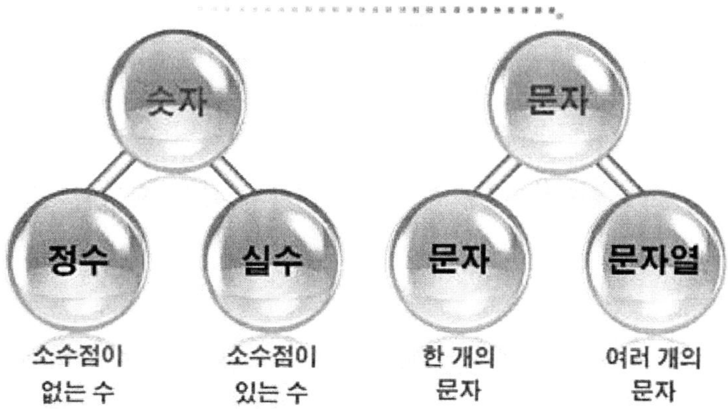

그림 4-17 데이터 분류

2.1 아두이노 상수

아두이노 상수는 프로그램을 읽기 쉽게 특정 값을 기호로 미리 정의해 놓은 것을 말한다. 아두이노에는 HIGH, INPUT, DEFAULT 등의 다양한 상수가 존재한다. 자주 사용하는 핀 수준과 디지털 핀 모드와 관련된 상수에 대해 살펴보자.

2.1.1 핀 수준

핀 수준	INPUT:digitalRead()		OUTPUT:digitalWrite()	
	5V 보드	3.3V 보드	5V 보드	3.3V 보드
HIGH	1.5V 미만	3.0V 초과	5V	3.3V
LOW	1.0V 미만	2.0V 초과	0V	0V

표 4-2 HIGH와 LOW

디지털 핀을 읽거나 쓸 때 핀이 가질 수 있는 전압 값은 HIGH와 LOW 두 가지다. HIGH는 1, LOW 0이라는 의미로 디지털 핀 모드에 따른 전압 값은 다음과 같다.

2.1.2 디지털 핀 모드

디지털 핀은 pinMode()로 핀의 전기적 동작을 변경하여 INPUT, INPUT_PULLUP 또는 OUTPUT 용도로 사용될 수 있다.

▶ INPUT

INPUT은 입력이란 의미이다. 이 값으로 설정된 핀은 하이 임피던스(high-impedance) 상태라고 하며, 핀 앞에 100MΩ의 직렬 저항이 연결된다. 핀에 연결된 센서 값을 읽을 때 사용한다.

▶ INPUT_PULLUP

스위치와 연결된 핀을 INPUT으로 설정하고 읽으면 스위치가 열린 상태에 있을 때 핀이 플로팅(floating)되어 예기치 않은 결과가 발생할 수 있다. 그러므로 스위치가 열려있을 때 LOW나 HIGH 상태를 보장하려면 풀다운 또는 풀업 저항을 사용해야 한다. 풀다운 저항을 사용할 경우 스위치가 열렸을 때 LOW, 스위치가 닫혔을 때 HIGH 입력이 된다. 풀업 저항을 사용할 경우 스위치가 열렸을 때 HIGH, 스위치가 닫혔을 때 LOW 입력이 된다.

Atmega 마이크로컨트롤러에는 외부 풀업 저항을 연결하는 대신에 10KΩ 내부 풀업 저항(내부적으로 전원에 연결되는 저항)이 있는데, 이것을 사용하려면 핀 모드를 INPUT_PULLUP으로 설정하면 된다.

궁금해요 **임피던스**

> 입력 임피던스는 해당 입력 단으로 전류가 들어올 때 저항하는 성질을 말하며, 출력 임피던스는 해당 출력 단으로 전류가 나갈 때 저항하는 성질을 말한다. 입력 임피던스는 높아야 좋고, 출력 임피던스는 낮아야 손실 없이 신호를 내보낼 수 있다.

궁금해요 **플로팅**

정전기나 순간적인 전압 변화에 의해 HIGH에서 LOW로, LOW에서 HIGH로 바뀔 수도 있어 HIGH인지 LOW인지 정확한 값을 예측할 수 없는 불안정한 상태를 말한다.

▶ OUTPUT

OUTPUT은 출력이란 의미이다. 이 값으로 설정된 핀은 로우 임피던스(low-impedance) 상태라고 한다. 이는 다른 회로에 많은 양의 전류를 공급할 수 있음을 의미한다.
OUTPUT으로 설정된 핀에 접지 또는 +가 연결되면 보드가 손상을 받거나 파괴될 수 있으므로 주의해야 한다.

2.1.3 내장 기능

아두이노 보드에는 내장된 LED가 있다. LED_BUILTIN은 이 LED에 연결된 핀 번호에 대한 상수이다. 대부분의 아두이노 보드는 디지털 핀 13번과 연결되어 있다.

2.2 상수 표현

아두이노 스케치에서 상수, 즉 값을 표현하는 방법에 대해 살펴보자.

2.2.1 부울 상수

부울(boolean) 상수는 참과 거짓을 나타내는 두 가지 상수가 있다. 참은 true, 거짓은 false이다. true는 1(정확히는 0이 아닌 값), false는 0으로 정의된다.

2.2.2 정수 상수

정수(integer number) 상수는 123과 같이 사용되는 소수점이 없는 숫자로 표현된다. 기본적으로 정수 상수는 int 형으로 정의되며, 정수 뒤에 'U(u)', 'L(l)', 'UL(ul)'을 붙여 데이터형을 변경할 수 있다. U는 unsigned, L은 long, UL은 unsigned long 형의 정수 상수이다.

구분	표현 문자	사용 예	사용가능 여 부	설 명
10진수	0~9	-123	○	-123, int
		255L	○	255, long
2진수	0,1	B1111011	○	123
		B1010	○	10
		B111101101	×	8비트 이내
		B1010U	×	U, L 사용 불가
8진수	0~7	0123u	○	83, unsigned
		0278	×	8은 사용 불가
16진수	0~9, A~F(a~f)	0x123l	○	291, long
		0xaf	○	175, int

표 4-3 정수 상수의 표현

정수 상수는 기본적으로 10진 정수로 취급되지만 특별한 표기법을 사용하여 다른 진법을 표현할 수 있다. 2진수는 정수 앞에 'B'를, 8진수는 '0'을, 16진수는 '0x'를 붙인다.

10진수	2진수	8진수	16진수	10진수	2진수	8진수	16진수
0	B0000	000	0x0	8	B1000	010	0x8
1	B0001	001	0x1	9	B1001	011	0x9
2	B0010	002	0x2	10	B1010	012	0xA
3	B0011	003	0x3	11	B1011	013	0xB
4	B0100	004	0x4	12	B1100	014	0xC
5	B0101	005	0x5	13	B1101	015	0xD
6	B0110	006	0x6	14	B1110	016	0xE
7	B0111	007	0x7	15	B1111	017	0xF

표 4-4 0부터 15까지의 정수 상수에 대한 진법 표현

2.2.3 실수 상수

실수(floating point number) 상수는 부동소수점 상수라고도 부르며, 123.456과 같이 소수점이 있는 숫자이다. 기본적으로 실수 상수는 double 형으로 취급되며, 실수 뒤에 'F(f)'를 붙여 float 형으로 변경할 수 있다.
정수와는 달리 실수는 10진수로만 표현할 수 있으며, 'E(e)'를 사용하여 지수 형식으로 표현 가능하다. 실수를 지수 형식으로 표현하는 방법은 다음과 같다.

【지수 형식】

```
소수부E지수부  // 소수부는 정수, 실수 모두 가능
               // 지수부는 정수만 가능
```

```
소수부e지수부
```

예를 들어 다음의 수를 지수 형식으로 표현해 보자. 지수 형식은 아주 큰 값이나 아주 작은 값을 표현하는 효율적인 방법이다.

```
1000000000000000  →  1.0e15,    0.000000000000001  →  1.0e-15
```

사용 예	사용가능 여부	설 명
-123.0	○	-123.0, double
100.	○	100.0, double
10.123f	○	10.123, float
.123	○	0.123, double
2.34E+5	○	234000(2.34×10^5), double
67e-12	○	0.000000000067(67×10^{-12}), double
-1.23E5.0	×	지수 부분은 정수여야 함

표 4-5 실수 상수 표현

2.2.4 문자와 문자열 상수

문자(character) 상수와 문자열(string) 상수는 글자 수에 따라 구분한다. 문자는 한문자, 문자열은 하나 이상의 여러 문자들이다. 문자 상수는 작은따옴표('), 문자열 상수는 큰따옴표(")를 앞과 뒤 양쪽에 붙여 표현한다.

구분	사용 예	사용가능 여 부	설 명
문자	'a'	○	알파벳 a
	48	○	숫자 0, 아스키코드 값으로 표현 가능
	'aA'	×	글자수 2
	'가'	×	한글 1글자는 2바이트에 보관하여야 하므로 글자수가 2이므로 사용 불가
	'\101'	○	알파벳 A, 아스키코드 값을 8진수로 표현
	'\x61'	○	알파벳 a, 아스키코드 값을 16진수로 표현
문자열	"a"	○	a, 글자수 1은 문자열로 표현 가능
	"가"	○	가
	"arduino"	○	arduino
	"Tom's"	○	Tom's
	"Tom"s"	×	문자열 내부에 "를 포함하고자 할 때는 \"로 표현
	"\"arduino\""	○	"arduino"

표 4-6 문자와 문자열 상수 표현

문자 상수를 표현할 때는 문자 대신에 아스키코드(ASCII code) 값인 정수로 표현할 수 있으며, 문자에 대한 아스키 코드 값은 [표 4-7]과 같다.
또한 문자 상수 중에는 [표 4-8]과 같이 특별한 의미를 지니는 서식 문자가 있다.

DEC (10진수)	HEX (16진수)	BIN (2진수)	기호	설명
0	0	0	NUL	NULl character, Ctrl-@
1	1	1	SOH	Start Of Heading, Ctrl-A
2	2	10	STX	Start Of teXt, Ctrl-B
3	3	11	ETX	End Of teXt, Ctrl-C
4	4	100	EOT	End Of Transmission, Ctrl-D
5	5	101	ENQ	ENQuiry, Ctrl-E
6	6	110	ACK	ACKnowledgment, Ctrl-F
7	7	111	BEL	BELl, Ctrl-G
8	8	1000	BS	Back Space, Ctrl-H
9	9	1001	HT	Horizontal Tab, Ctrl-I
10	A	1010	LF	Line Feed, Ctrl-J
11	B	1011	VT	Vertical Tab, Ctrl-K
12	C	1100	FF	Form Feed, Ctrl-L
13	D	1101	CR	Carriage Return, Ctrl-M
14	E	1110	S0	Shift Out(X-On), Ctrl-N
15	F	1111	SI	Shift In (X-Off), Ctrl-O
16	10	10000	DLE	Data Line Escape, Ctrl-P
17	11	10001	DC1	Device Control 1(oft. XON), Ctrl-Q
18	12	10010	DC2	Device Control 2, Ctrl-R
19	13	10011	DC3	Device Control 3(oft. XOFF), Ctrl-S
20	14	10100	DC4	Device Control 4, Ctrl-T
21	15	10101	NAK	Negative AcKnowledgement, Ctrl-U
22	16	10110	SYN	SYnchronous Idle, Ctrl-V
23	17	10111	ETB	End of Transmit Block, Ctrl-W
24	18	11000	CAN	CANcel, Ctrl-X
25	19	11001	EM	End of Medium, Ctrl-Y
26	1A	11010	SUB	Substitute, Ctrl-Z
27	1B	11011	ESC	Escape, Ctrl-[
28	1C	11100	FS	File Separator, Ctrl-\
29	1D	11101	GS	Group Separator, Ctrl-]
30	1E	11110	RS	Record Separator, Ctrl-^
31	1F	11111	US	Unit Separator, Ctrl-_

표 4-7 아스키 코드(0 ~ 31)

DEC (10진수)	HEX (16진수)	BIN (2진수)	기호	설명
32	20	100000		space
33	21	100001	!	exclamation mark
34	22	100010	″	double quotes
35	23	100011	#	number
36	24	100100	$	dollar
37	25	100101	%	procenttecken
38	26	100110	&	ampersand
39	27	100111	′	single quote
40	28	101000	(	open parenthesis(or open bracket)
41	29	101001	)	close parenthesis(or close bracket)
42	2A	101010	*	asterisk
43	2B	101011	+	plus
44	2C	101100	,	comma
45	2D	101101	-	hyphen
46	2E	101110	.	period, dot or full stop
47	2F	101111	/	slash or divide
48	30	110000	0	zero
49	31	110001	1	one
50	32	110010	2	two
51	33	110011	3	three
52	34	110100	4	four
53	35	110101	5	five
54	36	110110	6	six
55	37	110111	7	seven
56	38	111000	8	eight
57	39	111001	9	nine
58	3A	111010	:	colon
59	3B	111011	;	semicolon
60	3C	111100	<	less than(or open angled bracket)
61	3D	111101	=	equals
62	3E	111110	>	greater than(or close angled bracket)
63	3F	111111	?	question mark

표 4-7 아스키 코드(32 ~ 63)

DEC (10진수)	HEX (16진수)	BIN (2진수)	기호	설명
64	40	1000000	@	at symbol
65	41	1000001	A	uppercase A
66	42	1000010	B	uppercase B
67	43	1000011	C	uppercase C
68	44	1000100	D	uppercase D
69	45	1000101	E	uppercase E
70	46	1000110	F	uppercase F
71	47	1000111	G	uppercase G
72	48	1001000	H	uppercase H
73	49	1001001	I	uppercase I
74	4A	1001010	J	uppercase J
75	4B	1001011	K	uppercase K
76	4C	1001100	L	uppercase L
77	4D	1001101	M	uppercase M
78	4E	1001110	N	uppercase N
79	4F	1001111	O	uppercase O
80	50	1010000	P	uppercase P
81	51	1010001	Q	uppercase Q
82	52	1010010	R	uppercase R
83	53	1010011	S	uppercase S
84	54	1010100	T	uppercase T
85	55	1010101	U	uppercase U
86	56	1010110	V	uppercase V
87	57	1010111	W	uppercase W
88	58	1011000	X	uppercase X
89	59	1011001	Y	uppercase Y
90	5A	1011010	Z	uppercase Z
91	5B	1011011	[	opening bracket
92	5C	1011100	\	backslash
93	5D	1011101	]	closing bracket
94	5E	1011110	^	caret
95	5F	1011111	_	underline

표 4-7 아스키 코드(64 ~ 95)

DEC (10진수)	HEX (16진수)	BIN (2진수)	기호	설명
96	60	1100000	`	grave accent
97	61	1100001	a	lowercase a
98	62	1100010	b	lowercase b
99	63	1100011	c	lowercase c
100	64	1100100	d	lowercase d
101	65	1100101	e	lowercase e
102	66	1100110	f	lowercase f
103	67	1100111	g	lowercase g
104	68	1101000	h	lowercase h
105	69	1101001	i	lowercase i
106	6A	1101010	j	lowercase j
107	6B	1101011	k	lowercase k
108	6C	1101100	l	lowercase l
109	6D	1101101	m	lowercase m
110	6E	1101110	n	lowercase n
111	6F	1101111	o	lowercase o
112	70	1110000	p	lowercase p
113	71	1110001	q	lowercase q
114	72	1110010	r	lowercase r
115	73	1110011	s	lowercase s
116	74	1110100	t	lowercase t
117	75	1110101	u	lowercase u
118	76	1110110	v	lowercase v
119	77	1110111	w	lowercase w
120	78	1111000	x	lowercase x
121	79	1111001	y	lowercase y
122	7A	1111010	z	lowercase z
123	7B	1111011	{	opening brace
124	7C	1111100	|	vertical bar
125	7D	1111101	}	closing brace
126	7E	1111110	~	tilde
127	7F	1111111	Del	delete

표 4-7 아스키 코드(96 ~ 127)

서식 문자	기능	설 명
\n	줄바꿈(new line)	다음 출력을 위해 새로운 줄로 이동
\t	공백(tab)	다음 출력을 위해 간격에 맞춰 빈칸을 띄움
\\	\(backslash)	\ 출력
\"	"(double quotes)	" 출력

표 4-8 서식 문자

실습 2 LED 깜박이기

우노 보드의 디지털 핀에 LED를 연결하여 1초 단위로 깜박이는 프로그램을 작성해 보자.

(1) 하드웨어 준비물

아두이노 우노 × 1개

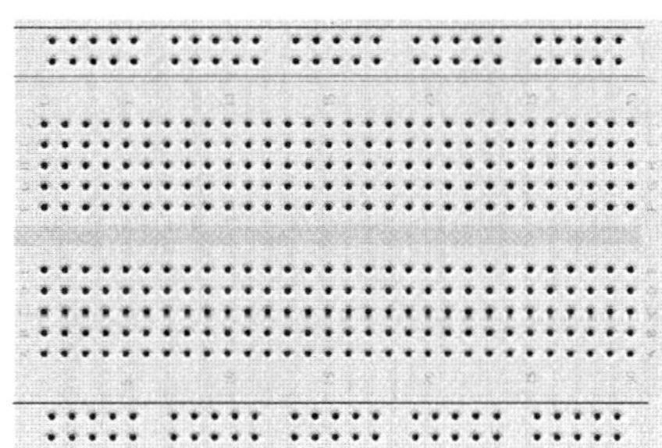

브레드보드 × 1개

5mm LED × 1개

220Ω 저항 × 1개

연결선(수-수)

표 4-9 실습 2를 위한 하드웨어

▶ 브레드보드

하드웨어를 구성할 때 각 부품들과 전선을 연결하려면 납땜을 해야 한다. 이렇게 하면 한번 사용한 부품을 다시 사용하거나 연결이 잘못되었을 경우 납을 제거한 후 다시 납땜을 해야 하는 번거로움이 있기 때문에 납땜을 하지 않고 전자회로 실험을 할 수 있도록 브레드보드(breadboard)라는 장치를 사용하고 있다.

일명 빵판으로 불리는 브레드보드는 구멍마다 아래 부분에 납이 도금되어 있어 납땜이 필요 없는 무납땜 장치이다. 전자회로 시제품을 만들거나 실험이나 실습용으로 주로 사용된다. 구멍에 부품이나 전선을 끼웠다가 뺐다가 하면서 회로를 구성하므로 영구적으로 재사용이 가능하다.

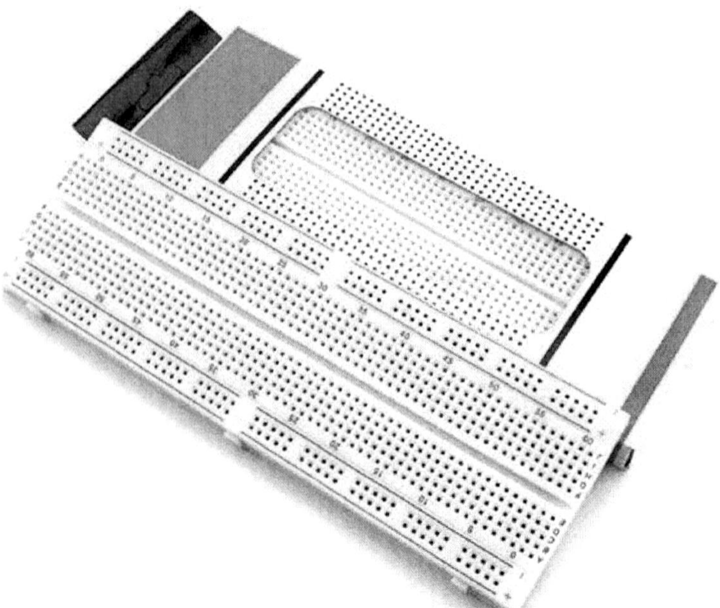

그림 4-18 830 points 브레드보드

위 그림에서 보는바와 같이 브레드보드는 여러 개의 구멍이 있고 위아래 바깥에는 빨간색 실선과 파란색 실선이 있다. 실선이 있는 방향으로 구멍이 연결되어 있다는 의미이며, 중간에 실선이 끊겨 있으면 그 부분은 연결되어 있지 않다는 뜻이다. 빨간색은 + 전원선을, 파란색은 - 전원선을 연결하면 된다.

실선이 표시되어 있지 않는 가운데 부분은 부품을 배치하는 영역으로 가운데 홈을 기준으로 위아래 각 5개씩 분리되어 있다. 5개씩 세로 방향으로 연결되어 전기가 통하게 되며, 위아래는 분리되어 있어 전기가 통하지 않는다.
아래 그림은 브레드보드 위에 빨간색, 파란색, 녹색으로 선을 표시해 두었는데 선으로 표시된 구멍들끼리 내부에 서로 연결되어 있다는 것을 보여준다.

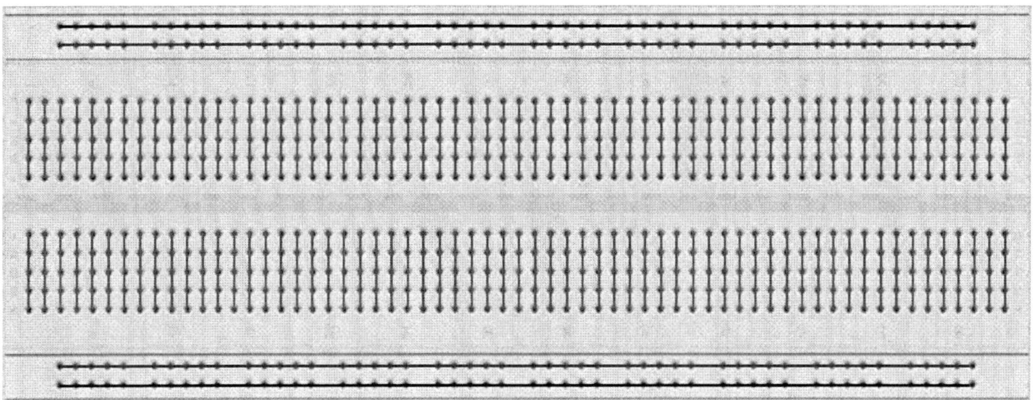

그림 4-19 브레드보드 바닥 연결 모양

▶ LED
LED(Light Emitting Diode)는 발광 다이오드라고 하며, 순방향으로 전류를 가하면 빛을 내는 특징을 가지는 소자이다. 각종 전기전자 장치의 표시부분이나 조명용으로 많이 사용한다.
빛의 삼원색인 빨강(red), 녹색(green), 파랑(blue)을 이용하여 자연색을 구현할 수 있으며, 다양한 색상을 표시하기 위해 플라스틱에 색상을 추가하거나 물질의 고유 파장을 이용해서 다른 색의 빛을 출력할 수 있다.

일반적인 직경 5mm LED의 규격은 대략 아래와 같다.

전　　압 : 1.8 ~ 2.2V
정격전류 : 16 ~ 18mA
최대전류 : 20mA

LED 소자는 두 개의 다리를 가지고 있는데, 긴 쪽이 Anode(+)이며 짧은 쪽이 Cathode(-)이다. 역방향으로 전류가 흐르면 빛이 발생하지 않으며, 전류의 크기에 따라 밝기가 결정된다. 정격전류 이상을 가하게 되면 고장이 날 수도 있다.
일반적으로 전류는 VCC(전원)에서 GND(접지)로 흐르기 때문에 긴 다리는 GPIO(General Purpose Input Output) 디지털 핀에 연결하고 짧은 다리는 GND 핀에 연결하면 된다. 이 때 전원에서 공급하는 전압이 너무 높아 정격전류 이상의 전류가 흐르지 않도록 주의해야 하므로 VCC와 Anode 사이에 저항을 연결하여 전류량을 줄여 주어야 한다.
아두이노 우노보드의 경우 5V 전원을 공급하기 때문에 옴의 법칙(V= IR)에 의거하여 저항 값을 계산하여 적절한 저항을 달아주면 된다.

5mm LED에 연결할 저항 값은 다음과 같다.

$$R = \frac{V_{보드} - V_{LED}}{I_{LED}} = \frac{5 - 2.2}{0.018} = 155\Omega$$

▶ 저항

저항(resistance)은 전류의 흐름을 방해하는 소자로 고정 저항과 가변 저항으로 분류된다. 고정 저항은 저항 값이 고정되어 있으며, 가변 저항은 필요에 따라 저항 값을 임의로 조정할 수 있다.
전자회로에서는 주로 막대 모양의 저항을 사용하는데, 이는 표면에 탄소나 금속 막을 씌운 고정 저항이다. 막대 저항의 표면에는 4개 또는 5개의 색띠가 표시되어 있어 각 띠의 색상에 따라 저항 값을 알 수 있다. 4색 띠의 경우 앞에서 2개(5색띠는 3개)가 숫자를 나타내며, 그 다음 띠는 10의 제곱수, 마지막 띠는 오차 범위를 나타낸다. 마지막 색띠인 오차 값은 적을수록 좋지만 LED 연결과 같은 간단한 회로에서는 크게 신경 쓰지 않아도 된다.

각 색띠별 색상의 의미는 다음과 같다.

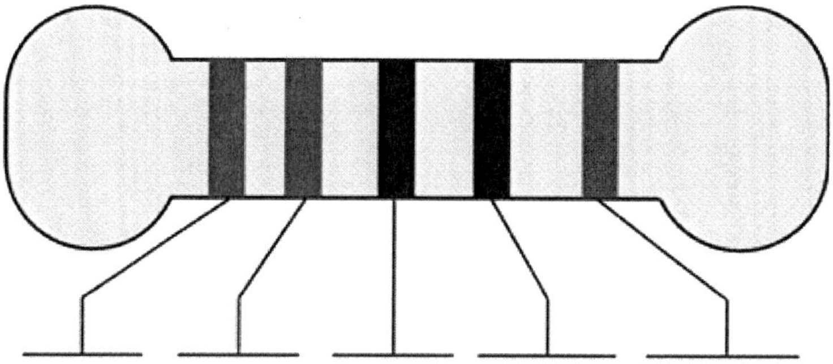

	첫 번째	두 번째	세 번째	단위	오차
검정	0	0	0	$x10^0$	
갈색	1	1	1	$x10^1$	±1%
빨강	2	2	2	$x10^2$	±2%
주황	3	3	3	$x10^3$	
노랑	4	4	4	$x10^4$	(±5%)↑
초록	5	5	5	$x10^5$	±0.5%
파랑	6	6	6	$x10^6$	±0.25%
보라	7	7	7	$x10^7$	±0.1%
회색	8	8	8	$x10^8$	±0.05%
흰색	9	9	9	$x10^9$	
금색				$x10^{-1}$	±5%
은색				$x10^{-2}$	±10%
없음					±20%

그림 4-20 저항 색띠 수치 값

위 그림에 사용된 저항의 경우는 220Ω 저항이다. 아래 저항 값을 계산해 보자.

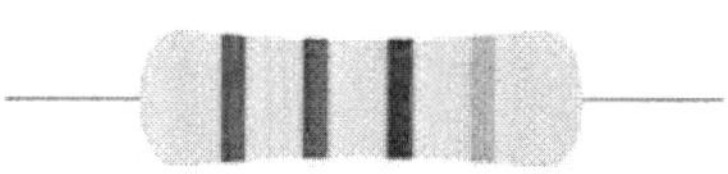

3, 3, 2 (0이 2개란 의미)

3300Ω = 3.3kΩ

4, 7, 4 (0이 4개란 의미)

470000Ω = 470kΩ

저항 값을 색띠의 색상으로 계산하기 어렵다면 멀티미터(multimeter)를 이용하여 측정할 수도 있다.

궁금해요 **멀티미터**

멀티테스터라고도 한다. 기본적으로 전압, 전류, 저항 측정 기능을 결합한 전자 계측기이다. 장치에 따라 기타 측정 기능이 추가되기도 한다.

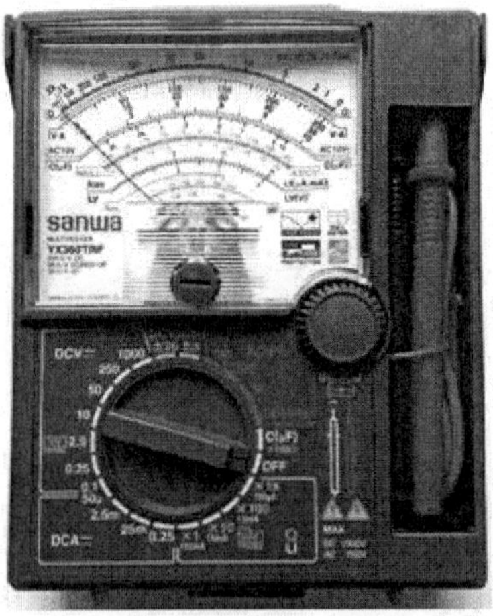

아날로그 멀티미터

디지털 멀티미터

(2) 하드웨어 구성

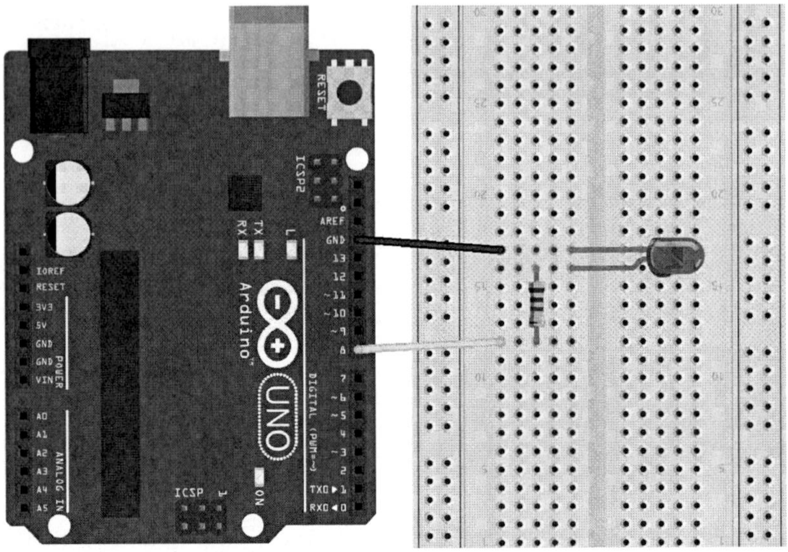

그림 4-21 실습 2를 위한 회로도

(3) 스케치 작성

❶ 아두이노 IDE를 실행하여 '파일>새 파일' 명령을 실행한다.

❷ 아래 코드를 작성한다.

```
int ledPin = 8;

void setup() {
    pinMode(ledPin, OUTPUT); // 2번핀을 출력으로 설정
}

void loop() {
    digitalWrite(ledPin, HIGH); // 5V 출력
    delay(1000); // 1초간 지속
    digitalWrite(ledPin, LOW); // 0V 출력
    delay(1000); // 1초간 지속
}
```

❸ '파일>저장' 메뉴를 실행한다. 바탕화면에 'ArduinoProjects' 폴더를 선택하여 'LedBlink'라는 이름으로 스케치를 저장한다.

❹ 도구상자의 확인 버튼(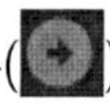)을 눌러 스케치를 컴파일하여 업로드한다.

❺ LED가 깜박이는지 확인한다.

3. 변수, 배열, 구조체 그리고 포인터

3.1 변수

변수(variable)는 메모리 공간에 붙여진 이름으로 값(데이터)을 보관할 필요가 있을 때 사용한다. 변수에 저장된 값은 언제든지 변경할 수 있으며, = 기호를 사용한다.

3.1.1 선언

변수를 사용하기 위해서는 먼저 선언을 해야 한다. 프로그래밍 언어에 따라서는 변수 선언을 하지 않아도 사용할 수 있지만 C 언어의 경우 반드시 변수 선언을 해야 사용할 수 있다. 변수의 선언 형식은 다음과 같다.

【형식】

```
데이터형 변수이름;
```

```
데이터형 변수이름 = 초기값;
```

【사용 예】

```
int num;              // 정수형 변수 한 개 선언
int n1, n2, n3;       // 정수형 변수 여러 개 선언
                      // 초기값을 지정하지 않으면 쓰레기 값이 들어있다.
double pi = 3.14;     // 실수형 변수에 초기값 지정
```

3.1.2 데이터형

데이터형(type)은 변수에 저장된 값이 어떤 형태인지를 알려주는 역할을 한다. 아두이노에서 사용할 수 있는 데이터형은 다음과 같다.

▶ void

값이 없다는 뜻으로 함수 선언에서만 사용한다.

【사용 예】

```
void setup() {
    pinMode(ledPin, OUTPUT);
    pinMode(switchPin, INPUT);
    digitalWrite(switchPin, HIGH);
}
```

▶ boolean

부울 상수를 저장하는 1 바이트 크기의 데이터형이다. 참과 거짓을 나타내는 true와 false 값을 가질 수 있다.

【사용 예】

```
    :
boolean running = false;
    :
void loop() {
    if (digitalRead(switchPin) == LOW) { // 스위치가 눌러졌다면
        delay(100);
        running = !running; // 토글시킨다. true이면 false, false이면 true
        digitalWrite(ledPin, running); // LED를 켰다꺼다 반복
    }
}
```

▶ char

문자 상수를 저장하는 1 바이트 크기의 데이터형이다. 이 유형의 변수는 때로는 부호 있는 정수로 사용되는데, -128 ~ 127 숫자를 저장할 수 있다. 왼쪽 첫 번째 비트가 0이면 양수, 1이면 음수이다.

【사용 예】

```
char myChar = 'A';
char myChar = 65; // 둘 다 같은 값을 가진다.
```

▶ unsigned char

문자 상수를 저장하는 1 바이트 크기의 데이터형이다. 부호 없는 정수로 사용할 수 있으며, 0 ~ 255 숫자를 저장할 수 있다.

【사용 예】

```
unsigned char myChar = 240;
```

▶ byte

unsigned char와 동일하다.

【사용 예】

```
byte b = B10010; // binary, 18
```

▶ int

2 바이트 또는 4 바이트 크기의 부호 있는 정수를 저장한다. 왼쪽 첫 번째 비트가 0이면 양수, 1이면 음수이다. 우노와 같은 16 비트 프로세서를 사용하는 보드에서는 2 바이트 크기이며, 두에와 같은 32 비트 프로세서를 사용하는 보드에서는 4 바이트 크기이다. 왼쪽 첫 번째 비트가 0이면 양수, 1이면 음수이다. 저장할 수 있는 값의 범위는 -32,768 ~ 32,767(-2^{15} ~ $2^{15}-1$) 또는 -2,147,483,648 ~ 2,147,483,647(-2^{31} ~ $2^{31}-1$)이다.

【사용 예】

```
int ledPin = 13;
```

▶ unsigned int

2 바이트 또는 4 바이트 크기의 부호 없는 정수를 저장한다. 우노와 같은 16 비트 프로세서를 사용하는 보드에서는 2 바이트 크기이며, 두에와 같은 32 비트 프로세서를 사용하는 보드에서는 4 바이트 크기이다. 저장할 수 있는 값의 범위는0 ~ 65,535(0 ~ 2^{16}-1) 또는 0 ~ 4,294,967,295(0 ~ 2^{32}-1)이다.

【사용 예】

```
unsigned int ledPin = 13;
```

▶ word

unsigned int와 동일하다.

【사용 예】

```
word w = 10000;
```

▶ short

2 바이트 크기의 부호 있는 정수를 저장한다. 왼쪽 첫 번째 비트가 0이면 양수, 1이면 음수이다. 저장할 수 있는 값의 범위는 -32,768 ~ 32,767(-2^{15} ~ 2^{15}-1)이다.

【사용 예】

```
short ledPin = 13;
```

▶ unsigned short

2 바이트 크기의 부호 없는 정수를 저장한다. 저장할 수 있는 값의 범위는 0 ~ 65,535(0 ~ 2^{16}-1)이다.

【사용 예】

```
unsigned short ledPin = 13;
```

▶ long

4 바이트 크기의 부호 있는 정수를 저장한다. 왼쪽 첫 번째 비트가 0이면 양수, 1이면 음수이다. 저장할 수 있는 값의 범위는 -2,147,483,648 ~ 2,147,483,647(-2^{31} ~ $2^{31}-1$)이다.

【사용 예】

```
long speedOfLight = 186000L;
```

▶ unsigned long

4 바이트 크기의 부호 없는 정수를 저장한다. 저장할 수 있는 값의 범위는 0 ~ 4,294,967,295(0 ~ $2^{32}-1$)이다.

【사용 예】

```
unsigned long time;

void setup() {
    Serial.begin(9600);
}

void loop() {
    Serial.print("Time : ");
    time = millis();
    Serial.println(time);
    delay(1000); // 1초 단위로 출력
}
```

▶ float

4 바이트 크기의 부호 있는 실수를 저장한다. 왼쪽 첫 번째 비트가 0이면 양수, 1이면 음수이다. 저장할 수 있는 값의 범위는 -3.4×10^{38} ~ 3.4×10^{38}로 소수점 이하 7자리까지 유효하다.

예약어	크기 (바이트)	범 위
char	1	-128 ~ 127
unsigned char	1	0 ~ 255
byte	1	unsigned char와 동일
short	2	-32,768 ~ 32,767(-2^{15} ~ $2^{15}-1$)
unsigned short	2	0 ~ 65,535(0 ~ $2^{16}-1$)
int	2 or 4	-32,768 ~ 32,767(-2^{15} ~ $2^{15}-1$) -2,147,483,648 ~ 2,147,483,647(-2^{31} ~ $2^{31}-1$)
unsigned int	2 or 4	0 ~ 65,535(0 ~ $2^{16}-1$) 0 ~ 4,294,967,295(0 ~ $2^{32}-1$)
word	2 or 4	unsigned int와 동일
long	4	-2,147,483,648 ~ 2,147,483,647(-2^{31} ~ $2^{31}-1$)
unsigned long	4	0 ~ 4,294,967,295(0 ~ $2^{32}-1$)

표 4-10 정수형 종류

【사용 예】

```
float myfloat;
float sensorCalbrate = 1.117F;
```

▶ double

4 바이트 또는 8 바이트 크기의 부호 있는 실수를 저장한다. 왼쪽 첫 번째 비트가 0이면 양수, 1이면 음수이다. 우노와 같은 16비트 프로세서를 사용하는 보드에서는 4 바이트 크기이며, 두에와 같은 32비트 프로세서를 사용하는 보드에서는 8 바이트 크기이다. 8 바이트 크기일 때 저장할 수 있는 값의 범위는 -1.79×10^{308} ~ 1.79×10^{308}로 소수점 이하 15자리까지 유효하다.

【사용 예】

```
double sensorCalbrate = 1.117;
```

3.1.3 형변환

'10 + 2.5'와 같은 계산을 하려면 우리는 먼저 10 오른쪽 옆에 .이 있다고 가정하고 2.5와 소수점 자리를 맞추는 과정을 거친다. 잠재적으로 '10.0 + 2.5'를 계산하는 것이다. 이렇게 정수인 10과 실수인 2.5의 덧셈을 위해 10을 10.0으로 바꾸는 과정을 형변환이라고 한다.
프로그래머가 특별히 명시하지 않아도 계산을 위해 컴파일러에서 알아서 10을 10.0으로 바꾸는 것처럼 자동으로 데이터형을 변환해 주는 것을 묵시적(자동) 형변환이라고 한다. 'double(10) / 4'에서와 같이 필요에 따라 원하는 데이터형으로 강제로 형을 변환하는 것 또한 가능한데 이를 명시적(강제) 형변환이라고 한다.

명시적 형변환 방법은 다음과 같다.

▶ boolean(), (boolean)
모든 유형의 값을 boolean 형으로 변환한다.

【형식】

```
boolean(값)
```

```
(boolean)값
```

【사용 예】

```
Serial.println(boolean(-2));      // -2는 true(1), 1 출력
Serial.println((boolean)0.0);     // 0.0은 false(0), 0 출력
```

▶ char(), (char)
모든 유형의 값을 char 형으로 변환한다.

【형식】

```
char(값)
```

```
(char)값
```

【사용 예】

```
Serial.println(char(65));        // A 출력
Serial.println((char)97);        // a 출력
```

▶ byte(), (byte)

모든 유형의 값을 byte 형으로 변환한다.

【형식】

```
byte(값)
```

```
(byte)값
```

【사용 예】

```
Serial.println(byte('A'));       // 65 출력
Serial.println(byte(true));      // 1 출력
Serial.println((byte)false);     // 0 출력
```

▶ int(), (int)

모든 유형의 값을 int 형으로 변환한다.

【형식】

```
int(값)
```

```
(int)값
```

【사용 예】

```
Serial.println(int(77.456));        // 77 출력
Serial.println((int)99.99);         // 99 출력
// 실수가 정수로 변환될 때 소수점이하 부분은 버린다.
```

▶ word(), (word)

모든 유형의 값을 word 형으로 변환한다.

【형식】

```
word(값)
```

```
word(상위바이트값, 하위바이트값)
```

```
(word)값
```

【사용 예】

```
Serial.println(word(0x11FFFF), HEX);              // FFFF 출력
Serial.println(word(0xFF11, 0x77CC), HEX);        // 11CC 출력
Serial.println((word)0xFFFFFFFF);                 // 65535 출력
// 우노에서 word는 16비트 크기이다. 16진수 한자리는 4비트
```

▶ long(), (long)

모든 유형의 값을 long 형으로 변환한다.

【형식】

```
long(값)
```

```
(long)값
```

【사용 예】

```
Serial.println(long(0xFF11FFFF), HEX));          // FF11FFFF 출력
Serial.println((long)0xFFFFFFFF);                // -1 출력
// long은 32비트 크기이다.
```

▶ short(), (short)

모든 유형의 값을 short 형으로 변환한다.

【형식】

```
short(값)
```

```
(short)값
```

【사용 예】

```
Serial.println(short(0x1111FFFF), HEX));         // FFFFFFFF 출력
Serial.println((short)0xFFFF1000);               // 4096 출력
// short는 16비트 크기이다. 잘려나간 부분은 부호 비트로 채워진다.
```

▶ float(), (float)

모든 유형의 값을 float 형으로 변환한다.

【형식】

```
float(값)
```

```
(float)값
```

【사용 예】

```
Serial.println(float(10), 1);      // 10.0 출력
Serial.println((float)1.456, 1);   // 소수둘째자리에서 반올림, 1.5 출력
```

▶ double(), (double)
모든 유형의 값을 double 형으로 변환한다.

【형식】

```
double(값)
```

```
(double)값
```

【사용 예】

```
Serial.println(double(123));            // 123.0 출력
Serial.println((double)1.456, 2);       // 1.46 출력
```

다음의 형변환 프로그램을 실행해 보자.

예제 4-2 형변환 프로그램

```
void setup() {
    Serial.begin(9600);
}

void loop() {
    Serial.println("<boolean>");
    Serial.println(boolean(-2));
    Serial.println((boolean)0.0); // 0.0은 false(0), 0 출력
    Serial.println("<char>");
    Serial.println(char(65));     // A 출력
    Serial.println((char)97);     // a 출력
    Serial.println("<byte>");
    Serial.println(byte('A'));    // 65 출력
    Serial.println(byte(true));   // 1 출력
    Serial.println((byte)false);  // 0 출력
```

```
    Serial.println("<int>");
    Serial.println(int(77.456)); // 77 출력
    Serial.println((int)99.99);  // 99 출력
    Serial.println("<word>");
    Serial.println(word(0x11FFFF), HEX);      // FFFF 출력
    Serial.println(word(0xFF11, 0x77CC), HEX);       // 11CC 출력
    Serial.println((word)0xFFFFFFFF); // 65535 출력
    Serial.println("<long>");
    Serial.println(long(0xFFFFFFFF)); // -1 출력
    Serial.println("<short>");
    Serial.println(short(0x1111FFFF), HEX);  // FFFFFFFF 출력
    Serial.println((short)0xFFFF1000);        // 4096 출력
    Serial.println("<float>");
    Serial.println(float(10), 1);      // 10.0 출력
    Serial.println((float)1.456, 1); // 소수둘째자리에서 반올림, 1.5 출력
    while (!Serial.available());      // 한번만 실행되도록 기다림
}
```

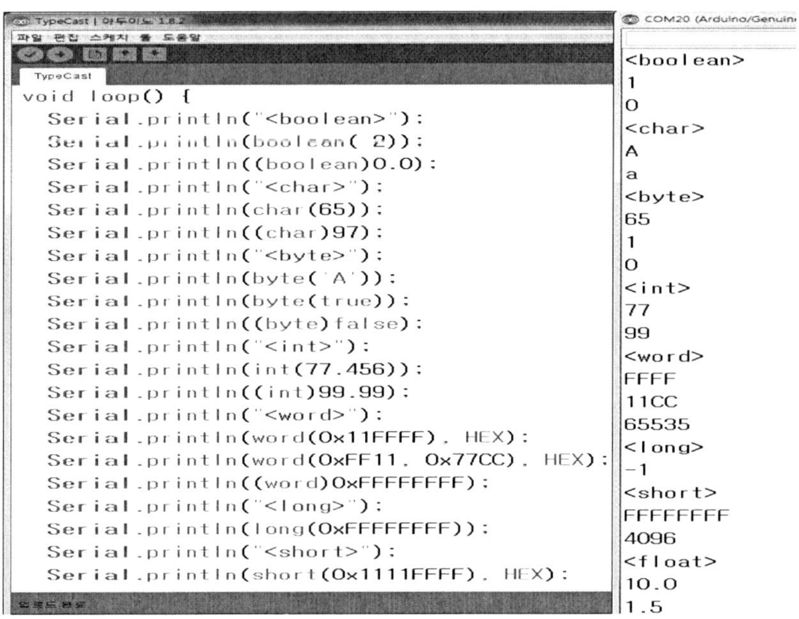

그림 4-22 예제 4-2 실행결과

3.1.4 식별자

프로그램을 작성할 때마다 고민하게 되는 것 중의 하나가 함수나 변수의 이름을 무엇으로 정할지이다. 물건의 이름에서 떠오르는 이미지가 있듯이 함수의 이름에서 그것의 기능이 무엇인지, 변수의 이름에서 어떤 내용이 저장되어 있는지 미루어 짐작할 수 있도록 이름을 붙여주는 것은 프로그램을 이해하기 쉽게 만드는 중요한 요소이다. 만약 birth_year라는 이름의 변수가 있다면 여러분은 birth_year에 어떤 값이 저장되어 있을지 짐작 가능할 것이며, 대부분의 사람들은 출생년도가 저장되어 있을 것으로 기대할 것이다. 반면 a라는 이름의 변수가 있다면 떠오르는 뭔가가 없기 때문에 어떤 용도인지 전체적으로 프로그램을 읽어보고 난 후에 파악할 수 있을 것이다.

이와 같이 프로그램에서 프로그래머가 임의로 만들어서 사용하는 이름을 식별자(identifier)라고 하며, 작성 규칙은 다음과 같다.

【식별자 작성 규칙】

- 알파벳 대문자(A~Z), 알파벳 소문자(a~z), 숫자 문자(0~9), 밑줄 문자(_)로 구성된다.
- 첫 글자는 숫자가 아니어야 한다.
- 대문자와 소문자는 서로 다른 식별자이다.
- 예약어(reserved word)는 식별자로 사용할 수 없다.

아래는 모두 식별자로 사용 가능한 것들이다.

num123	product_numer	__age__
Int	loop	ARDUINO

다음과 같은 것들은 식별자로 사용할 수 없다.

```
123num         // 첫 글자가 숫자이다.
product numer // 중간에 공백이 있다. 즉 공백은 사용할 수 없는 문자이다.
_a-g-e_       // -은 사용할 수 없는 문자이다.
int           // 예약어이다.
HIGH          // 예약어이다.
```

C는 대소문자를 구별하는 언어이기 때문에 예약어(컴파일러에 의해 용도가 이미 정해져 있는 단어)인 int는 사용할 수 없지만 Int는 식별자로 사용가능하다. 아두이노 예약어는 다음과 같은 것들이 있다.

종류	예 약 어				
데이터형	boolean	byte	char	double	enum
	float	int	long	short	struct
	union	unsigned	void	word	
기억클래스	auto	const	extern	register	static
	volatile				
제어문	break	case	continue	do	else
	for	goto	if	return	switch
	while				
아두이노 상수	HIGH	INPUT	INPUT_PULLUP	LED_BUILTIN	
	LOW	OUTPUT	PROGMEM	false	true
기타	sizeof	typedef			

표 4-11 예약어

3.2 배열

많은 양의 데이터를 처리할 때 하나하나 변수 이름을 부여하여 사용하는 것은 코드 작성을 매우 어렵게 한다. 예를 들어 100개의 데이터를 다루는 프로그램을 작성한다면 100개의 변수를 선언해야 한다. 100개의 구성 요소를 가지도록 하나의 이름을 부여(한번만 선언)하고 각 구성 요소는 번호를 붙여 구분할 수 있다면 효율적으로 코드를 작성할 수 있을 것이다.

이렇게 여러 개의 변수를 묶어 하나의 이름으로 번호를 붙여 사용할 수 있도록 해주는 것이 배열(array)이다. 배열은 메모리의 연속된 공간을 할당받으며, 구성요소(배열원소)의 데이터형이 모두 동일하다.

3.2.1 배열 선언

배열은 이름, 요소 개수, 요소의 데이터형으로 구성되며, 선언 형식은 다음과 같다.

【형식】

```
데이터형 배열이름[요소개수];
```

【사용 예】

```
int myVals[3]; // 초기화하지 않으면 쓰레기 값이 들어있다.
double myNums[10], myAvgs[3]; // 여러 개 배열을 선언한다.
word wordVal[]; // 오류, 요소개수가 없다.
```

배열을 왼쪽과 같이 선언했다면 메모리 모양은 오른쪽 그림과 같이 int 변수 5개가 생성된다.

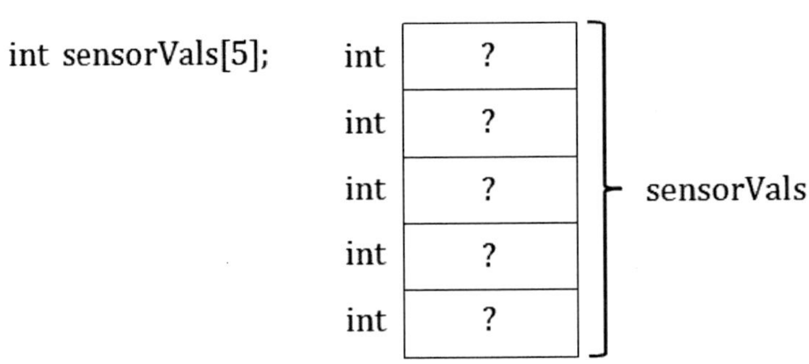

3.2.2 배열 사용

배열을 구성하는 변수를 배열요소 또는 배열원소라고 하는데, 각 요소가 배열에서 차지하는 위치를 첨자(index)라고 한다. 모든 배열의 첨자는 0부터 시작하며, 배열 요소는 다음과 같은 형식으로 표현한다.

【형식】

```
배열명[첨자] // 첨자는 0 ~ 개수-1
```

위에서 선언한 배열 sensorVals의 요소는 다음과 같다.

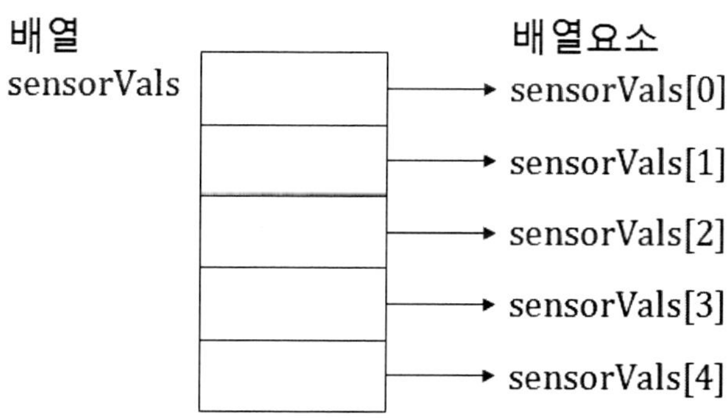

sensorVal의 세 번째 원소인 sensorVal[2]에 20을 저장하려면 다음과 같이 코드를 작성하면 된다.

```
sensorVals[3] = 20;
```

배열은 반복문인 for(5.2.1 참고)와 함께 자주 사용되는데, sensorVal 배열 요소의 값을 모두 1로 변경하는 코드는 다음과 같다.

```
int sensorVal[5];
```

```
for (int i=0; i<5; i++) {// 첨자는 0부터 4까지
    sensorVal[i] = 1;  // 배열원소의 값을 1로 채운다
}
```

for 문에서 배열 첨자로 사용되는 i의 값이 0에서 시작하여 5보다 작을 동안 1씩 증가하면서 반복하기 때문에 0, 1, 2, 3, 4 순으로 바뀌게 된다.

3.2.3 배열 초기화

배열도 변수와 마찬가지로 선언 후에 어떤 값이 저장되어 있을지 알지 못하는데, 배열을 선언과 동시에 값을 초기화하려면 다음과 같은 형식으로 표현한다.

【형식】

```
데이터형 배열이름[요소개수] = {초기값};
```

```
데이터형 배열이름[] = {초기값}; // 크기가 정해지지 않은 배열(unsized array)
```

배열을 선언과 동시에 초기화할 때는 배열요소의 개수를 생략할 수 있는데, 이 경우 초기값의 개수만큼 배열요소가 생성된다.
배열에 초기값을 설정할 때는 요소의 개수만큼의 값을 , 로 구분하여 나열하면 된다. 요소개수보다 초기값의 개수가 많으면 오류가 발생하고, 요소개수보다 초기값의 개수가 작으면 나머지는 0으로 채워진다.

【사용 예】

```
int myInts[3] = {1, 3, 5};
byte myBytes[10] = {0};                  // 모두 0으로 채워진다
float myFloats[6] = {1.25, -2.3};        // 1.23, 2.34, 0.0, 0.0, 0.0, 0.0
word myWords[] = {10, 20, 30, 40, 50};  // 요소개수는 5
double myDoubles[2] = {1.23, 4.56, 7.89}; // 오류, 요소개수보다 값이 많다
```

위에서 선언한 myFloats 배열 요소는 다음과 같은 값을 가진다.

loat myFloats[6] = {1.25, -2.3};

myFloats[0]	1.25
myFloats[1]	-2.3
myFloats[2]	0.0
myFloats[3]	0.0
myFloats[4]	0.0
myFloats[5]	0.0

다음은 배열을 사용하여 센서 값의 평균을 구하는 예이다.

예제 4-3 배열 사용 프로그램

```
int mySensVals[] = {2, 4, -8, 3, 2};

void setup() {
    Serial.begin(9600);
}

void loop() {
    // 배열요소의 개수, sizeof()는 메모리 할당 바이트 수를 구한다.
    int numsOfSens = sizeof(mySensVals) / sizeof(mySensVals[0]);

    // 합계와 평균
    int totSensVals = 0;
    for (int i=0; i<numsOfSens; i++) totSensVals += mySensVals[i];
    double avgSensVals = double(totSensVals) / numsOfSens;

    Serial.print("센서 값 합계 : "); Serial.println(totSensVals);
```

```
    Serial.print("센서 값 평균 : "); Serial.println(avgSensVals);

    while (!Serial.available()); // 한번만 실행되도록 기다림
}
```

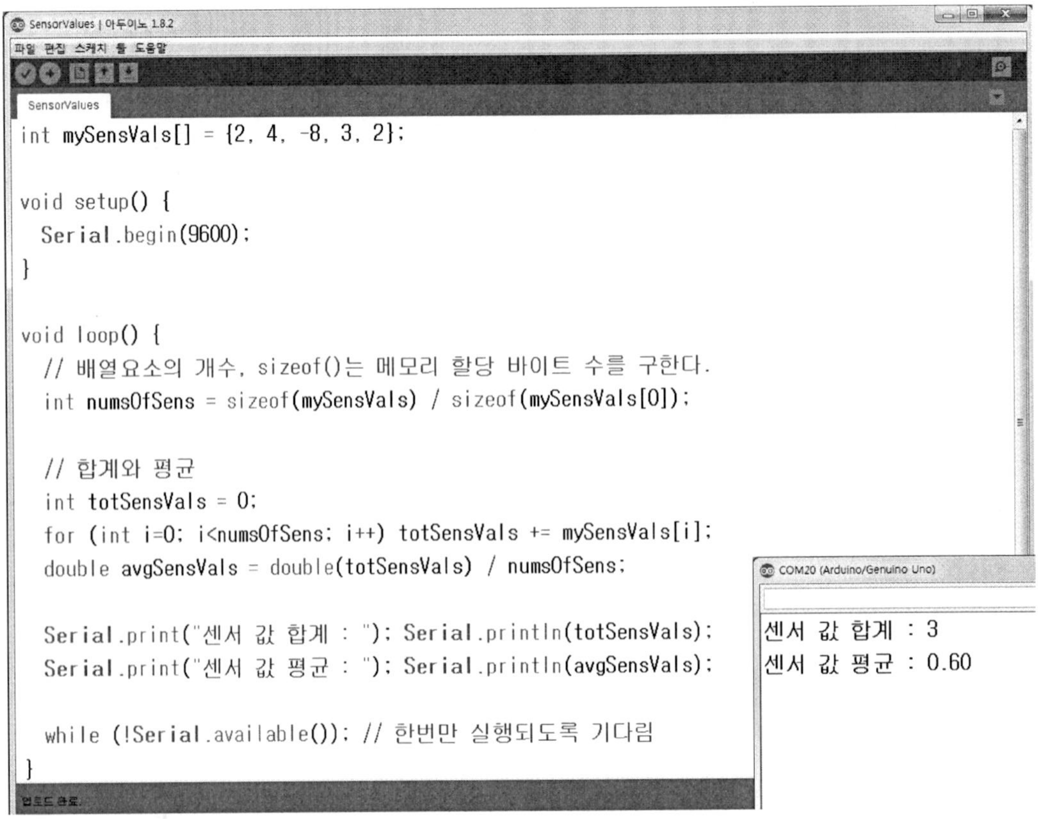

그림 4-23 예제 4-3 실행결과

3.2.4 문자배열과 문자열

"Arduino"와 같은 문자열을 저장하기 위해서는 문자열형의 변수를 선언해야 하는데 불행히도 C 언어는 문자열형을 가지고 있지 않다. 대신 문자열은 여러 개의 문자들로 구성되기 때문에 문자배열을 선언하여 저장할 수 있다. 문자 배열의 선언과 초기화하는 다음 예를 보자.

【사용 예】

```
char str1[15];
char str2[8] = {'a', 'r', 'd', 'u', 'i', 'n', 'o'};
char str3[8] = {'a', 'r', 'd', 'u', 'i', 'n', 'o', '\0'};
char str4[] = {'A', 'r', 'd', 'u', 'i', 'n', 'o', '\0'};
char str5[5] = {'A', 'r', 'd', 'u', 'i', 'n', 'o', '\0'}; // 오류 발생
```

문자배열을 사용할 때 주의할 사항은 문자열을 저장할 수 있는 충분한 크기의 배열로 선언하여야 한다는 것이다. 또한 크기가 정해지지 않은 배열로 선언한 경우는 반드시 마지막에 널문자('\0', 아스키 코드 값 0)를 꼭 붙여줘야 한다. 컴파일러가 널문자를 문자열의 끝으로 인식하기 때문이다.
문자 상수로 문자배열을 초기화하는 방법은 위 예에서 보듯이 매우 불편하기 때문에 문자열 상수를 사용하여 다음과 같이 간단히 초기화할 수 있다. 문자열 상수는 자동으로 마지막에 널문자가 저장되므로 따로 널문자를 넣을 필요가 없으며, 실제 저장해야 할 문자수보다 항상 +1 이상 크기의 문자배열을 선언하여야 한다.

```
char str1[15] = "Arduino";
char str2[8] = "Arduino";
char str3[] = "Arduino";
char str4[5] = "Arduino"; // 오류 미발생, "no"가 잘려 저장되지 않는다.
```

문자열을 다루는 다음 예제를 실행해 보자.

예제 4-4 문자배열 프로그램

```
void setup() {
    Serial.begin(9600);
}

void loop() {
    char projectName[20] = {'A', 'r', 'd', 'u', 'i', 'n', 'o'};
```

```
    char useHardware[] = "Arduino Uno";
    char useSoftware[10] = "Arduino IDE 1.8.2";

    Serial.print("projectName 상수 : "); Serial.println(projectName);
    Serial.print("projectName 크기 : "); Serial.println(sizeof(projectName));
    Serial.print("projectName 길이 : "); Serial.println(strlen(projectName));

    Serial.print("\nuseHardware 상수 : "); Serial.println(useHardware);
    Serial.print("useHardware 크기 : "); Serial.println(sizeof(useHardware));
    Serial.print("useHardware 길이 : "); Serial.println(strlen(useHardware));

    Serial.print("\nuseSoftware 상수 : "); Serial.println(useSoftware);
    Serial.print("useSoftware 크기 : "); Serial.println(sizeof(useSoftware));
    Serial.print("useSoftware 길이 : "); Serial.println(strlen(useSoftware));

    while (!Serial.available()); // 한번만 실행되도록 기다림
}
```

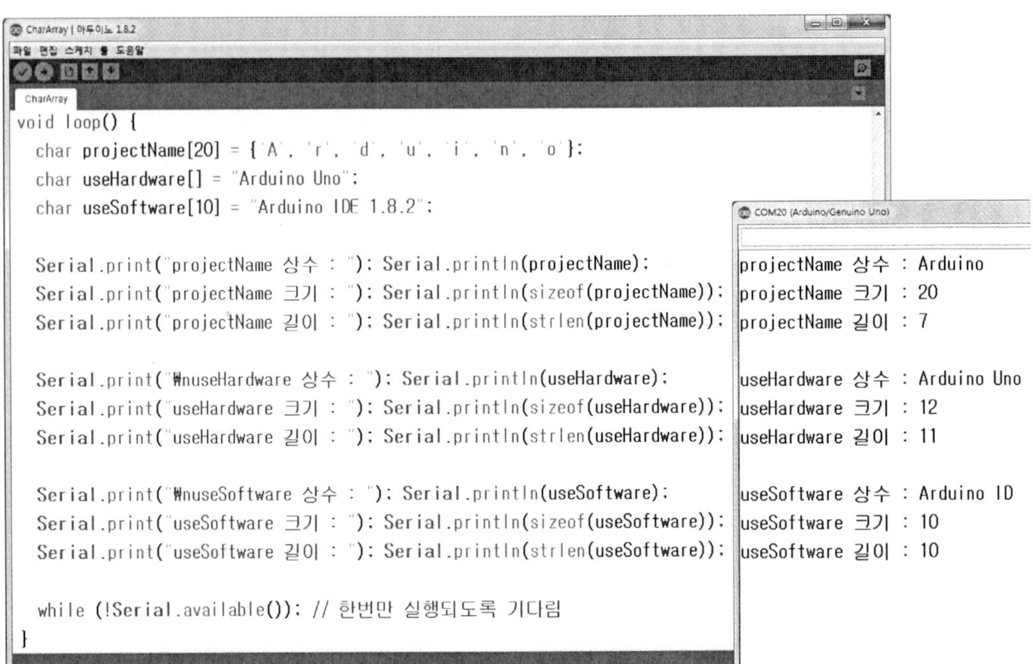

그림 4-24 예제 4-4 실행결과

3.2.5 String

아두이노에서는 문자배열보다 쉽게 문자열을 다룰 수 있도록 String 클래스를 제공한다. String 클래스의 인스턴스인 String 객체를 사용하면 문자열을 연결하고, 문자열을 검색하고, 문자열을 바꾸는 작업을 편리하게 처리할 수 있다. String 객체의 생성자와 메서드(함수)는 다음과 같다.

궁금해요 **클래스와 객체**

클래스(class)와 객체(object)는 C++나 Java와 같은 객체지향프로그래밍 언어에서 사용하는 개념이다. 클래스와 객체는 경우에 따라 같은 의미로 사용되기도 하지만 클래스는 객체를 만들기 위한 틀(template)을 말하며, 객체는 클래스에 정의된 모양 그대로 만들어진 실체로 클래스의 인스턴스(instance)라고도 부른다. 즉, 객체가 생성되려면 미리 클래스가 정의되어 있어야 한다.
클래스는 다음 절에서 살펴 볼 구조체와 비슷한 개념으로 구조체는 변수로만 구성되어 있지만 클래스는 변수와 함수로 구성되어 있다. 클래스의 실체인 객체를 구성하는 변수는 멤버변수 또는 속성이라 하며, 함수는 멤버함수 또는 메서드(method)라고 한다.

▶ 문자열 생성 - String()
String 객체는 다양한 방법으로 문자열을 생성할 수 있다.

【사용 예】

```
String string1 = "Hello";                    // 문자열 사용
String string2 = String('a');                // 문자를 String으로 변환
String string3 = String("String");           // 문자열을 String으로 변환
String string4 = String(string3 + " with more"); // 문자열 연결
String string5 = String(13);                 // 정수를 String으로 변환
String string6 = String(45, HEX);            // 16진 정수를 String으로 변환
String string7 = String(255, BIN);           // 2진 정수를 String으로 변환
String string8 = String(5.698, 3);           // 실수를 String으로 변환
```

▶ 문자열 연결 - +

+ 기호를 사용하여 두 문자열을 하나로 연결할 수 있다. 문자열끼리 연결은 물론 문자열과 숫자 연결도 가능하다.

【사용 예】

```
String stringOne = "Hello";
String stringTwo = String("String");
String stringThree;
stringThree = stringOne + 123;          // Hello123
stringThree = stringOne + 'A';          // HelloA
stringThree = stringOne + "abc";        // Helloabc
stringThree = stringOne + stringTwo;// HelloString
stringOne += "!~";                      // Hello!~
```

▶ 문자 검색 - indexOf(), lastIndexOf()

String 객체에서 특정 문자를 찾고자 할 때는 indexOf() 또는 lastIndexOf()를 사용한다.

【사용 예】

```
String stringOne = "<HTML> <HEAD> <BODY>";
int firstClosingBracket = stringOne.indexOf('>');
            // 5, 처음부터 검색, 인덱스는 0부터 시작
int secondClosingBracket = stringOne.indexOf('>', firstClosingBracket + 1);
            // 12, 6부터 검색
int lastOpeningBracket = stringOne.lastIndexOf('<'); // 14
```

▶ 문자열 길이 - length()

문자열의 길이를 알고자 할 때 사용한다.

【사용 예】

```
String stringOne = "Hello!";
Serial.println(stringOne.length()); // 6
```

▶ 공백 제거 - trim()

문자열의 처음과 끝에 포함된 공백(ASCII 코드 32), 탭(ASCII 코드 9), 세로 탭(ASCII 코드 11), 폼 피드 (ASCII 코드 12), 캐리지 리턴(ASCII 코드 13) 또는 개행(ASCII 코드 10)을 제거한다.

【사용 예】

```
String stringOne = "\tHello!          ";
stringOne.trim(); // "Hello!"
```

▶ 대소문자 변환 toUpperCase(), toLowerCase()

문자열에 포함된 알파벳 소문자를 대문자로, 대문자를 소문자로 변경할 때 사용한다.

【사용 예】

```
String stringOne = "Hello!";
stringOne.toUpperCase(); // "HELLO!"
```

▶ 문자열 치환 - replace()

특정 문자열을 다른 문자열로 변경할 때 사용한다.

【사용 예】

```
String reportString = "SensorReading : 456";
reportString.replace(" : ", "="); // "SensorReading=456", " : "을 "="로 변경
```

▶ 문자열 제거 - remove()

특정 위치의 문자열을 삭제할 때 사용한다.

【사용 예】

```
String exString = "Hello World!";
exString.remove(9); // "Hello Wor", 9 위치에서 끝까지 제거
exString.remove(2, 4); // "HeWor", 2 위치에서 4글자 제거
```

▶ 문자 읽기 및 변경 - charAt(), setCharAt()

문자열에서 지정한 위치의 문자를 읽어오거나 다른 문자로 변경하고자 할 때 사용한다.

【사용 예】

```
String reportString = "SensorReading : 456";
int colonPosition = reportString.indexOf(':');
reportString.setCharAt(colonPosition, '='); // ':'을 '='로 변경

int spacePosition = reportString.indexOf(' ');
if (reportString.charAt(spacePosition + 1) == '=')
    Serial.println("'='로 변경되었습니다.")
```

▶ 문자열 비교 - equals(), equalsIgnoreCase()

두 문자열의 크기를 비교할 때는 비교연산자(==, !=, >, <, >=, <=)를 사용한다. 이 중 == 연산자를 대신하여 두 문자열이 같은지 비교할 때 사용한다. equalsIgnoreCase()는 대소문자 구분 없이 같은지 알려준다.

【사용 예】

```
String stringOne = "This";
String stringTwo = "this";
```

```
if (stringOne > stringTwo) // 사전 순서에 따라 "This"가 더 작다.
    Serial.println(stringOne + " grater than " + stringTwo);
else
    Serial.println(stringOne + " less than or equal to " + stringTwo);
if (stringOne.equals(stringTwo)) // 같지 않다, 대소문자 구별
    Serial.println(stringOne + " equals " + stringTwo);
if (stringOne.equalsIgnoreCase(stringTwo)) // 같다, 대소문자 구별 안함
    Serial.println(stringOne + " equals " + stringTwo);
```

▶ 부분 문자열 - substring(), startsWith(), endsWith()

주어진 위치에서부터 끝까지의 부분 문자열이 특정 문자열과 같은지를 알아볼 때 사용한다.

【사용 예】

```
String stringOne = "Content-Type:text/html";

if (stringOne.substring(18).equalsIgnoreCase("html")) // 참
        // if (stringOne.startsWith("html", 18))
        // if (stringOne.endsWith("html"))
    Serial.println("html 문서입니다.");
if (stringOne.substring(18) == "htm") //거짓
    Serial.println("htm 문서입니다.");
```

다음 예제를 실행해 보자.

예제 4-5 문자열 프로그램

```
void setup() {
    Serial.begin(9600);
}
```

```
void loop() {
    String useHardware = "Arduino Uno";
    Serial.println(useHardware + " 길이 : "+ useHardware.length());
    useHardware.replace("Arduino", "Genuino");  // 변경
    Serial.println(useHardware + " 길이 : "+ useHardware.length());

    String useSoftware = String("    Arduino IDE 1.8.2   ");
    Serial.println(useSoftware + " 길이 : "+ useSoftware.length());
    useSoftware.trim(); // 왼쪽과 오른쪽 공백 없앰
    Serial.println(useSoftware + " 길이 : "+ useSoftware.length());

    useHardware.toUpperCase();        // 대문자로 변환
    useSoftware.toLowerCase();        // 소문자로 변환
    Serial.println(useHardware + " / " + useSoftware);

    String file = String("myFirst.ino");
    String fileName = file.substring(0, fileName.indexOf('.')-1);
                // . 앞 부분문자열
    String fileExt = file.substring(fileName.indexOf('.')+1);
                // . 뒤 부분문자열
    Serial.println("파일이름 : " + fileName + ", 확장자 : " + fileExt);
    if (fileExt.equalsIgnoreCase("INO")) // 같은지 비교
        Serial.println(file + "는 아두이노 스케치입니다.");
    else
        Serial.println(file + "는 아두이노 스케치가 아닙니다.");

    while (!Serial.available()); // 한번만 실행되도록 기다림
}
```

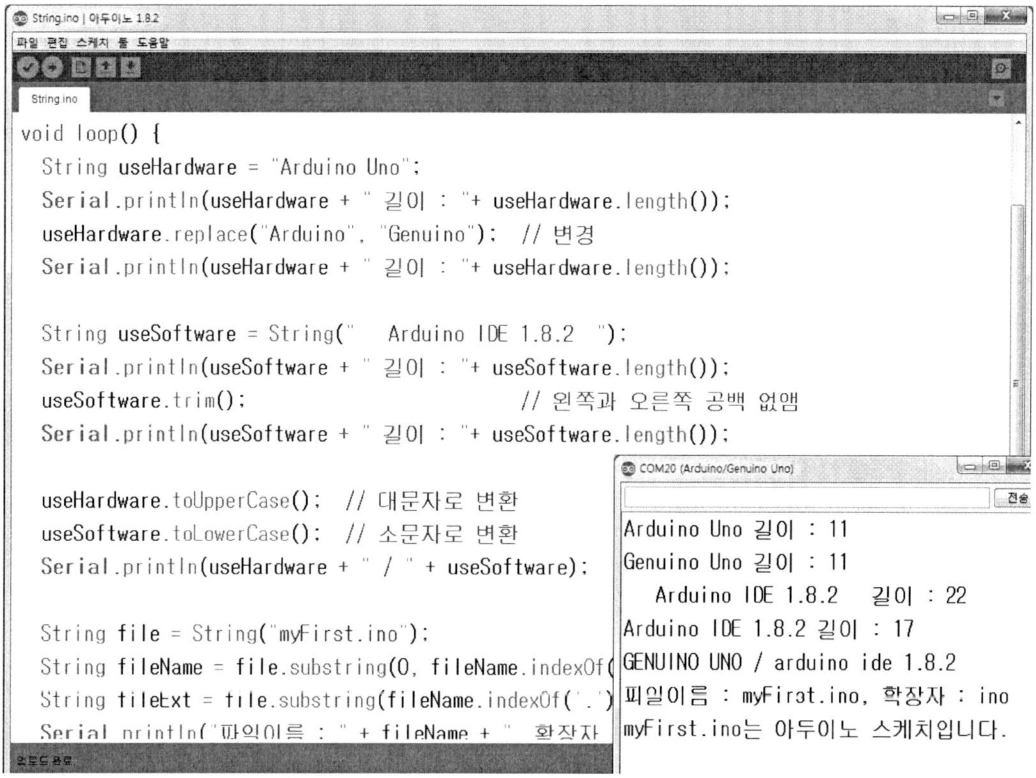

그림 4-25 예제 4-5 실행결과

3.3 구조체와 공용체

앞에서 배운 배열은 데이터형이 동일한 변수들을 묶어서 처리할 수 있는 형태인 반면, 이번에 배울 구조체는 배열과 달리 데이터형이 다른 여러 변수들을 묶어서 처리할 수 있도록 해준다.

3.3.1 구조체 정의와 변수 선언

구조체를 사용하기 위해서는 먼저 원하는 구조체의 형태를 컴파일러에게 알려줘야 한다. 이를 구조체 정의라 하며, 형식과 사용 예는 다음과 같다.

【형식】

```
struct 태그명 {
    데이터형 멤버명;
        :
};
```

【사용 예】

```
struct student {
    int no;             // 번호
    char name[20];      // 이름
    char email[50];     // 이메일주소
};
```

구조체를 정의한 후 구조체를 사용하기 위해서는 구조체 변수를 선언하여 구조체를 생성해야 한다. 그 형식과 사용 예는 아래와 같다.

【형식】

```
struct 태그명 구조체변수명;
```

【사용 예】

```
struct student st;
```

구조체 정의와 동시에 구조체 변수를 선언할 경우는 다음과 같이 선언한다.

【형식】

```
struct {
    데이터형 멤버명;
        :
} 구조체변수명;
```

【사용 예】

```
struct {
    int no;             // 번호
    char name[20];      // 이름
    char email[50];     // 이메일주소
} st;
```

3.3.2 구조체 참조

구조체를 사용하기 위해서는 구조체 멤버에 접근하여야 한다. 구조체 멤버는 구조체 참조 연산자인 . 로 접근한다.

【형식】

```
구조체변수명.멤버명
```

【사용 예】

```
st.no = 11;
strcpy(st.name, "홍길동"); // strcpy()은 문자열 복사 함수
strcpy(st.email, "gdhong@myhome.pe.kr");
```

3.3.3 공용체

C 언어에는 구조체와 매우 흡사한 공용체라는 것이 있다. 구조체는 각각의 멤버가 독립적인 메모리를 가지지만 공용체는 모든 멤버가 하나의 메모리를 공유한다. 공용체가 차지하는 메모리의 크기는 가장 큰 멤버의 크기에 따라 결정된다.
구조체가 struct로 정의되는 것에 반해 공용체는 union으로 정의되는 것을 빼고는 공용체 변수의 선언과 참조는 구조체와 동일하다.

공용체를 다루는 다음 예제를 실행해 보자.

예제 4-6 **공용체 프로그램**

```
union regs {
    struct {
        short al;
        short ah;
    } h;
    long ax;
};

void setup() {
  Serial.begin(9600);
}

void loop() {
    union regs reg;
    reg.h.ah = 0x22F2;
    reg.h.al = 0x1A40;

    Serial.print("ah : ");
    Serial.println(reg.h.ah, HEX);
    Serial.print("al : ");
    Serial.println(reg.h.al, HEX);
    Serial.print("ax : ");
    Serial.println(reg.ax, HEX);

    while (!Serial.available()); // 한번만 실행
}
```

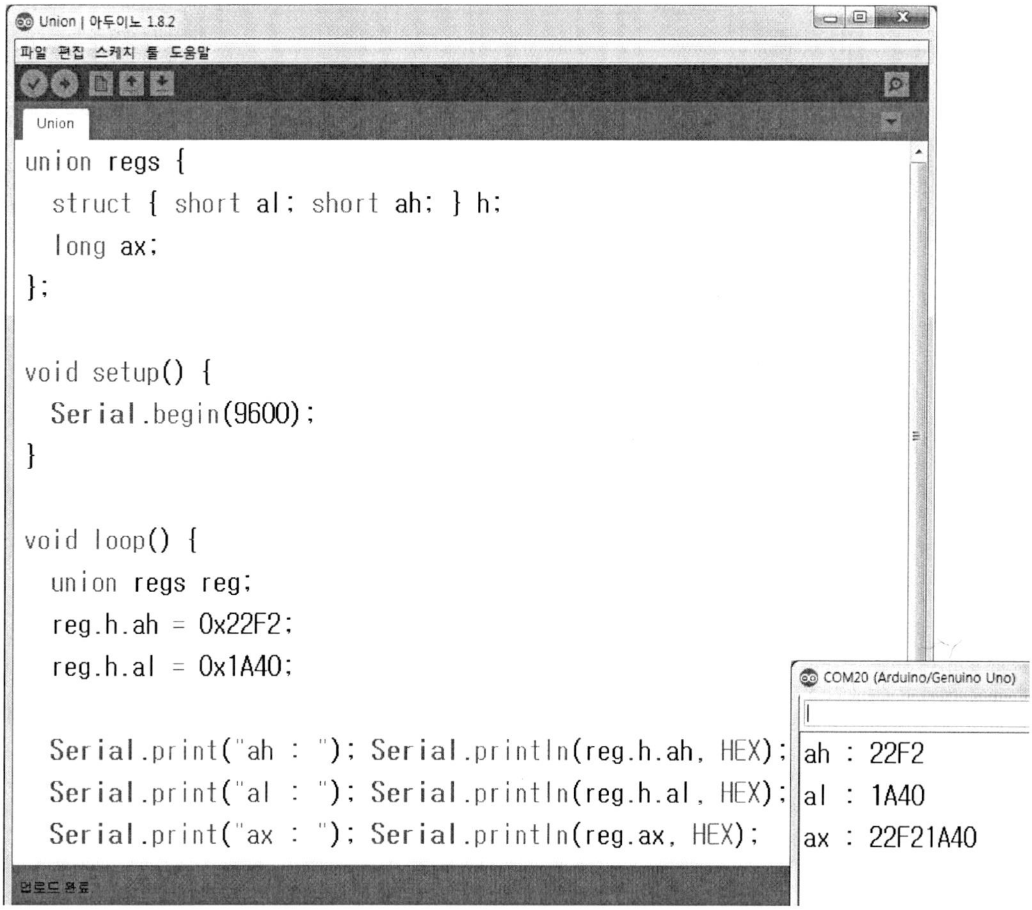

그림 4-26 예제 4-6 실행결과

3.3.4 typedef를 이용한 데이터형 재정의

구조체나 공용체 같은 경우 typedef를 이용하여 별도의 이름을 만들어 형을 재정의 해 두면 좀더 편리하게 프로그래밍 할 수 있다. typedef를 이용한 데이터형 재정의 형식은 다음과 같다.

【형식】

```
typedef 데이터형 새데이터형명;
```

【사용 예】

```
struct student {
    int no;             // 번호
    char name[20];      // 이름
    char email[50];     // 이메일주소
};
typedef struct Student;
    :
Student st;
```

```
// 주로 사용
typedef struct {
    int no;             // 번호
    char name[20];      // 이름
    char email[50];     // 이메일주소
} Student;
    :
Student st;
```

3.4 포인터

포인터(pointer)는 C를 배우는 초보자에게 복잡한 주제중 하나이다. 어떤 사람들은 포인터를 알면 C를 다 아는 것이라고 표현하기도 하는데, 그만큼 포인터가 어렵다는 말일 것이다. 대부분의 아두이노 스케치는 포인터를 다루지 않고도 작성할 수 있지만 특정 데이터 구조를 조작하기 위해 포인터를 사용하면 코드를 단순화 할 수 있다.

3.4.1 포인터 변수

변수는 4개의 특성을 가지고 있다. **이름**, **데이터형(타입)**, **값**, **주소**이다. 이름은 변수

자체를 표현하는 기호이다. 데이터형은 변수에 저장되어 있는 값을 컴파일러가 어떤 형태로 해석할 것인지를 결정하는 역할을 한다. 값은 메모리를 참조할 때 저장하거나 읽어올 데이터를 말한다. 주소는 메모리의 어느 공간을 참조할 것인지에 대한 위치를 말한다.

변수를 선언하는 것은 메모리에 기억공간을 할당하는 것이며, 할당된 이후에는 변수 이름으로 그 기억공간을 사용한다. C 언어는 다른 언어가 가지지 못하는 강력한 기능을 가지고 있는데, 변수의 이름 외에 메모리 주소인 포인터를 사용할 수 있다는 것이다.

메모리는 바이트 단위로 그 위치를 식별할 수 있는 물리적인 주소가 존재하는데, 만일 메모리의 용량이 32KB라면 주소는 0번지부터 32767번지까지이다. 예를 들어 long형의 변수를 선언하면 메모리에 연속된 4바이트의 기억공간이 할당되는데 첫 번째 바이트의 주소가 변수의 포인터이다.

특정 변수의 포인터를 구하기 위해서는 주소 연산자(&)를 사용한다. 포인터를 사용하여 기억공간에 값을 저장하거나 저장된 값을 꺼내 쓸 수 있는데, 참조 연산자(*)를 사용한다. 주소 연산자(&)와 참조 연산자(*)에 대한 사항은 이번 장의 4.2.9 절을 참고하기 바란다.

아두이노 스케치에서도 주소를 보관하기 위한 변수를 선언해서 사용할 수 있으며, 이러한 변수를 포인터 변수라고 부른다. 포인터 변수는 다음 형식에 따라 선언한다.

【형식】

```
데이터형* 변수이름;
```

```
데이터형* 변수이름 = 주소값;
```

【사용 예】

```
int x;
int* p1;
int* p2 = &x; // &x는 x의 주소, p2는 x를 가르킨다.
```

우선 다음 그림을 보자.

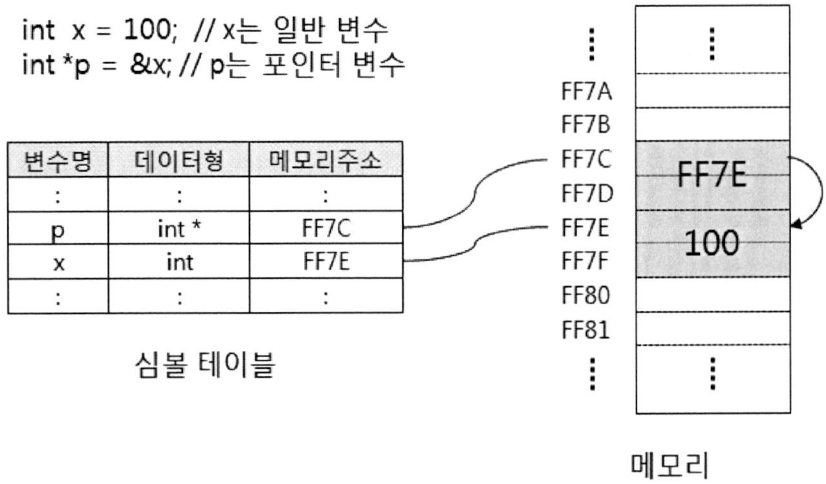

그림 4-27 변수의 값과 주소

x와 p를 선언한 코드에 대한 메모리 내부를 논리적으로 표현한 것이다. 스케치에서 선언한 변수는 메모리의 비어있는 공간을 할당받고 심볼 테이블이라 불리는 메모리의 별도 공간에 그 정보가 기록된다. p를 선언할 때 사용한 int* 는 int 타입의 변수를 가리키는 포인터라는 의미이다. p에는 초기값으로 x의 주소가 저장된다. &x는 FF7E이므로 p는 FF7E이고 &p는 FF7C이다. p가 가리키는 값 100을 참조할 때는 *p를 쓰면 된다.

3.4.2 문자열과 포인터 배열

문자열은 char 배열을 이용하여 문자열을 표현하는 방법 와에 또다른 방법은 문자 포인터를 이용하는 것이다.

【사용 예】

```
char* myPet = "찡찡이";
Serial.println(myPet);
```

문자 포인터를 이용하면 문자열을 하나 저장할 수 있으므로, 문자 포인터 배열을 이용하면 여러 개의 문자열을 저장할 수 있다.

【사용 예】

```
char* myPets[] = { "강아지", "고양이", "토끼", "돼지", "햄스터", "" };
// String myPets[] = { "강아지", "고양이", "토끼", "돼지", "햄스터", "" };
for (int i = 0; myPets != ""; i++) { // 빈 문자열이 아니면
    Serial.println(myPets[i]);
}
```

3.5 변수 범위와 한정자

3.5.1 전역 변수와 지역 변수

아두이노 스케치는 필요시 어디든지 변수를 선언해서 사용할 수 있는데, 선언 위치에 따라 사용할 수 있는 범위가 제한된다. 변수는 함수의 바깥쪽에 선언되었는지 또는 함수의 안쪽에 선언되었는지에 따라 전역변수와 지역변수로 구분된다. 전역변수는 함수의 외부에 선언되어 있으며, 스케치의 전 함수에서 사용 가능하다. 아래 그림에서 변수1이 이에 해당한다. 지역변수는 함수의 내부에 선언되어 있으며, 함수나 해당 블록 내({ })에서만 사용 가능하다.

영역1

```
int i = 1; // 변수1

void setup() {
   Serial.begin(9600);
   Serial.println(i); // 변수1
}
```

영역2

```
void loop() {
   int i = 10; // 변수2
```

영역3

```
   for (int i=1; i<=5; i++) { // 변수3
      Serial.println(i); // 변수3
   }
```

```
   Serial.println(i); // 변수2
}
```

위의 프로그램에서 변수2와 변수3이 이에 해당한다. 변수2는 선언 위치가 loop 함수 블록이므로 loop() 내에서 사용할 수 있으며, 변수3은 선언 위치가 for 블록이므로 for 문에서만 사용할 수 있다.

동일한 영역에서는 같은 이름의 변수를 선언할 수 없지만 영역이 다르면 위의 프로그램에서와 같이 같은 이름의 변수를 선언해도 무방하다. 프로그램 실행중 변수를 참조할 때 스케치 내에서 동일한 이름의 변수가 여러 개 있을 때는 자기가 속한 가장 가까운 블록에서 찾는다. 만일 참조하는 변수가 블록 내에 없다면 그 다음 가까운 블록에서 변수를 찾는다. 영역3의 ***Serial.println(i);*** 에서 i는 영역3 → 영역2 → 영역1의 순서로 변수를 찾는다. 영역3에 선언된 i가 있으면 참조하고, 없으면 영역2에 선언된 i가 있으면 참조하고, 없으면 영역1에 선언된 i가 있으면 참조한다. 모든 영역에서 찾아봤지만 선언된 변수가 없으면 오류가 발생하게 된다.

3.5.2 static

static 한정자를 붙여 선언한 지역 변수를 정적 변수라고 한다. 선언 형식은 다음과 같다.

【형식】

```
static 데이터형 변수이름; // 0으로 자동 초기화
```

```
static 데이터형 변수이름 = 초기값;
```

정적 변수는 해당 블록 안에서만 사용 가능한 지역 변수이지만 그 값이 유지된다는 점에서 지역 변수와는 다르다. 지역 변수는 함수가 호출될 때마다 생성되었다가 함수가 종료되면 소멸되지만, 정적 변수는 비록 함수 내에 선언되어 있지만 프로그램이 시작할 때 생성되어 초기화되고 함수가 종료되더라도 소멸되지 않고 그대로 유지되다가 프로그램이 종료되면 소멸된다, 함수 호출시 정적 변수의 선언과 초기화 문장은 무시되어 처리되지 않는다. 요약하면 정적 변수는 사용이 제한된 전역 변수이다.

예제 4-7 정적 변수 프로그램

```
#define randomWalkLowRange -20   // 하한 값
#define randomWalkHighRange 20   // 상한 값

int stepsize;  // 전역 변수
int thisTime;  // 전역 변수

void setup() {
    Serial.begin(9600);
}

void loop() {
    stepsize = 5;
    thisTime = randomWalk(stepsize);
            // randomWalk() 호출, stepsize 값이 movesize 값으로 전달
    Serial.println(thisTime);
    delay(100);
}

int randomWalk(int moveSize) {
    static int  place;  // 위치, 정적 변수, 초기값 0
    place = place + (random(-moveSize, moveSize + 1));
                    // 위치 계산, -5 ~ 5 사이 이동

    if (place < randomWalkLowRange) {       // 하한 값보다 작으면
        place = randomWalkLowRange;               // 하한 값으로 변경
    } else if (place > randomWalkHighRange) {     // 상한 값보다 크면
        place = randomWalkHighRange;        // 상한 값으로 변경
    }
```

```
    return place;        // place 값 반환, thisTime에 저장
}
```

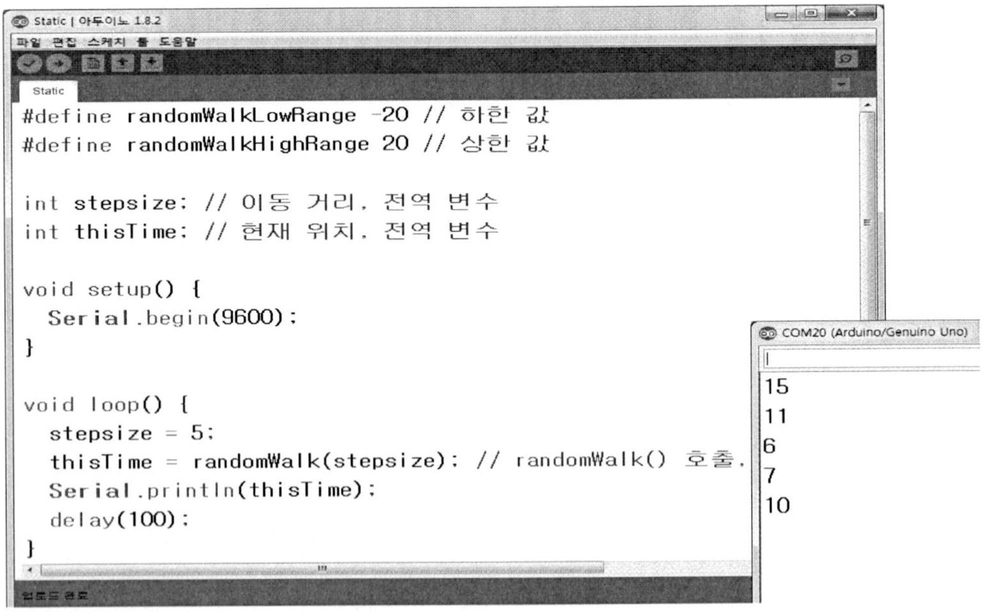

그림 4-28 예제 4-7 실행결과

3.5.3 volatile

volatile 한정자를 붙여 선언한 변수를 메모리 변수라고 하며, 선언 형식은 다음과 같다.

【형식】

```
volatile 데이터형 변수이름;
```

```
volatile 데이터형 변수이름 = 초기값;
```

프로세서는 연산을 할 때 메모리(SRAM)에 있는 변수의 값을 프로세서 내부에 있는 임시 저장 장소인 레지스터로 넘겨받은 후 레지스터끼리 연산을 해서 다시 메모리로 값을 되돌려 준다. 메모리끼리 직접적인 연산을 하는 것이 아니라 메모리 값을

레지스터로 로드(load)하여 연산을 수행하고 레지스터 값을 메모리에 기록(store)하는 과정을 거치게 된다.

그러나 하나의 값이 여러 번 연산되는 경우 프로세서는 메모리 값을 레지스터로 불러와서 첫 번째 연산을 하고 레지스터 값을 메모리로 보낸 후에 다시 또 메모리 값을 레지스터로 불러와서 두 번째 연산을 하는 과정을 반복해야 한다. 이 때 컴파일러는 메모리에서 같은 값을 여러 번 불러올 필요가 없다는 것을 알고 처음에 한번만 레지스터로 불러오고 다음부터는 이미 불러져 있는 레지스터 값으로 계속 연산을 하도록 코드를 최적화한다.

예를 들어 A와 B가 공동으로 사용하는 계좌에 100만원의 잔고가 있다고 가정하자. A는 10만원씩 5번 반복적으로 이체를 하고, B는 한번에 70만원을 인출하는 일을 동시에 수행하려고 한다. 통장 잔고를 처음 이체할 때 한번만 불러오고 모든 이체가 끝나 후 잔고를 기록한다면 어떤 일이 일어날까? A가 잔고를 읽어간 후 이체가 마무리되기 전에 B가 인출을 한다면 A와 B 모두 일 처리를 할 수 있게 된다. 정상적이라면 A가 20만원을 이체를 못하던지 B가 70만원 인출을 못하던지 해야 한다. 이렇게 하려면 매번 이체를 할 때마다 잔고를 읽어오고 또한 잔고를 기록해야 한다(물론 이체 작업이 시작되면 잔고를 읽어가지 못하도록 방지해야 된다).

volatile은 위와 같은 문제의 발생을 방지하기 위해서 스레드와 같이 동시에 실행되는 코드에서 연산을 할 때마다 매번 메모리에서 불러오고 기록을 하도록 지시한다. 아두이노에서 이것이 발생할 가능성이 있는 유일한 곳은 인터럽트 서비스 루틴이라 불리는 인터럽드와 관련된 고드 영역이다.

【사용 예】

```
// 인터럽트 핀의 상태가 변경되면 13번 핀 LED를 토글(On/Off)시킨다.
int pin = 13;
volatile int state = LOW;

void setup() {
    pinMode(pin, OUTPUT);
    attachInterrupt(0, blink, CHANGE);
}
```

```
void loop() {
    digitalWrite(pin, state);
}

void blink() {
    state = !state;
}
```

3.5.4 const

const 한정자를 붙여 변수의 값을 변경할 수 없도록 선언한 변수를 기호 상수(constant)라고 하며, 선언 형식은 다음과 같다.

【형식】

```
const  데이터형 변수이름 = 값;
```

const로 선언된 변수는 처음부터 끝까지 같은 값을 유지한다고 해서 상수라고 부르는데, 변수와 마찬가지로 언제든지 값을 사용할 수 있지만 선언 후 값을 변경할 수는 없다. const 변수에 값을 변경하면 컴파일시 오류가 발생한다.

【사용 예】

```
const double pi = 3.1415;
int r;            // 반지름
double area;  // 면적

r = 5;
area = pi * r * r;
Sreial.println(area);
```

```
pi = 3.14;      // 오류 발생
area = pi * r * r;
Sreial.println(area);
```

3.5.5 PROGMEM

아두이노 보드에 사용되는 AVR 계열의 마이크로컨트롤러에는 3개의 메모리 공간이 있는데, 그 종류는 다음과 같다.

▶ 플래시 메모리

아두이노 스케치가 저장되는 곳으로 프로그램 공간이라고 한다. 플래시는 전원이 꺼져도 메모리의 내용이 유지되는 비휘발성(non-volatile) 메모리이다. 스케치 업로드 시 플래시의 내용을 변경할 수 있으며, 실행 후에는 변경할 수 없다.

▶ SRAM

아두이노 스케치를 실행할 때 필요한 각종 변수, 버퍼 등이 생성되는 곳으로 데이터 공간이라고 한다. SRAM은 전원이 꺼지면 메모리의 내용이 사라지는 휘발성(volatile) 메모리이다. 앞에서 다룬 변수 한정자 volatile의 의미를 생각해 보기 바란다.

▶ EEPROM

하드디스크처럼 오랜 시간 자료를 저장해두고 싶을 때 사용할 수 있는 메모리로 비휘발성이다.

구분	ATMega168	ATMega328P	ATmega1280	ATmega2560
Flash (1KB 부트로더 포함)	16KB	32KB	128KB	256KB
SRAM	1KB	2KB	8KB	8KB
EEPROM	512B	1KB	4KB	4KB

표 4-12 마이크로컨트롤러별 메모리 크기

위 표에서 주목할 점은 플래시메모리는 SRAM에 비해 훨씬 용량이 크다는 것이다. 따라서 우리가 개발하고자 하는 아두이노 프로젝트가 복잡해지고 규모가 커질 경우 많은 데이터의 사용으로 인해 SRAM 부족 문제를 겪을 수 있다. 우리가 작성한 코드 뿐 아니라 스케치에 사용된 라이브러리, 아두이노 기본 코드에 포함된 변수와 라이브러리도 SRAM을 공유하며, 특히 통신용 라이브러리나 그래픽 라이브러리는 상당량의 버퍼를 SRAM에 생성하기 때문이다. 이런 여러 가지 이유로 SRAM의 부족 현상이 생길 경우 플래시메모리 일부를 데이터 공간으로 사용하여 해결할 수 있다. SRAM이 아닌 플래시에 데이터를 생성하려면 변수를 선언할 때 데이터를 플래시에 저장하라는 지시어인 PROGMEM 한정자를 붙이면 된다. 일반적인 선언 형식은 다음과 같다.

【형식】

```
const 데이터형 변수이름 PROGMEM = 값; // 배열은 배열선언 형식에 따른다.
```

사용하는 아두이노 IDE 버전에 따라 PROGMEM의 위치는 아래와 같이 조정해서 사용할 수 있다(허용하지 않을 수도 있다).

```
const 데이터형 PROGMEM 변수이름 = 값;
const PROGMEM 데이터형 변수이름 = 값;
PROGMEM const 데이터형 변수이름 = 값;
```

PROGMEM 키워드는 pgmspace.h 라이브러리의 일부이기 때문에 사용하기 전에 스케치 최상단에 아래와 같은 선언문을 넣어줘야 한다(최신 아두이노 IDE 에서는 이 과정이 없어도 사용할 수 있다).

```
#include <avr/pgmspace.h>
```

다음 예를 보자. var 변수는 플래시메모리에 저장되는데, 플래시메모리를 참조할 때는 pgm_read_word()와 같은 특별한 함수를 사용하여야 한다. PROGMEM에 대한 자세한 사항은 <avr/pgmspace.h>에 대한 라이브러리 페이지(http://www.nongnu.org/avr-libc/user-manual/group__avr__pgmspace.html)를 참고하기 바란다.

예제 4-8 PROGMEM 프로그램

```
#include <avr/pgmspace.h>

const word var PROGMEM = 100;

void setup() {
    Serial.begin(9600);
}

void loop() {
    word num;
    num = pgm_read_word(&var);
    Serial.println(num);

    delay(1000);
}
```

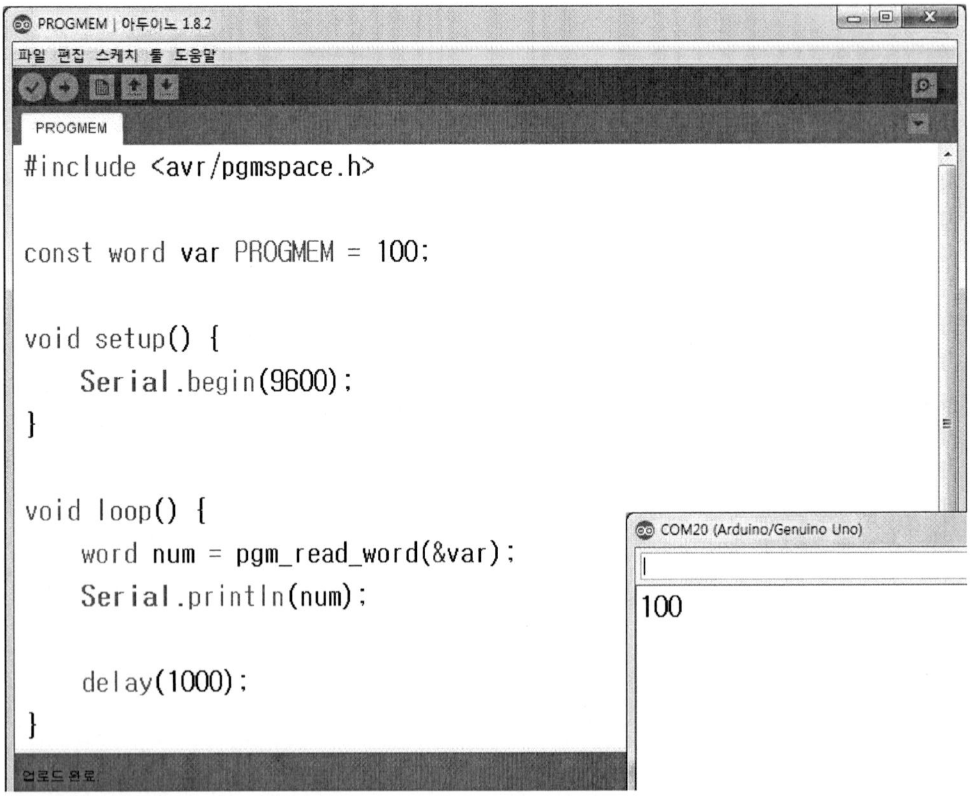

그림 4-29 예제 4-8 실행결과

문자열의 경우 PROGMEM 대신에 F() 구문을 사용하여 아래 예와 같이 간단히 작성하면 된다(아두이노 IDE 1.0 이상에서만 지원).

```
String str = F("이 문자열은 플래시메모리에 저장됩니다.");
Serial.println(str);
```

실습 3 LED로 학교종 연주하기

7개의 LED(도, 레, 미, 파, 솔, 라, 시)를 연결하여 음계에 따라 LED가 켜지는 프로그램을 작성해 보자.

(1) 하드웨어 준비물

아두이노 우노 × 1개

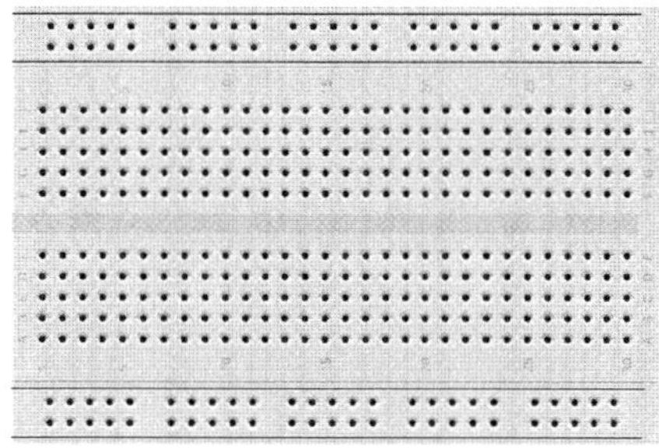

브레드보드 × 1개

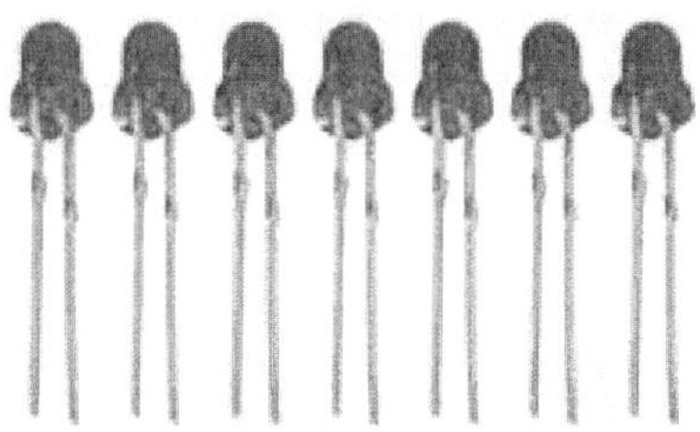

5mm LED × 7개

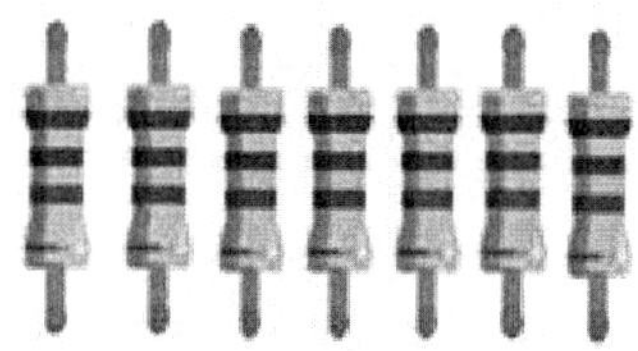

220Ω 저항 × 7개

연결선(수-수)

표 4-13 실습 3을 위한 하드웨어

(2) 하드웨어 구성

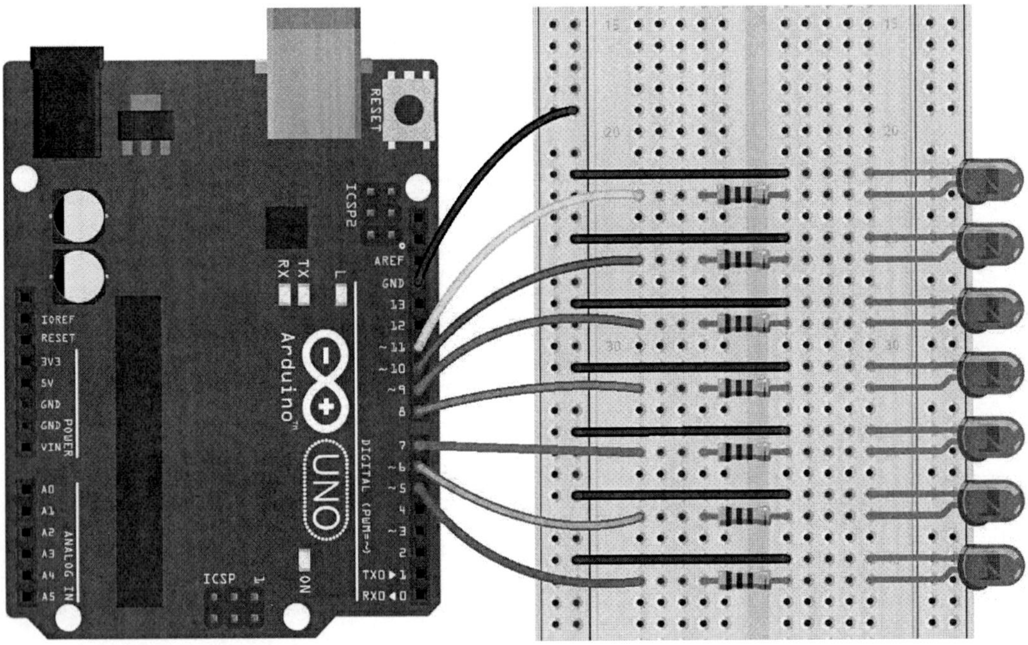

그림 4-30 실습 3을 위한 회로도

(3) 스케치 작성

❶ 아두이노 IDE를 실행하여 '파일>새 파일' 명령을 실행한다.

❷ 아래 코드를 작성한다.

```
// 음계 핀
#define C  5 // 도
#define D  6 // 레
#define E  7 // 미
#define F  8 // 파
#define G  9 // 솔
#define A 10 // 라
#define B 11 // 시
```

```
// 박자 시간
#define D2 800 // 2분음표
#define D4 400 // 4분음표
#define D8 200 // 8분음표

int scale[] = { // 7음계
    C, D, E, F, G, A, B
};
int nSchoolBell[] = { // 학교종 음계
    G, G, A, A, G, G, E, G, G, E, E, D,
    G, G, A, A, G, G, E, G, E, D, E, C
};
int dSchoolBell[] = { // 학교종 박자
    D4, D4, D4, D4, D4, D4, D8, D4, D4, D4, D4, D8+D4,
    D4, D4, D4, D4, D4, D4, D8, D4, D4, D4, D4, D8+D4
};
String tSchoolBell[] = { // 학교종 가사
    "학 ", "교 ", "종 ", "이 ", "땡 ", "땡 ", "땡 ", "어 ", "서 ", "모 ", "이 ", "자\n",
    "선 ", "생 ", "님 ", "이 ", "우 ", "리 ", "를 ", "기 ", "다 ", "리 ", "신 ", "다\n"
};
int size = sizeof(nSchoolBell) / sizeof(nSchoolBell[0]); // 학교종 음계 개수

void setup() {
    Serial.begin(9600);
    for (int i=0; i<7; i++) { // 음계 핀을 출력으로 설정
        pinMode(scale[i], OUTPUT);
    }
}

void loop() {
    for (int i=0; i<size; i++) {
```

```
        Serial.print(tSchoolBell[i]); // 가사 출력
        digitalWrite(nSchoolBell[i], HIGH);
        delay(dSchoolBell[i]);
        digitalWrite(nSchoolBell[i], LOW);
        delay(100);
    }
    Serial.print("\n\n");
    delay(5000); // 5초후 다시 연주
}
```

❸ '파일>저장' 메뉴를 실행한다. 바탕화면에 'ArduinoProjects' 폴더를 선택하여 'PlayMusic_Led'이라는 이름으로 스케치를 저장한다.

❹ 도구상자의 확인 버튼()을 눌러 스케치를 컴파일하여 업로드한다.

❺ 도구상자의 시리얼 모니터 버튼()을 눌러 가사가 출력되는지 확인한다. 또한 LED가 음계에 맞게 깜박이는지 확인한다.

4. 연산자

4.1 연산식

연산식이란 '10 + 20'과 같이 계산을 수행하는 식을 말한다. 연산자에 따라 산술식, 관계식, 논리식 등으로 불리기도 하며, 일반적으로 수식이라고 한다.

4.1.1 연산자와 피연산자

연산자는 오퍼레이터(operator)라고 하며, 계산을 수행하는 기호를 의미한다. '10 + 20'에서 +는 덧셈을 수행하는 연산자이다.
피연산자는 오퍼란드(operand)라고 하며, 계산을 수행하는 대상이 되는 값을 의미한다. '10 + 20'에서 10, 20이 피연산자이다.
논리부정(!)처럼 피연산자 한 개인 연산자를 단항 연산자라고 한다. 덧셈(+)과 같이 피연산자가 두 개인 연산자를 이항 연산자라고 한다. 조건 연산자(? :)와 같이 피연산자가 세 개인 연산자를 삼항 연산자라고 한다.

4.1.2 연산자 우선순위

연산식에는 연산자가 하나인 식도 있지만 연산자가 여러 개 있는 연산식도 있다.

다음 식의 경우를 살펴보자.

$$x = 5 + 20 / 5$$

덧셈을 먼저 수행한 다음 나눗셈을 하면 5가 x에 저장될 것이고, 나눗셈을 먼저 수행한 후 덧셈을 수행하면 9가 x에 저장될 것이다. 이 식에서는 /가 +보다 우선순위가 높기 때문에 다음과 같은 순서로 계산된다.

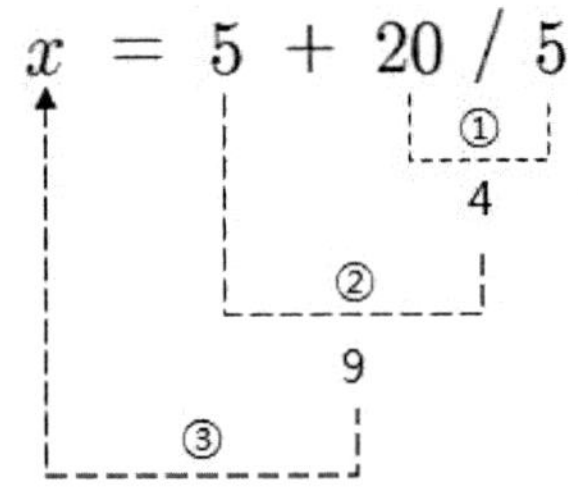

우선순위가 동일한 연산자가 사용된 다음 식의 경우를 살펴보자.

$$x = 18 \ / \ 2 \ * \ 3$$

나눗셈을 먼저 수행한 다음 곱셈을 하면 27이 x에 저장될 것이고, 곱셈을 먼저 수행한 후 나눗셈을 수행하면 3이 x에 저장될 것이다. 이 식은 연산자 결합방향에 따라 다음과 같은 순서로 계산된다.

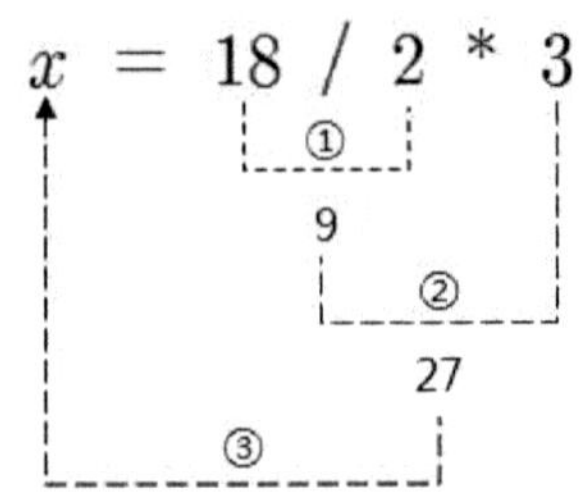

하나의 수식 내에서 여러 연산자가 함께 사용되면 각 연산자의 우선순위에 따라 연산이 수행되고, 우선순위가 같은 연산자가 여러 개 있을 경우는 결합 방향에 따라 연산 순서를 결정한다. C 언어의 연산자 우선순위와 결합 방향은 [표 4-14]와 같다.

4.2 연산자 종류

4.2.1 대입 연산자

대입 연산자는 할당 연산자라고도 하며, 변수의 값을 지정할 때 사용하는 기호이다. 등호(=)를 사용하여 표현하며, 오른쪽에 있는 값이나 연산식의 결과 값을 왼쪽에 있는 변수에 저장하도록 지시하는 연산자이다.

<table>
<tr><th>순위</th><th>종류</th><th>연산자</th><th>결합방향</th></tr>
<tr><td>1</td><td>1차 연산자</td><td>( ) [ ] . -></td><td>→</td></tr>
<tr><td>2</td><td>단항 연산자</td><td>- ++ -- ~ ! * & sizeof (type)</td><td>←</td></tr>
<tr><td>3</td><td rowspan="2">산술 연산자</td><td>* / %</td><td rowspan="11">→</td></tr>
<tr><td>4</td><td>+ -</td></tr>
<tr><td>5</td><td>비트이동 연산자</td><td><< >></td></tr>
<tr><td>6</td><td rowspan="2">관계 연산자</td><td>< <= > >=</td></tr>
<tr><td>7</td><td>== !=</td></tr>
<tr><td>8</td><td rowspan="3">비트논리 연산자</td><td>&</td></tr>
<tr><td>9</td><td>^</td></tr>
<tr><td>10</td><td>|</td></tr>
<tr><td>11</td><td rowspan="2">논리 연산사</td><td>&&</td></tr>
<tr><td>12</td><td>||</td></tr>
<tr><td>13</td><td>조건 연산자</td><td>?:</td></tr>
<tr><td>14</td><td>대입 연산자</td><td>= += -= *= /= %= &= |= <<= >>=</td><td>←</td></tr>
<tr><td>15</td><td>구분 연산자</td><td>,</td><td>→</td></tr>
</table>

표 4-14 연산자 우선 순위

기호	의미	연산 결과	예
=	대입	오른쪽의 값을 왼쪽의 변수에 저장	x = 10

표 4-15 대입 연산자

4.2.2 산술 연산자

산술 연산자는 숫자의 4칙 연산을 할 때 사용하는 기호이다. 산술 연산자 종류와 의미는 다음과 같다.

기호	의미	연산 결과	예
+	덧셈	왼쪽과 오른쪽의 값을 더한 값	x + y
-	뺄셈	왼쪽과 오른쪽의 값을 뺀 값	x - y
*	곱셈	왼쪽과 오른쪽의 값을 곱한 값	x * y
/	몫(나눗셈)	왼쪽과 오른쪽의 값을 나눈 값, 두 피연산자 모두 정수이면 몫을 구한다.	x / y
%	나머지(나눗셈)	왼쪽과 오른쪽의 값을 나눈 나머지 값, 두 피연산자 모두 정수여야 한다.	x % y

표 4-16 산술 연산자

4.2.3 비교 연산자

비교 연산자는 관계 연산자라고도 하며, 두 값의 크기(대소 관계)를 비교하는 기호이다. 연산의 결과는 참(1)과 거짓(0)이다. 비교 연산자 종류와 의미는 다음과 같다.

기호	의미	연산 결과	예
<	작다(미만)	왼쪽의 값이 오른쪽의 값보다 작으면 참	x < y
<=	작거나 같다(이하)	왼쪽의 값이 오른쪽의 값보다 작거나 같으면 참	x <= y
>	크다(초과)	왼쪽의 값이 오른쪽의 값보다 크면 참	x > y
>=	크거나 같다(이상)	왼쪽의 값이 오른쪽의 값보다 크거나 같으면 참	x >= y
==	같다	왼쪽의 값이 오른쪽의 값과 같으면 참	x == y
!=	같지 않다	왼쪽의 값이 오른쪽의 값과 같지 않으면 참	x != y

표 4-17 비교 연산자

4.2.4 부울 연산자

부울 연산자는 논리 연산자라고도 하며, 논리 연산을 나타내는 기호이다. 비교 연산자와 마찬가지로 연산의 결과는 참과 거짓이다. 부울 연산자 종류와 의미는 다음과 같다.

기호	의미	연산 결과	예
&&	논리곱 (and)	왼쪽과 오른쪽의 값이 모두 참일 때만 참	temp >= 18 && temp < 28
||	논리합 (or)	왼쪽과 오른쪽의 값 중에서 하나라도 참이면 참	temp < 18 || temp >= 28
!	논리부정 (not)	값이 참일 때는 거짓, 거짓일 때는 참	!(temp >= 18)

표 4-18 부울 연산자

4.2.5 비트 연산자

비트 연산자는 비트별 논리연산 또는 비트 이동연산을 수행하는 기호이다. 피연산자는 반드시 정수이여야 한다. 비트 연산자 종류와 의미는 다음과 같다.

기호	의미	연산 결과	예
&	비트단위 논리곱 (bitwise and)	두 비트의 값이 모두 참일 때만 참	x & y
|	비트단위 논리합 (bitwise or)	두 비트의 값이 둘중 하나라도 참이면 참	x | y
^	비트단위 배타적 논리합 (bitwise xor)	두 비트의 값이 다르면 참, 같으면 거짓	x ^ y
~	비트단위 논리부정 (bitwise not)	비트 값이 참이면 거짓, 거짓이면 차	~x
<<	왼쪽 비트이동 (bitshift left)	왼쪽 값을 오른쪽에 지정 비트수만큼 왼쪽으로 이동	x << 2
>>	오른쪽 비트이동 (bitshift right)	왼쪽 값을 오른쪽에 지정 비트수만큼 오른쪽으로 이동	x >> 2

표 4-19 비트 연산자

▶ & (bitwise AND)

두 개의 피연산자를 각각 비트별로 논리곱 연산을 수행하는데, 특정 비트의 값을 학인하거나 0으로 만드는 작업 등에 사용한다.

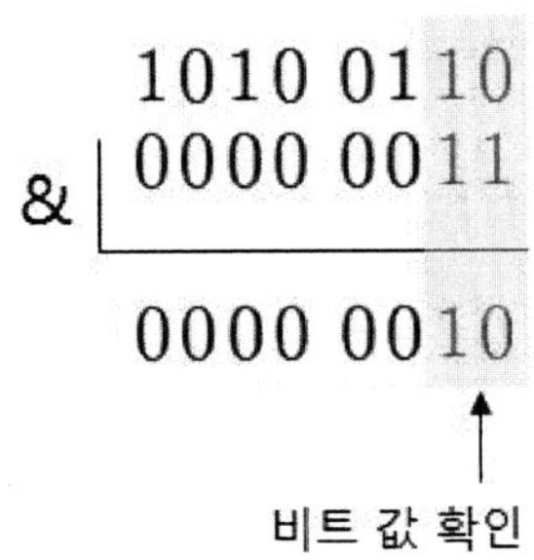

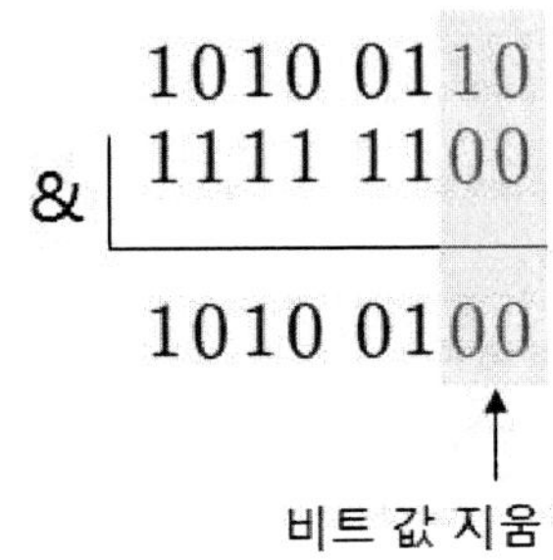

【사용 예】

```
int a = 92;          // 바이너리 : 0000000001011100
int b = 101;         // 바이너리 : 0000000001100101
int c = a & b;       // 결과 : 68 (0000000001000100)
```

▶ | (bitwise or)

두 개의 피연산자를 각각 비트별로 논리합 연산을 수행하는데, 특정 비트의 값을 1로 만드는 작업 등에 사용한다.

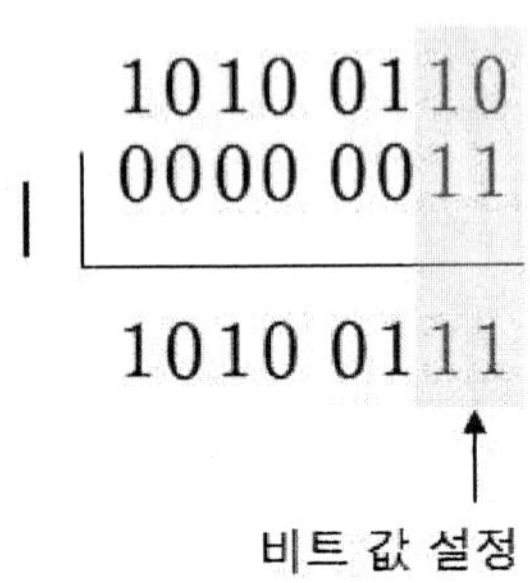

【사용 예】

```
int a = 92;          // 바이너리 : 0000000001011100
int b = 101;         // 바이너리 : 0000000001100101
int c = a | b;       // 결과 : 115 (0000000001110101)
```

▶ ^ (bitwise xor)

두 개의 피연산자를 각각 비트별로 배타적 논리합 연산(bitwise eXclusive OR)을 수행하는데, 특정 비트의 값을 반전시키는 작업 등에 사용한다.

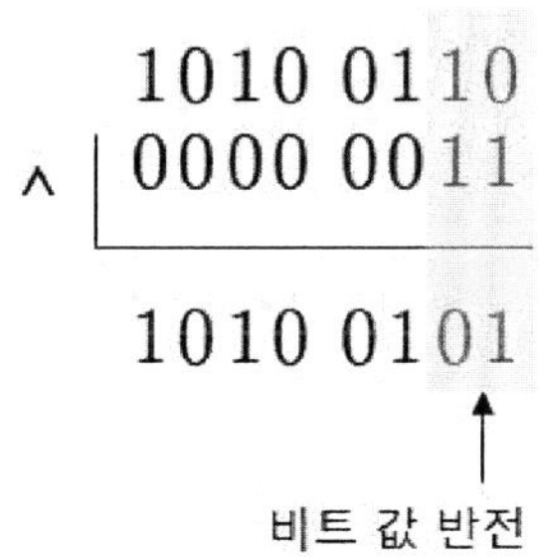

【사용 예】

```
int a = 12;          // 바이너리 : 0000000000001100
int b = 10;          // 바이너리 : 0000000000001010
int c = a ^ b;       // 결과 : 6  (0000000000000110)
```

▶ ~ (bitwise not)

단항 연산자로 피연산자의 각 비트를 0이면 1로 1이면 0으로 바꾼다. 모든 비트의 값이 반대로 바뀌므로 1의 보수를 구할 때 사용한다.

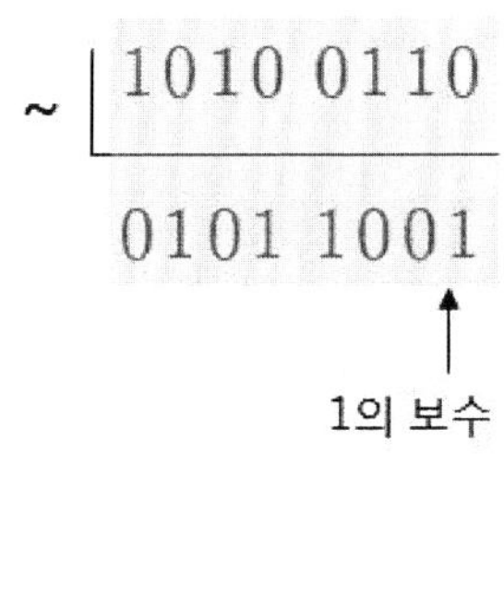

【사용 예】

```
int a = 103;         // 바이너리 : 0000000001100111
int b = ~a;          // 결과 : -104 (1111111110011000)
```

▶ << (bitshift left)
왼쪽 피연산자를 오른쪽 피연산자의 값만큼 왼쪽으로 비트를 이동하는데, 빈자리는 0으로 채워진다. 왼쪽으로 1 비트 이동할 때마다 2를 곱하는 것과 동일하다.

【사용 예】

```
int a = 5;          // 바이너리 : 0000000000000101
int b = a << 3;     // 결과 : 40 (0000000000101000)
```

▶ >> (bitshift right)
왼쪽 피연산자를 오른쪽 피연산자의 값만큼 오른쪽으로 비트를 이동하는데, 빈자리는 부호(왼쪽 첫 번째 비트)와 동일한 값으로 채워진다. 오른쪽으로 1 비트 이동할 때마다 2로 나누는 것과 동일하다.

【사용 예】

```
int x = -16;        // binary : 1111111111110000
int y = x >> 3;     // 결과 : -2 (1111111111111110)
```

4.2.6 증감 연산자

피연산자로 변수만 가능하며, 변수의 값을 1증가 또는 1감소를 수행하는 기호이다. 증감 연산자 종류와 의미는 다음과 같다.

기호	의미	연산 결과	예
++	증가	변수의 값을 1 증가	++x, x++
--	감소	변수의 값을 1 감소	--x, x--

표 4-20 증가 연산자와 감소 연산자

▶ ++
++는 변수의 왼쪽 또는 오른쪽에 붙여 사용한다. 단독으로 쓰일 때는 왼쪽에 있으나 오른쪽에 있으나 변수의 값을 1 증가시키는 역할만을 한다.

【사용 예】

```
int x = 10;
++x;            // 결과 : x=11 (x = x + 1;)
```

```
int x = 10;
x++;            // 결과 : x=11 (x = x + 1)
```

하지만 문장의 일부분으로 사용될 때는 왼쪽에 있으면 변수의 값을 먼저 1 증가하고 다음으로 참조하며, 오른쪽에 있으면 변수의 값을 먼저 참조하고 다음으로 값을 1 증가한다.

【사용 예】

```
int x = 10;
int y = ++x;    // 결과 : x=11, y=11 (x = x + 1, y = x 순으로 수행)
```

```
int x = 10;
int y = x++;    // 결과 : x=11, y=10 (y = x, x = x + 1 순으로 수행)
```

▶ --

--는 ++와 마찬가지로 변수의 왼쪽 또는 오른쪽에 붙여 사용한다. 단독으로 쓰일 때는 왼쪽에 있으나 오른쪽에 있으나 변수의 값을 1 감소시키는 역할만을 한다.

【사용 예】

```
int x = 10;
--x;            // 결과 : x=9 (x = x - 1;)
```

```
int x = 10;
x--;            // 결과 : x=9 (x = x - 1)
```

하지만 문장의 일부분으로 사용될 때는 왼쪽에 있으면 변수의 값을 먼저 1 감소하고 다음으로 참조하며, 오른쪽에 있으면 변수의 값을 먼저 참조하고 다음으로 값을 1 감소한다. 아래 사용 예를 살펴보자.

【사용 예】

```
int x = 10;
int y = --x;   // 결과 : x=9, y=9 (x = x - 1, y = x 순으로 수행)
```

```
int x = 10;
int y = x--;   // 결과 : x=9, y=10 (y = x, x = x - 1 순으로 수행)
```

4.2.7 복합대입 연산자

복합대입 연산자는 산술 연산자 또는 비트 연산자와 대입 연산자가 합쳐진 기호로 +=, -=, *=, /=, %=, &=, |=, <<=, >>=가 있다. 앞쪽에 있는 기호에 해당하는 연산을 수행한 후 대입 연산을 수행한다.

사용 예	의미	사용 예	의미
x += y;	x = x + y;	x &= y;	x = x & y;
x -= y;	x = x - y;	x |= y;	x = x | y;
x *= y;	x = x * y;	x <<= y;	x = x << y;
x /= y;	x = x / y;	x >>= y;	x = x >> y;
x %= y;	x = x % y;		

표 4-21 복합대입 연산자

4.2.8 조건 연산자

유일한 삼항 연산자로 ? : 기호를 사용하며, 세 개의 피연산자로 구성된다. 사용 형식은 다음과 같다.

【형식】

```
피연산자1 ? 피연산자2 : 피연산자3
```

피연산자1의 값이 참이면 피연산자2가 결과가 되고 거짓이면 피연산자3이 결과가 된다. 다음의 사용 예를 보자. '10 > 20'이 거짓이므로 max는 20이 된다.

【사용 예】

```
int x=10, y=20;
int max = (x > y) ? x : y; // x가 y보다 크면 x가, 아니면 y가 max에 저장
```

if..else 에서 조건을 만족할 때 수행할 문장이 하나이고, 조건을 만족하지 않을 때 수행할 문장 역시 하나라면 조건 연산자를 사용하여 표현할 수 있다. 다음 if..else 문을 보자.

```
if (temp >= 40)
    digitalWrite(ledPin, HIGH);
else
    digitalWrite(ledPin, LOW);
```

if에 한 문장, else에 한 문장이기 때문에 조건연산자를 사용하여 다음과 같이 표현할 수 있다.

```
temp >= 40 ? digitalWrite(ledPin, HIGH) : digitalWrite(ledPin, LOW);
```

4.2.9 포인터 연산자

포인터는 메모리 주소를 말한다. 이와 관련된 연산자는 &와 *가 있다.

기호	의미	연산 결과	예
&	메모리 주소	피연산자인 변수의 메모리 주소	&x
*	값 참조	피연산자인 메모리 주소에 저장되어 있는 값	*p

표 4-22 포인터 연산자

▶ &

단항 연산자로 변수 이름 앞에 붙여 사용하며, 변수의 메모리 주소를 알려주는 기호이다.

▶ *

단항 연산자로 메모리 주소 앞에 붙여 사용하며, 메모리 주소 값을 참조하는 기호이다. 포인터 변수를 선언할 때 변수이름 앞에 붙여 쓰는 * 와는 다르다. 메모리 주소 앞에 붙여 사용하는 * 는 그 주소에 저장되어 있는 값(포인터 변수가 가리키는 값)을 의미한다. 다음 예를 살펴보자.

```
int x;
int *p;

p = &x;                    // p는 x를 가리킨다.
*p = 100;
Serial.println(x);         // 100 출력
*p = 200;
Serial.println(x);         // 200 출력
*x = 300;                  // 에러, *는 피연산자가 반드시 주소이어야 한다.
```

예컨대 *&x는 100이다. &x는 x 변수의 주소이고 이 번지에 저장되어 있는 값은 100인 것이다. 프로그램 코드에서 x라고 쓰는 것과 동일하다. 또한 우리는 x = 100; 을 *p = 100; 으로 적을 수 있는데, x는 *p와 같기 때문이다.

*p == &x 이므로 *p == *&x 이고,*

**&x == x 이므로 *p == x 이다.*

* 연산자를 사용하는데 주의할 사항은 피연산자가 반드시 메모리 주소여야 한다는 것이다. 예에서 보는 바와 같이 *x는 에러가 발생하는데, 이유는 x가 주소가 아닌 값이기 때문이다.

4.2.10 sizeof 연산자

sizeof 연산자는 데이터형, 상수, 변수, 배열 등의 크기, 즉 메모리 바이트 수를 구한다.

【사용 예】

```
Serial.println(sizeof(10));                          // 우노는 2
Serial.println(sizeof(10L));                         // 4
Serial.println(sizeof(double));                      // 우노는 4
Serial.println(sizeof("Arduino"));                   // 8, 글자수 + 1(널문자)
int arr[] = {10, 20, 30, 40, 50};
Serial.println(sizeof(arr) / sizeof(arr[0]);         // 8, 배열 요소의 개수
```

4.2.11 기타 연산자

앞에서 제시한 연산자 우선순위 표를 보면 ( ), [ ] 같은 1차 연산자, (type) 연산자, 콤마 연산자라는 것이 있다. 이들은 계산을 위한 연산자라기보다는 연산식에 사용할 수 있는 특별한 의미를 지니는 기호이다.

기호	의미	예
( )	연산 순서 변경	(3 + 2) * 4
[ ]	배열 원소 참조	arr[5]
.	구조체 또는 공용체 멤버 참조	st.name
->	구조체 포인터 멤버 참조	stp->name
(type)	피연산자의 자료형 변환	(double)10 / 4
,	구분 기호	x=1, y=2, z=3;

표 4-23 기타 연산자

실습 4 연산자 사용하기

연산식의 결과를 알아보는 스케치를 작성해 보자.

(1) 하드웨어 준비물

아두이노 우노 × 1개

표 4-24 실습 4를 위한 하드웨어

(2) 스케치 작성

❶ 아두이노 IDE를 실행하여 '파일>새 파일' 명령을 실행한다.

❷ 아래 코드를 작성한다.

```
void setup() {
    Serial.begin(9600);
}

void loop() {
    int x, y, *p;

    Serial.print("*** 산술 연산자 ***\n"); // \n은 줄바꿈
    x = 10, y = 3;
    // x * y
    Serial.print(x); Serial.print(" * "); Serial.print(y);
    Serial.print(" → "); Serial.println(x * y);
    // x / y
    Serial.print(x); Serial.print(" / "); Serial.print(y);
    Serial.print(" → "); Serial.println(x / y);
    // x % y
    Serial.print(x); Serial.print(" % "); Serial.print(y);
    Serial.print(" → "); Serial.println(x % y);

    Serial.print("\n*** 비교, 부울 연산자 ***\n");
    x = 5, y = 10;
    // x < y
    Serial.print(x); Serial.print(" < "); Serial.print(y);
    Serial.print(" → "); Serial.println(x < y);
     // x > 5 && x < 20
    Serial.print(x); Serial.print(" > "); Serial.print(5);
    Serial.print(" && ");
    Serial.print(x); Serial.print(" < "); Serial.print(20);
```

```
    Serial.print(" → ");
    Serial.println(x > 5 && x < 20);

    Serial.print("\n*** 비트 연산자 ***\n");
    x = B10101010;
    Serial.print(x, BIN);  Serial.print(" & 00001111");
    Serial.print(" → ");  Serial.println(x & B00001111, BIN); // AND
    Serial.print(x, BIN); Serial.print(" | 00001111");
    Serial.print(" → ");  Serial.println(x | B00001111, BIN); // OR
    Serial.print(x, BIN); Serial.print(" ^ 00001111");
    Serial.print(" → ");  Serial.println(x ^ B00001111, BIN); // XOR

    Serial.print("\n*** 포인터 연산자 ***\n");
    p = &x, x = 10;
    Serial.print("&x → "); Serial.print((int)&x, HEX); // x의 주소
    Serial.print(", x → "); Serial.println(x); // x의 값
    Serial.print("&p → "); Serial.print((int)&p, HEX); // p의 주소
    Serial.print(", p → "); Serial.print((int)p, HEX); // p의 값
    Serial.print(", *p → "); Serial.println(*p); // p가 가리키는 곳의 값

    Serial.print("\n*** 형변환 연산자 ***\n");
    Serial.print("10 / 4 → "); Serial.println(x / 4); // 정수 / 정수의 결과는 몫
    Serial.print("10.0 / 4 → "); Serial.println((double)x / 4, 1); // 실수 / 실수

    while (!Serial.available()); // 한번만 실행되도록 기다림
}
```

❸ '파일>저장' 메뉴를 실행한다. 바탕화면에 'ArduinoProjects' 폴더를 선택하여 'Operators'이라는 이름으로 스케치를 저장한다.

❹ 도구상자의 확인 버튼()을 눌러 스케치를 컴파일하여 업로드한다.

❺ 도구상자의 시리얼 모니터 버튼()을 눌러 출력을 확인한다.

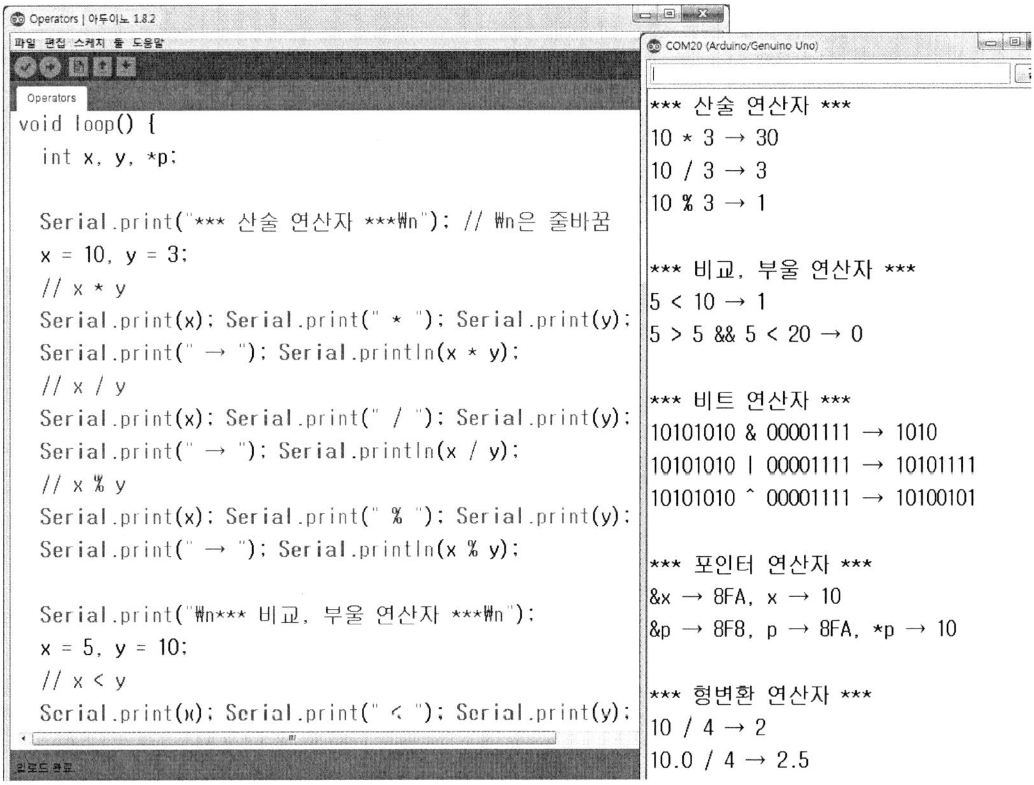

그림 4-31 실습 4 실행결과

5. 제어 구조

스케치 코드는 함수 내에서 위에서 아래로 순차적으로 실행되는데, 이 흐름(제어 구조)을 바꿀 수 있는 문장을 제어문이라고 한다.

5.1 선택문

방안의 센서에서 온도를 읽어와 28℃ 이상이면 에어컨이 자동으로 켜지도록 하는 경우를 생각해 보자. "온도가 28℃ 이상이면 에어컨을 켜라"라고 표현할 것이다. '온도가 온도가 28℃ 이상'은 조건식이며 '에어컨을 켜라'는 명령문이다.
온도가 온도가 28℃ 이상일 경우 에어컨을 켜는 것처럼 프로그램에서는 특정 조건에 따라 명령을 선택적으로 수행할 수 있는데, 이를 선택문이라고 한다. C에서 선택문은 if와 if..else, swich case가 있으며, 대부분의 조건식은 비교 연산자와 부울 연산자를 사용하여 표현한다.

5.1.1 if

if는 비교 연산자나 부울 연산자와 함께 사용되어 특정 조건을 만족하는지 여부를 검사한 후 조건이 참일 경우에만 { } 안의 명령문을 실행한다. if 형식은 다음과 같다.

【형식】

```
if (조건식) {
    // 조건식이 참일 때 수행할 문장들, 한 문장일 경우 { }는 생략 가능
}
```

다음 예를 살펴보자.

【사용 예】

```
if (x > 120) { // x 값이 120보다 크면 { } 안의 문장을 실행
    digitalWrite(ledPin, HIGH);
}
```

```
if (x > 120) { digitalWrite(ledPin, HIGH); }    // 한줄에 적어도 된다.
```

```
if (x > 120)
    digitalWrite(ledPin, HIGH); // 명령문이 하나 밖에 없으므로 { } 생략
```

```
if (x > 120) digitalWrite(ledPin, HIGH);        // 한줄에 적어도 된다.
```

4개는 모두 동일한 코드이다. 조건을 만족할 때 수행할 문장이 하나이기 때문에 { }를 생략할 수 있으며, 한 줄에 여러 문장을 코딩하는 것이 가능하다.

또 다른 예를 살펴보자.

【사용 예】

```
if (x >= 60) { // x 값이 60이상이면
    digitalWrite(ledPin1, HIGH);
    digitalWrite(ledPin2, HIGH);
}
```

```
// 한줄에 적어도 된다.
if (x > 120) { digitalWrite(ledPin1, HIGH); digitalWrite(ledPin2, HIGH); }
```

```
if (x > 120)
    digitalWrite (ledPin1, HIGH); // x 값이 120보다 크면 실행
    digitalWrite (ledPin2, HIGH); // x 값과 상관없이 항상 실행
```

위의 두 개의 코드는 동일하지만, 마지막 코드는 다른 의미를 가진다. 조건을 만족했을 때 수행해야 할 문장이 여러 개일 경우는 { }를 생략하면 의미가 완전히 달라지므로 실수로 { }를 빠뜨리지 않도록 유의해야 한다.

5.1.2 if..else

조건식이 참일 때와 거짓일 때 각각 실행할 문장이 있을 때 사용한다. if..else 형식은 다음과 같다.

【형식】

```
if (조건식) {
    // 조건식이 참일 때 수행할 문장들, 한 문장일 경우 { }는 생략 가능
} else {
    // 조건식이 거짓일 때 수행할 문장들, 한 문장일 경우 { }는 생략 가능
}
```

다음 예를 살펴보자. 3개는 모두 동일한 코드이다.

【사용 예】

```
if (x >= 50) { // x가 50이상이면
    Serial.println("과열입니다. 냉각기가 동작하는지 확인바랍니다.");
} else {        // x가 50미만이면
    Serial.println("정상입니다.");
}
```

```
if (x >= 50)
    Serial.println("과열입니다. 냉각기가 동작하는지 확인바랍니다.");
else
    Serial.println("정상입니다.");
```

```
if (x >= 50) Serial.println("과열입니다. 냉각기가 동작하는지 확인바랍니다.");
else Serial.println("정상입니다.");
```

다음 예를 보자. 1에서 100사이의 난수를 발생시켜 행운권 번호로 사용하고 77이면

당첨되었음을 알려주는 코드이다.

예제 4-9 if..else 프로그램

```
void setup() {
    Serial.begin(9600);
    randomSeed(analogRead(0)); // 난수 발생기 초기화
}

void loop() {
    int num = random(100) + 1;
       // random(100)은 0에서 99 사이의 난수 발생
    Serial.print("당신의 행운권 번호 : ");
    Serial.println(num);
    if (num = 77) Serial.println("당첨입니다.");
    else Serial.println("다음 기회에...");

    while (!Serial.available()); // 한번만 실행
}
```

위 코드를 실행하면 그림 4-32에서 보는 바와 같이 행운권 번호가 77이 아니어도 당첨이라는 메시지가 출력된다. 무엇이 문제일까?

$$if\ (num = 77)\ Serial.println(...$$

→ num이 77로 변경된다.
숫자는 0이 아니면 참, 0이면 거짓으로 판단한다.
그러므로 77은 참이다.

행운권 번호가 77인지 비교는 $num == 77$ 이어야 한다. 같은지 비교하는 연산자 사용시 =를 빠뜨리지 않도록 유의해야 한다

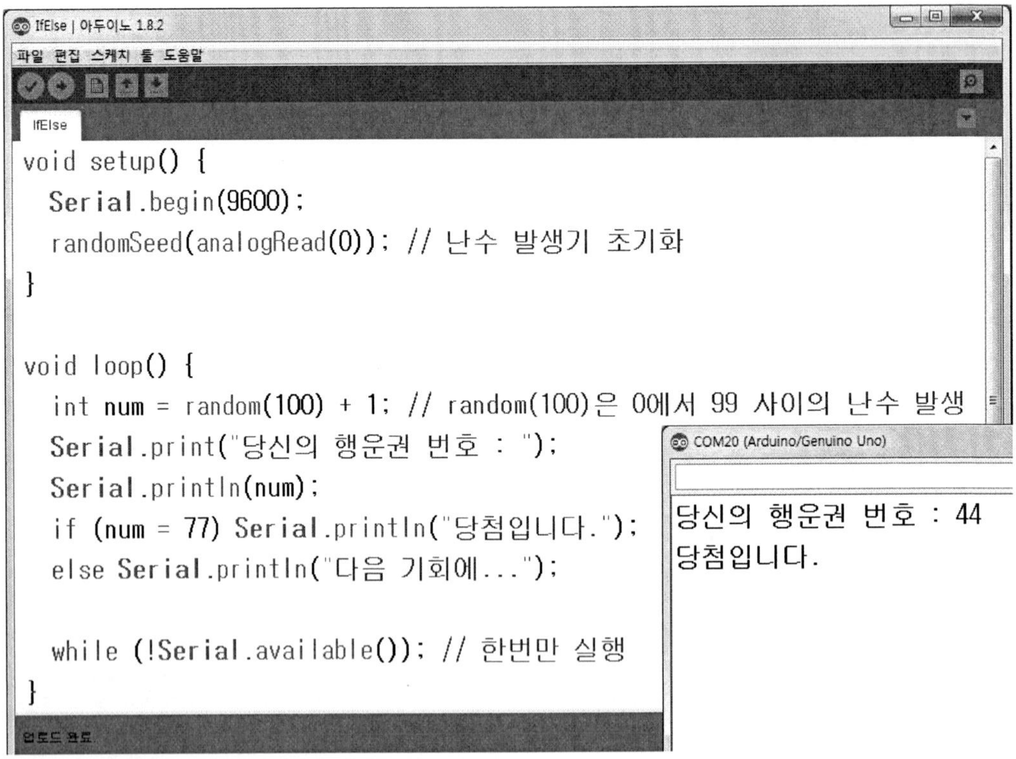

그림 4-32 예제 4-9 실행결과

5.1.3 if..else if..else

조건에 따라 선택해야 할 문장이 많은 경우에 사용한다. if..else if..else 형식은 다음과 같다.

【형식】

```
if (조건식1) {
    // 조건식1이 참일 때 수행할 문장들, 한 문장일 경우 { }는 생략 가능
} else if (조건식2) {    // else if는 반복될 수 있다.
    // 조건식1이 거짓이고, 조건식2가 참일 때 수행할 문장들
} else {
    // 조건식1이 거짓이고, 조건식2가 거짓일 때 수행할 문장들
```

```
}
```

다음 예를 살펴보자. 신체질량지수(BMI)가 20미만은 저체중, 25이상 25미만은 표준체중, 25이상은 과체중을 알려주는 코드이다.

예제 4-10 if..else if..else 프로그램 - BMI

```
void setup() {
    Serial.begin(9600);
}

void loop() {
    double weight = 71.5;      // kg
    double height = 1.75;      // m
    double bmi = weight / (height * height);
                               // bmi = 몸무게 / 키의제곱
    Serial.print("BMI = ");
    Serial.println(bmi, 1);

    if (bmi < 20) {            // 20미만이면
        Serial.println("저체중입니다.");
    } else if (bmi < 25) {     // 25미만이면
        Serial.println("표준체중입니다.");
    } else {                   // 25이상이면
        Serial.println("과체중입니다.");
    }

    while (!Serial.available()); // 한번만 실행
}
```

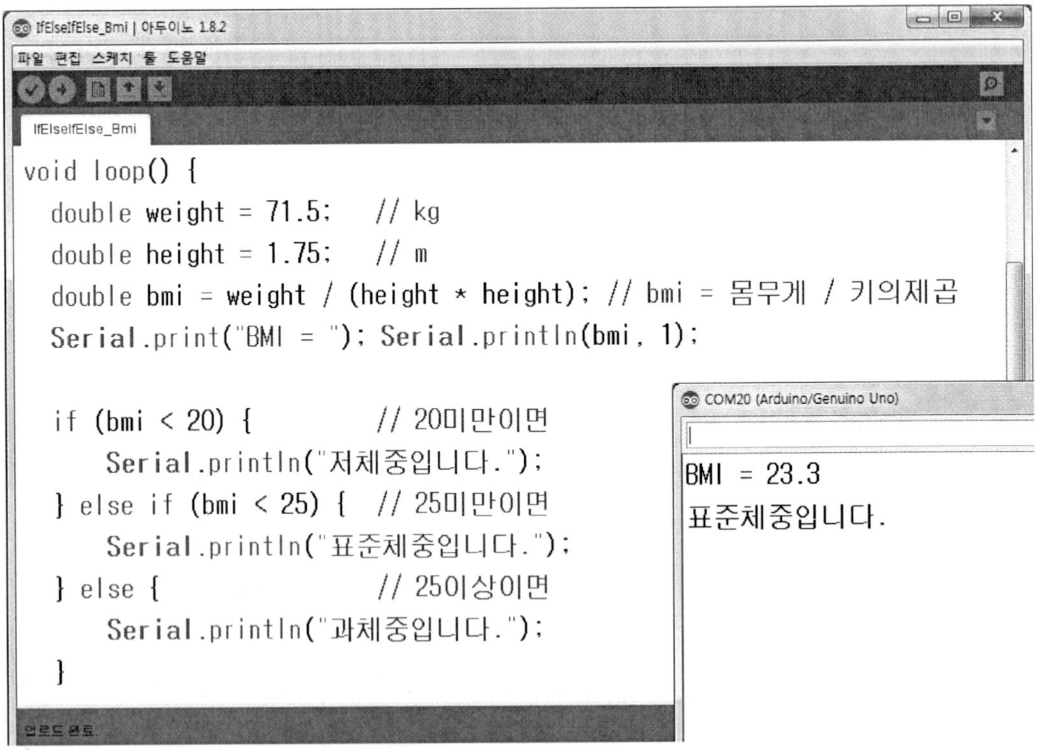

그림 4-33 예제 4-10 실행결과 - BMI

진하게 표시된 코드 부분은 else에 의해 이미 이전 조건을 만족하지 않았다는 전제 조건이 포함되어 있어 작성할 필요가 없는 부분이다.

다음 예를 보자. 점수가 90이상이면 A학점, 80이상 90미만이면 B학점, 70이상 80미만이면 C학점, 60이상 70미만이면 D학점, 60미만이면 F학점을 알려주는 코드이다.

예제 4-11 if..else if..else 프로그램 - 학점

```
void setup() {
    Serial.begin(9600);
}
```

```
void loop() {
    int score = 88;
    if (score >= 90) {          // 90이상이면
        Serial.println("A학점입니다.");
    } else if (score >= 80) {   // 80이상이면
        Serial.println("B학점입니다.");
    } else if (score >= 70) {   // 70이상이면
        Serial.println("C학점입니다.");
    } else if (score >= 60) {   // 60이상이면
        Serial.println("D학점입니다.");
    } else {                    // 60미만이면
        Serial.println("F학점입니다.");
    }
    /* 동일한 코드
    if (score >= 90) Serial.println("A학점입니다.");
    else if (score >= 80) Serial.println("B학점입니다.");
    else if (score >= 70) Serial.println("C학점입니다.");
    else if (score >= 60) Serial.println("D학점입니다.");
    else Serial.println("F학점입니다.");
    */
    /* 동일한 코드
    if (score < 60) Serial.println("F학점입니다.");
    else if (score < 70) Serial.println("D학점입니다.");
    else if (score < 80) Serial.println("C학점입니다.");
    else if (score < 90) Serial.println("B학점입니다.");
    else Serial.println("A학점입니다.");
    */

    while (!Serial.available()); // 한번만 실행
}
```

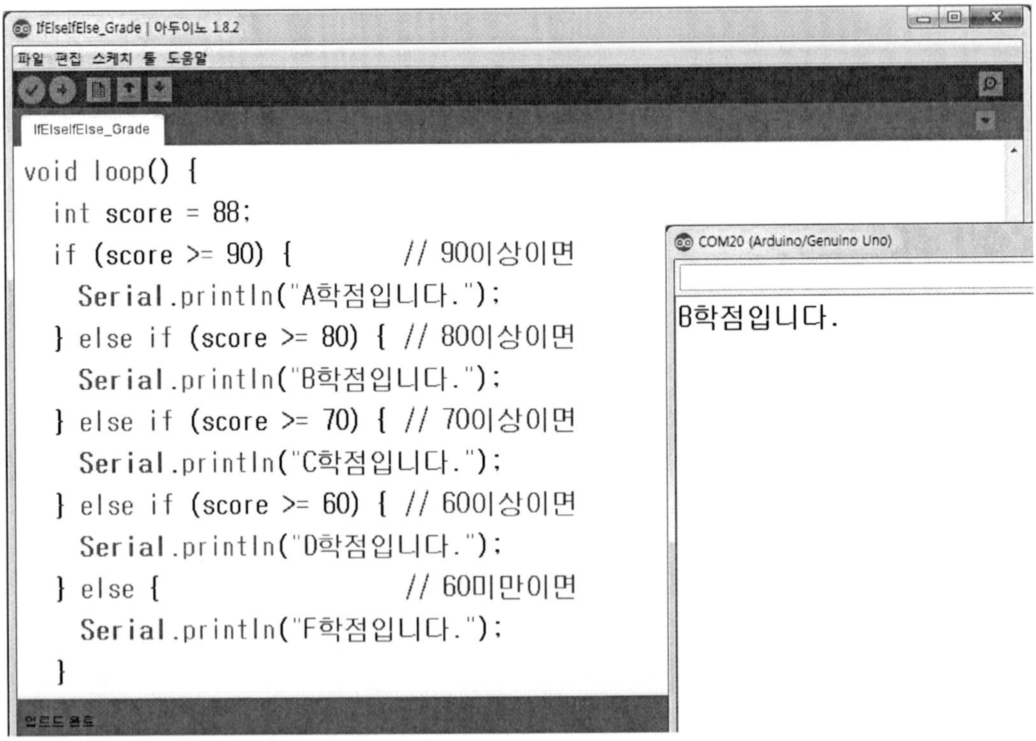

그림 4-34 예제 4-11 실행결과 - 학점

위 두 예에서 보듯이 조건에 따라 선택해야 할 가지 수가 n개라면 조건식의 개수는 n-1개이다.

5.1.4 switch case

switch case는 if..else if..else와 마찬가지로 조건에 따라 선택해야 할 문장이 많은 경우에 사용한다. if..else if..else보다는 코드를 좀 더 구조적으로 보이도록 해준다. switch case 사용형식은 다음과 같다.

【형식】

```
switch (정수식) {
case 정수값1:
    // 정수식의 값이 정수값1과 일치할 경우 수행할 문장들
```

```
    break;
case 정수값2:
    // 정수식의 값이 정수값2과 일치할 경우 수행할 문장들
    break;
    :
case 정수값n:
    // 정수식의 값이 정수값n과 일치할 경우 수행할 문장들
    break;
default:
    // 정수식의 값이 위의 case에 해당하지 않을 경우 수행할 문장들
    break;
}
```

위의 학점을 알려주는 if..else if..else 사용 예를 switch case로 구현하면 다음과 같다.

【사용 예】

```
switch (score / 10) { // 정수/정수는 몫을 구한다.
case 10:              // 100일 경우 또는
case 9:               // 90~99일 경우
    Serial.println("A학점입니다.");
    break;
case 8:               // 80~89일 경우
    Serial.println("B학점입니다.");
    break;
case 7:               // 70~79일 경우
    Serial.println("C학점입니다.");
    break;
case 6:               // 60~69일 경우
    Serial.println("D학점입니다.");
```

```
    break;
default:
    Serial.println("F학점입니다.");
    break;
}
```

switch 문은 정수식의 값을 case 문에 지정된 값과 비교하여 일치하는 case 문에 있는 코드가 실행된다. 한번 선택된 case 문은 break 문을 만나거나 블록의 끝인 }를 만날 때까지 실행된다.

다음의 예에서 무엇이 잘못되었는지 찾아보자.

예제 4-12 switch case 프로그램

```
void setup() {
    Serial.begin(9600);
}

void loop() {
    int age = 21;
    switch (age / 10) { // 정수/정수는 몫을 구한다.
    case 1:
        Serial.println("당신은 10대입니다.");
    case 2:
        Serial.println("당신은 20대입니다.");
    case 3:
        Serial.println("당신은 30대입니다.");
    case 4:
        Serial.println("당신은 40대입니다.");
    case 5:
        Serial.println("당신은 50대입니다.");
```

```
    default:
        Serial.println("당신은 10대미만이거나 60대이상입니다.");
    }

    while (!Serial.available()); // 한번만 실행
}
```

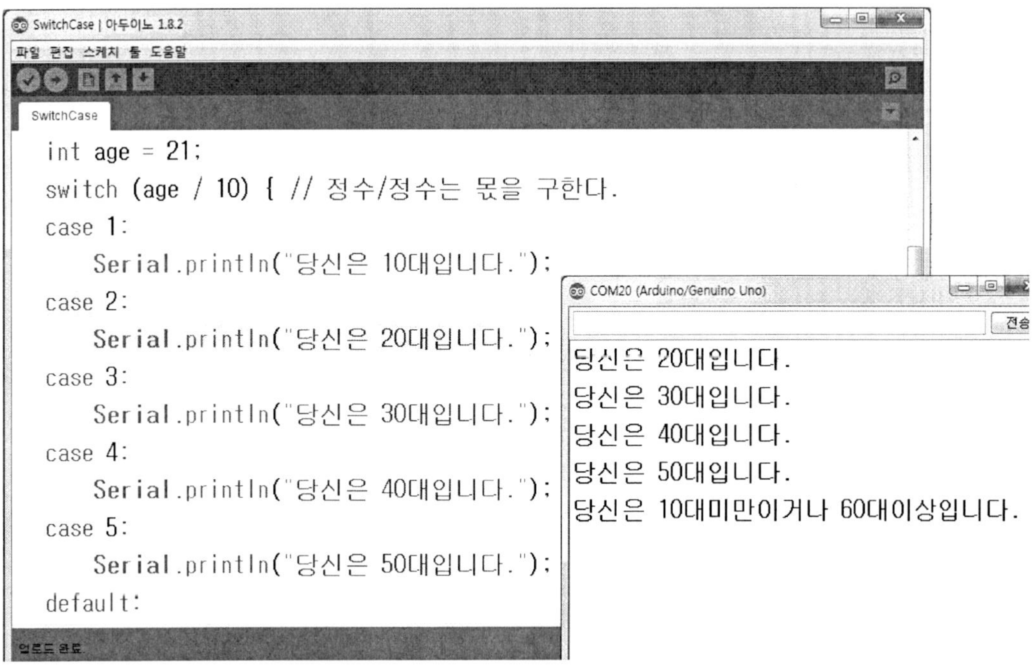

그림 4-35 예제 4-12 실행결과

위 예에서는 age/10의 결과 값이 2이므로 case 2로 이동하여 실행하는데, 중간에 break가 없으므로 블록 끝까지 모든 문장을 실행한다. 의도한 경우가 아니라면 실수로 break를 빠뜨리지 않도록 주의하자.

5.2 반복문

반복문은 같은 일을 여러 번 수행해야 할 경우 사용한다. C에서 반복문은 for, while, do..while이 있으며, 반복할 문장과 반복 조건 등으로 구성된다.

5.2.1 for

for 문은 초기식, 조건식, 증감식, 반복할 문장의 네 부분으로 구성되며, 사용 형식은 다음과 같다.

【형식】

```
for (초기식; 조건식; 증감식) {
    // 반복 수행할 문장들, 한 문장일 경우 { } 생략 가능
}
```

for 문이 실행되는 과정은 다음과 같다. 초기식을 수행한 다음 조건식을 검사한다. 조건이 참이면 반복 수행할 문장들을 수행하고 증감식으로 이동하여 수행한다. 다시 조건식으로 이동하여 위의 과정을 반복한다. 만일 조건식이 거짓이면 반복을 종료하고 for 다음 문장으로 이동한다. 초기식은 한번만 실행되며, 조건식의 결과에 따라 반복 수행 문장들은 한번도 실행되지 않을 수 있다.

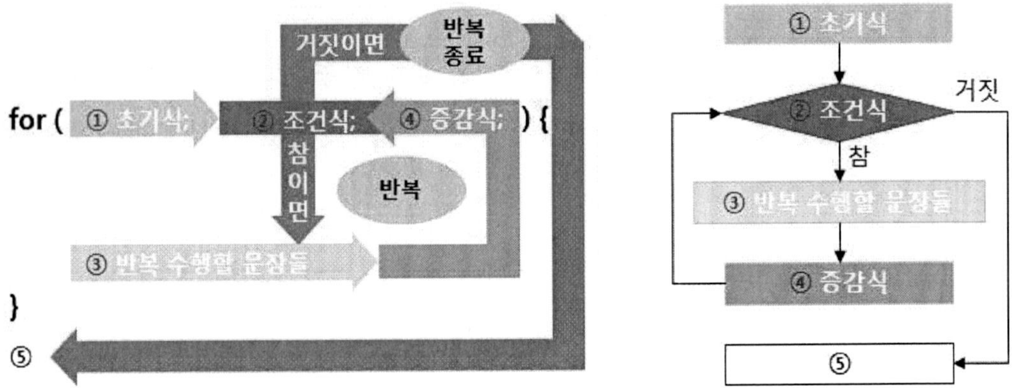

그림 4-36 for 실행 순서

아래 for 사용 예를 보자. 1에서 10 사이의 합을 출력하는 코드이다.

예제 4-13 **for 프로그램**

```
void setup() {
    Serial.begin(9600);
}

void loop() {
    int sum = 0;
    for (int i = 1; I <= 10; i++) {       // 1에서 10 사이의 합
        sum += i; // sum = sum + i;
        Serial.print(i);
        if (i - 10) Serial.print(" + ");  // 10이 아니면
        else Serial.print(" = ");         // 10이면
    }
    Serial.println(sum);                  // 55

    while (!Serial.available());          // 한번만 실행
}
```

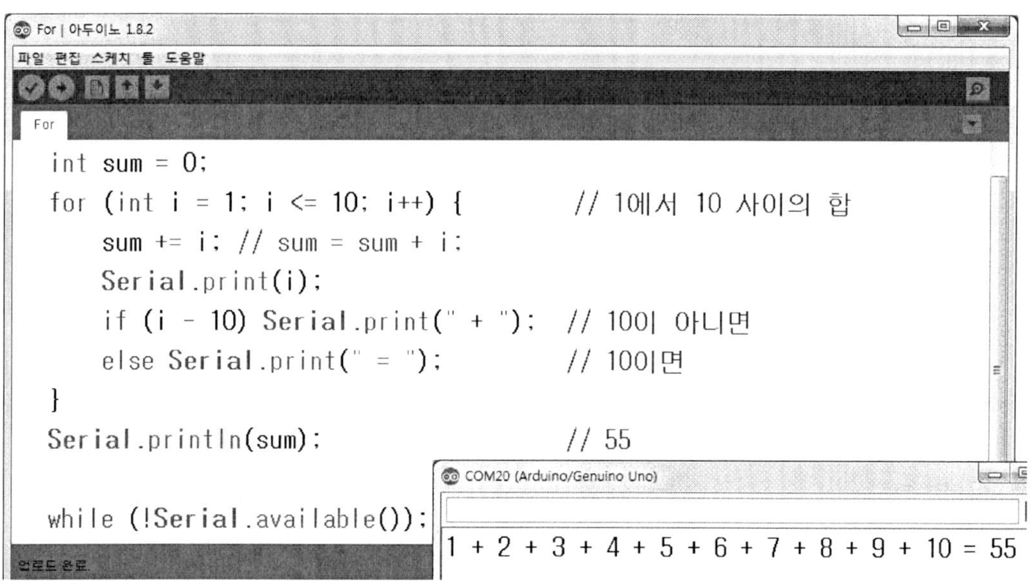

그림 4-37 예제 4-13 실행결과

다양한 형태의 for 문을 살펴보자. 1에서 100 사이의 홀수 합을 출력하는 코드이다.

【사용 예】

```
int sum = 0;
for (int i = 1;  i < 100; i += 2) // 1에서 100 사이의 홀수 합
    sum += i;
```

```
int sum = 0;
int i = 1;
for (  ; i<100; i+=2) // 초기식이 없어도 된다.
    sum += i;
```

```
int sum = 0;
for (int i = 1;  ; iI += 2) {      // 조건식이 없어도 된다. 무조건 참으로 본다.
    if (i > 100) break; // break는 for 다음 문장으로 이동
    sum += i;
}
```

```
int sum=0;
int i = 1
for ( ; ; ) { // 초기식, 조건식, 증감식이 모두 없어도 된다.
    if (i > 100) break;
    sum += i;
    i += 2;
}
```

```
int sum=0;
for (int i=1; i<100; sum+=i, i+=2); // 반복 문장이 없어도 된다.
```

위 코드는 모두 1에서 100 사이의 홀수 합을 구한다. for는 초기식, 조건식, 증감식, 반복 수행할 문장 중 하나 이상이 없어도 상관없다. 또한 초기식이나 증감식에

는 , 로 구분된 둘 이상의 식을 사용하여도 된다.

다음 예는 LED 밝기가 밝아졌다가 흐려지지는 페이드(fade)를 무한 반복하는 코드이다. 조건식이 없고 또한 { } 사이에 break가 없어 종료할 수 없기 때문이다.

【사용 예】

```
int PWMpin = 10;
for (int i = 0, x = -1;  ; i += x) {      // 0 ~ 255 ~ 0 ~ 255 ~
    if (i == 255 || i == 0)  x *= -1;    // x 부호 변경
    analogWrite(PWMpin, i);
    delay(10);
}
```

일반적으로 for를 사용하여 무한 반복을 구현할 때는 다음과 같은 형태를 주로 사용한다.

```
for( ; ; ) {
    //반복 수행할 문장들
}
```

5.2.2 while

while문은 조건을 검사하여 참이면 반복할 문장을 수행한 후에 조건을 검사하는 과정을 반복하고 조건이 거짓이면 반복을 종료한다. 사용 형식은 다음과 같다.

【형식】

```
while (조건식) {
    // 반복 수행할 문장들, 한 문장일 경우 { } 생략 가능
}
```

while이 실행되는 과정은 다음과 같다. 먼저 조건식을 검사한다. 조건이 참이면 반복 수행할 문장들을 수행하고 다시 조건식으로 이동하여 위의 과정을 반복한다. 만일 조건식이 거짓이면 반복을 종료하고 while 다음 문장으로 이동한다. 조건식의 결과에 따라 반복 수행 문장들은 한 번도 실행되지 않을 수 있다.

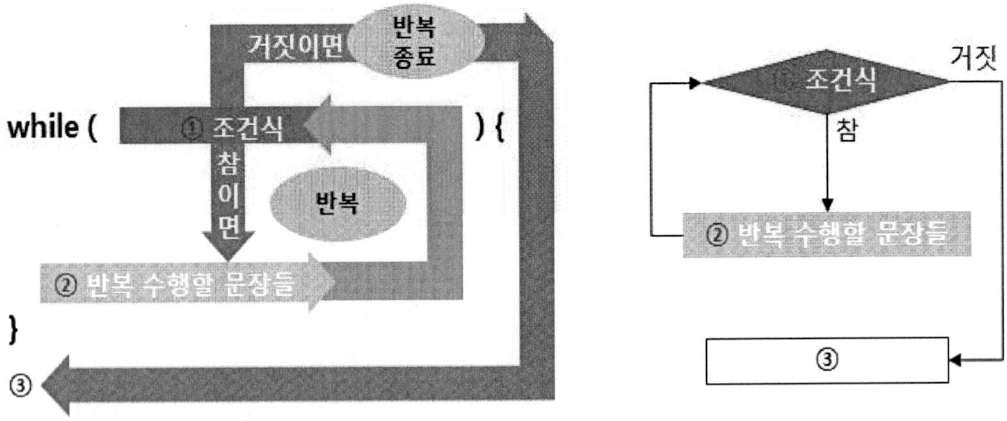

그림 4-38 while 실행 순서

【사용 예】

```
var = 0 ;
while (var < 200) {
    var++;
    Serial.println(var); // 1 ~ 200 출력
}
```

for에서 살펴본 1에서 10 사이의 합을 출력하는 코드는 while을 사용하여 표현하면 다음과 같다.

【사용 예】

```
int sum = 0;
int i = 1; // 초기식
```

```
while (i <= 10) { // 조건식
    sum += i;
    Serial.print(i);
    if (i - 10) Serial.print(" + ");
    else Serial.print(" = ");
    i++; // 증감식
}
Serial.println(sum);
```

위에서 보는 바와 같이 for를 완벽하게 while로 변환할 수 있는데, 다음과 같은 규칙을 따른다.

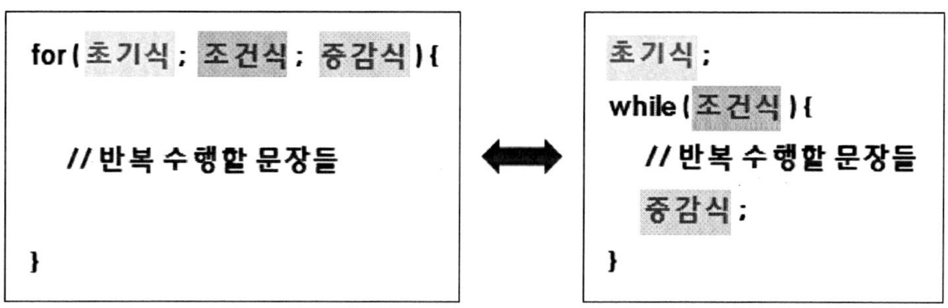

while로 무한 반복문을 구현하고자 할 때는 다음과 같은 형태를 사용한다.

```
while ( 1 ) {
    // 반복 수행할 문장들
}
```

5.2.3 do..while

do..while문은 일단 반복할 문장을 수행한 후에 조건 검사하며, 사용 형식은 다음과 같다.

【형식】

```
do {
    // 반복 수행할 문장들, 한 문장일 경우 { } 생략 가능
} while (조건식);
```

do..while이 실행되는 과정은 다음과 같다. 먼저 반복 수행할 문장을 실행한다. 조건식을 검사하여 조건식이 참이면 반복 수행할 문장들을 수행하고 다시 조건식으로 이동하는 과정을 반복한다. 만일 조건식이 거짓이면 반복을 종료하고 do..while 다음 문장으로 이동한다. for나 while의 경우 조건식을 검사한 후 참일 경우 반복 문장을 수행하기 때문에 조건이 거짓이라면 반복 수행 문장이 한 번도 실행되지 않을 수도 있지만 do..while은 적어도 한번은 실행된다.

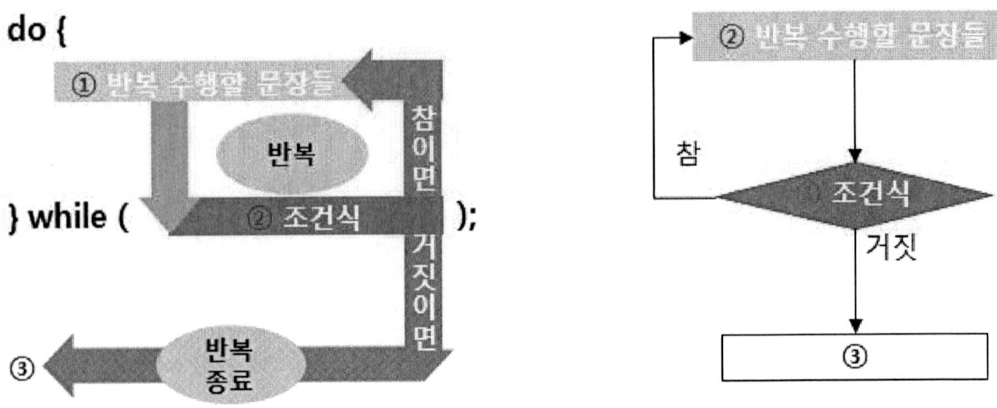

그림 4-39 do..while 실행 순서

아래 do..while 사용 예를 보자. 입력받은 음수의 절대값을 구하는 프로그램이다.

예제 4-14 do..while 프로그램

```
void setup() {
  Serial.begin(9600);
}
```

```
void loop() {
    int negative;
    Serial.println("음수를 입력하십시오.");
    do {
        negative = Serial.parseInt();
        delay(10);
    } while (negative >= 0); // 음수가 입력될 때까지 기다림

    Serial.print(negative);
    Serial.print("의 절대값은 ");
    Serial.println(abs(negative));
}
```

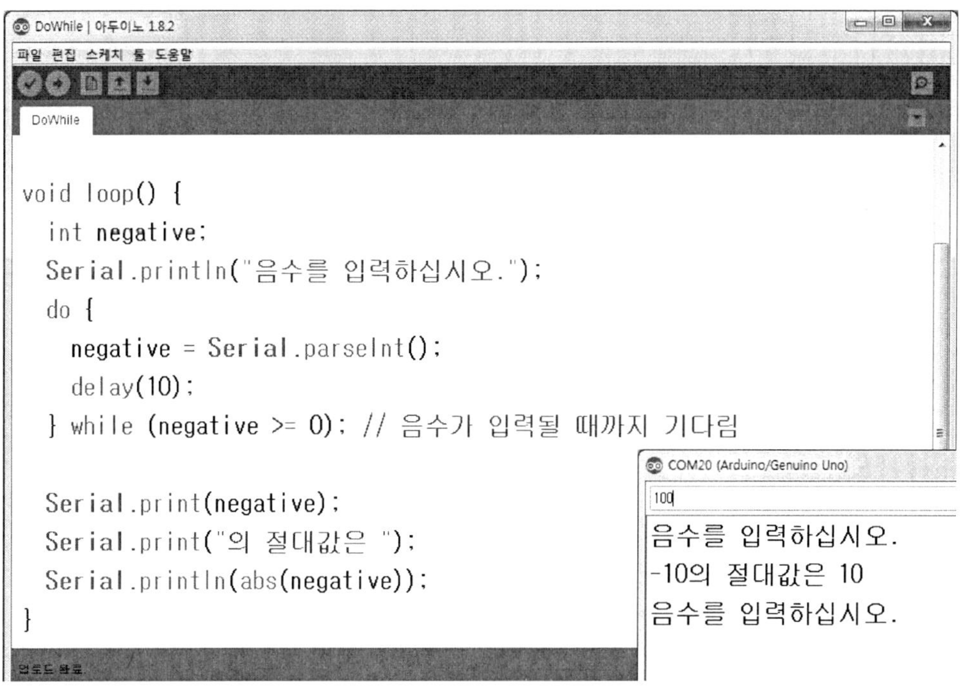

그림 4-40 예제 4-14 실행결과

5.3 기타 제어문

5.3.1 break

break문은 for, while, do..while 루프에서 빠져나와 반복을 종료할 때 사용한다. 또한 switch문을 종료할 때도 사용한다.
사용 형식은 다음과 같다.

【형식】

```
break;
```

다음의 예를 보자.

【사용 예】

```
for (x = 0; x < 255; x++) {
    analogWrite(PWMpin, x);
    sens = analogRead(sensorPin);
    if (sens > threshold) { // 센서 감지시
        x = 0;
        break;        // for를 벗어난다.
    }
    delay(50);
}
```

break는 if를 빠져나오는 것이 아니라 for를 벗어난다.

아래 예에서와 같이 반복문 안에 다시 반복문이 나타나는 다중 반복문의 경우를 보자.

【사용 예】

```
for (i = 1; i <= 10; i++) {        // i는 1부터 10까지 10번 반복한다.
    for (j = 1; j <= 10; j++) { // j는 1부터 10까지 10번 반복한다.
        cnt++;
        if (i+j == 10) break;     // i++ 로 이동한다.
    }
}
```

반복문 전체를 빠져나오는 것이 아니라 break를 포함하는 반복문에서 빠져 나온다.

5.3.2 continue

continue문은 실행위치를 for, while 또는 do..while의 블록 끝으로 이동시키므로 continue 이후의 문장을 건너뛰는 용도로 사용한다.
사용 형식은 다음과 같다.

【형식】

```
continue;
```

아래 for문을 보자.

【사용 예】

```
for (i = 1; i <= 100; i++) {    // i는 1부터 100까지 100번 반복한다.
    if (i%5 == 0) continue;     // i++ 로 이동한다.
    sum = sum + i;              // 5의 배수를 제외한 합계를 구한다.
}
```

for문에서 continue를 만나면 반복문의 끝부분인 }로 이동한 후 반복을 계속하는데, 순서에 따라 다음 실행할 문장인 증감식(i++)을 수행하게 된다.

while문의 예를 보자.

【사용 예】

```
while (x < 256) {
    if (sens > threshold) { // 센서 감지시
        x = 0; // 처음부터 다시 시작
        continue;                    // 조건검사(x < 256)로 이동한다.
    }
    analogWrite(PWMpin, x++);
    sens = analogRead(sensorPin);
}
```

while문이나 do..while문에서 continue를 만나면 for문과 마찬가지로 반복문의 끝 부분인 }로 이동한 후 반복을 계속하는데, 순서에 따라 다음 실행할 문장인 조건식 (x < 256)을 수행하게 된다.

5.3.3 return

return문은 수행 중인 함수를 종료하고 함수를 호출한 곳으로 되돌아가기 위해 사용한다. 호출한 곳에 값을 되돌려 줄 수도 있다.
사용 형식은 다음과 같다.

【형식】

```
return;
```

```
return 반환값; // 모든 데이터형 가능
```

다음의 예를 보자.

【사용 예】

```
int checkSensor() {
    if (analogRead(0) > 400) {
        return 1; // checkSensor 함수 종료하고 1을 반환한다.
    else {
        return 0; // checkSensor 함수 종료하고 0을 반환한다.
    }
}
```

5.3.4 goto

goto문은 실행 흐름을 지정된 레이블로 이동하는 용도로 사용한다. 사용 형식은 다음과 같다.

【형식】

```
레이블:
 ~
goto 레이블; // 레이블로 이동
```

```
goto 레이블; // 레이블로 이동
 ~
레이블:
```

goto는 프로그램의 순차구조(위에서 아래로 차례대로 실행)와 제어구조를 어지럽게 만드는 요소로 C와 같은 구조적 프로그래밍 언어에서는 사용을 권장하지 않으며, 아주 특별한 경우가 아니라면 사용하지 않는 것이 좋다.
아래 예는 여러 개의 반복이 중첩되어 있을 때 반복을 완전히 벗어나기 위해 goto를 사용한 경우이다.

【사용 예】

```
for (byte r = 0; r < 255; r++) {
    for (byte g = 255; g > -1; g--) {
        for (byte b = 0; b < 255; b++) {
            if (analogRead(0) > 250) goto bailout;
            analogWrite(1, b);
        }
    }
}
bailout:
```

실습 5 LED 깜박임 횟수 증가하기

LED가 0.2초 단위로 깜박이고 2초간 쉬는 과정을 반복하는데, 깜박이는 횟수가 1 ~ 5를 반복하도록 스케치를 작성하자.

(1) 하드웨어 준비물

아두이노 우노 × 1개

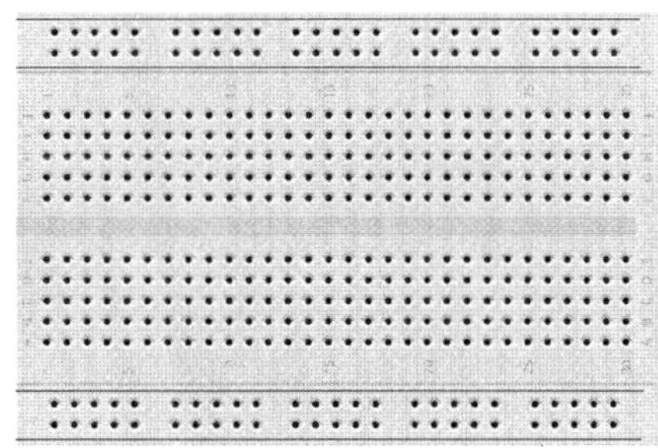

브레드보드 × 1개

5mm LED × 1개

220Ω 저항 × 1개

연결선(수-수)

표 4-25 실습 5를 위한 하드웨어

(2) 스케치 작성

❶ 아두이노 IDE를 실행하여 '파일>새 파일' 명령을 실행한다.

❷ 아래 코드와 같이 작성한다.

```
int ledPin 8;

void setup() {
    pinMode(ledPin, OUTPUT);
}

void loop() {
    for (int i = 0; i < 5; i++) {
        for (int j = 0; j <= i; j++) {
            digitalWrite(ledPin, HIGH);
            delay(200);
            digitalWrite(ledPin, LOW);
            delay(200);
        }
        delay(2000);
    }
}
```

❸ '파일>다른 이름으로 저장' 메뉴를 실행한다. 바탕화면에 'ArduinoProjects' 폴더를 선택하여 'LedBlinkIncrement'라는 이름으로 스케치를 저장한다.

❹ 도구상자의 확인 버튼( )을 눌러 스케치를 컴파일하여 업로드한다.

❺ 아두이노 보드의 실행결과를 확인한다.

6. 함수

아두이노 스케치를 구성하는 프로그램 단위는 함수이다. 이번 장에서는 아두이노 스케치에서 사용 가능한 라이브러리 함수와 프로그래머가 직접 만들어서 사용하는 사용자 정의 함수에 대해 살펴본다.

6.1 라이브러리 함수

아두이노에서는 다양한 종류의 라이브러리 함수들이 제공된다. 분류별 라이브러리 함수들을 살펴보자.

6.1.1 디지털 I/O

▶ pinMode()
디지털 핀을 입력 또는 출력으로 동작하도록 구성한다. 아날로그 입력 핀은 디지털 핀으로 사용할 수 있다. 핀 모드를 설정하지 않으면 INPUT으로 동작한다.

【형식】

```
pinMode(핀번호, 모드)
- 핀번호 : 우노의 경우 2 ~ 13(디지털 핀), A0 ~ A5(아날로그 입력 핀)
- 모드 : INPUT, OUTPUT, INPUT_PULLUP
```

▶ digitalWrite()
디지털 핀에 HIGH 또는 LOW 값을 출력한다. 아날로그 입력 핀은 디지털 핀으로 사용가능하다.

【형식】

```
digitalWrite(핀번호, 값)
- 핀번호 : 우노의 경우 2 ~ 13(디지털 핀), A0 ~ A5(아날로그 입력 핀)
- 값 : HIGH, LOW
```

【사용 예】

```
int ledPin = 13;

void setup() {
    pinMode(ledPin, OUTPUT);
}

void loop() {
    digitalWrite(ledPin, HIGH);
}
```

▶ digitalRead()

디지털 핀에서 HIGH 또는 LOW 값을 읽는다.

【형식】

```
digitalRead(핀번호)
- 핀번호 : 우노의 경우 2 ~ 13(디지털 핀), A0 ~ A5(아날로그 입력 핀)
- 반환값 : HIGH, LOW
```

【사용 예】

```
int inPin = 7;                  // 푸시버튼을 디지털 7번 핀에 연결
int val = 0;                    // 푸시버튼의 입력 값 저장

void setup() {
    pinMode(inPin, INPUT);      // 푸시버튼은 입력
}

void loop() {
    val = digitalRead(inPin);   // 푸시버튼이 눌렸는지 아닌지를 읽어온다
}
```

6.1.2 아날로그 I/O

▶ analogReference()

아날로그 입력에 사용되는 기준 전압(입력 범위의 상단으로 사용되는 값)을 설정한다. 기본 설정 값은 DEFAULT이다.

【형식】

```
analogReference(옵션)
- 옵션 : DEFAULT, INTERNAL, INTERNAL1V1, INTERNAL2V56, EXTERNAL
```

기준 전압 설정에 사용되는 옵션의 종류는 다음과 같다.

옵션	의미	비고
DEFAULT	5V 또는 3.3V 기준	보드 사용 전압
INTERNAL	ATmega168, ATmega328의 경우 내부 1.1V, ATmega8의 경우 내부 2.56V 기준	메가 보드 제외
INTERNAL1V1	내부 1.1V 기준	메가 보드만 해당
INTERNAL2V56	내부 2.56V 기준	메가 보드만 해당
EXTERNAL	AREF 핀에 인가된 전압(0 ~ 5V) 기준	

표 4-26 기준 전압 상수

아날로그 레퍼런스를 변경한 후 analogRead()의 처음 몇 개의 값은 정확하지 않을 수 있다. 또한 AREF 핀에서 외부 기준 전압으로 0V 미만이나 5V 초과 값을 사용하면 보드에 손상을 줄 수 있으므로 0 ~ 5V 이외의 값을 사용하지 않도록 주의해야 한다.

▶ analogRead()

아날로그 입력 핀으로부터 값을 읽는다. 아두이노 보드는 10비트 A/D 컨버터(ADC)가 포함되어 있는데, 0V에시 5V시이의 입력 전압을 분해히여 0에서 1023시이의 정수로 매핑하는 역할을 한다.

【형식】

```
analogRead(핀번호)
- 핀번호 : 우노의 경우 A0 ~ A5(아날로그 입력 핀)
- 반환값 : 0 ~ 1023
```

【사용 예】

```
int analogPin = A3;
int val = 0;

void setup() {
     Serial.begin(9600);
}

void loop() {
     val = analogRead(analogPin);
     Serial.println(val);
}
```

▶ analogWrite()

값을 PWM(Pulse Width Modulation, 펄스 폭 변조) 핀에 출력한다. 디지털핀 중에서 PWM 기능을 가진 핀은 핀 번호 앞에 ~ 표시가 붙어 있다. PWM은 5V출력을 On/Off 상태를 유지하여 출력하는 것이 아니라 매우 빠르게 On/Off를 반복하여 평균 전압이 낮아지는 효과를 만들어 출력하는 것이다. 아두이노에서는 500Hz 주파수, 2ms 간격으로 이 작업을 수행하며, 256단계로 구분할 수 있다. 디지털 출력 0V(0) ~ 5V(255)를 256단계로 구분해서 출력이 가능하므로 아날로그 출력이라고도 한다. 다양한 밝기로 LED를 켜거나 다양한 속도로 모터를 구동하는데 사용한다.

【형식】

```
analogWrite(핀번호, 값)
- 핀번호 : 우노의 경우 3, 5, 6, 9, 10, 11
- 값 : 0 ~ 255
```

【사용 예】

```
int ledPin = 9;

void setup() {
    pinMode(ledPin, OUTPUT);
}

void loop() {
    for (int val=0; val<256; val++) {
        analogWrite(ledPin, val);
        delay(10);
    }
}
```

6.1.3 고급 I/O

▶ tone()

핀에 지정된 주파수(50% 듀티 사이클)의 구형파(square wave)를 생성한다. 시간을 설정하지 않으면 noTone()을 호출할 때까지 계속된다. 피에조부저 또는 스피커에 연결하여 톤을 재생할 수 있으며, 한 번에 하나의 톤만 생성가능하다.

【형식】

```
tone(핀번호, 주파수)
- 핀번호 : 톤을 생성할 핀
- 주파수 : hz 단위, 우노의 경우 31 ~ 65535
```

```
tone(핀번호, 주파수, 시간)
- 시간 : ms(1/1000초) 단위
```

【사용 예】

```
tone(8, 4, 100);
```

▶ noTone()

tone()에 의해 트리거된 구형파 생성을 중지한다.

【형식】

```
noTone(핀번호)
```

【사용 예】

```
noTone(8);
```

▶ shiftOut()

LED 하나를 켜기 위해서 아두이노 디지털 핀 하나를 사용한다. 하지만 LED가 보드의 핀 개수보다 많다면 어떻게 해야 할까? 이처럼 사용해야 할 디지털 출력의 수가 많을 때 74HC595와 같은 시프트 레지스터(shift register)를 사용한다. LED 출력뿐 아니라 수십 개의 버튼 입력을 받을 때도 시프트 레지스터를 사용할 수 있다.
shiftOut()은 한 바이트의 데이터를 MSB(왼쪽 첫 번째 비트) 또는 LSB(오른쪽 첫 번째 비트)에서 시작하여 클럭 핀이 펄스될 때 한 번에 한 비트씩 데이터 핀에 출력한다. 상승 에지로 클럭된 디바이스와 연결하는 경우 shiftOut() 호출 전에 digitalWrite(clockPin, LOW)을 수행하여 클럭 핀을 LOW로 설정하여야 한다.

【형식】

```
shiftOut(데이터핀번호, 클럭핀번호, 비트순서, 데이터)
- 데이터핀번호 : 각 비트를 출력할 핀 번호, pinMode()로 미리 OUTPUT으로
```

설정하여야 한다.
- 클럭핀번호 : 클럭으로 사용하는 핀 번호, pinMode()로 미리 OUTPUT으로 설정하여야 한다.
- 비트순서 : 출력을 시작할 비트 순서로 MSBFIRST 또는 LSBFIRST
- 데이터 : 한 바이트 값

【사용 예】

```
int latchPin = 8;      // 74HC595의 SH_CP에 연결된 핀
int clockPin = 12;     // 74HC595의 DS에 연결된 핀
int dataPin = 11;

void setup() {
    pinMode(latchPin, OUTPUT);
    pinMode(clockPin, OUTPUT);
    pinMode(dataPin, OUTPUT);
}

void loop() {
    for (int i = 0; i < 256; i++) {
        digitalWrite(latchPin, LOW);
        shiftOut(dataPin, clockPin, LSBFIRST, i);
        digitalWrite(latchPin, HIGH);
        delay(1000);
    }
}
```

▶ shiftIn()

아두이노 보드에서 사용할 수 있는 디지털 입력 핀들보다 많은 입력 핀들이 필요할 경우 8비트 병렬 데이터를 입력 받아 시리얼 데이터로 바꿔주는 74HC165와 같은 시프트 레지스터를 사용하여 해결할 수 있나.

shiftIn()은 한 바이트의 시리얼 데이터를 MSB(왼쪽 첫 번째 비트) 또는 LSB(오른쪽 첫 번째 비트)에서 시작하여 클럭핀이 펄스될 때 한 번에 한 비트씩 데이터 핀으로부터 읽어온다. 상승 에지로 클럭된 디바이스와 연결하는 경우 shiftIn() 호출 전에 digitalWrite(clockPin, LOW)을 수행하여 클럭 핀을 LOW로 설정하여야 한다.

【형식】

shiftIn(dataPin, clockPin, bitOrder)
- 데이터핀번호 : 각 비트가 입력되는 핀 번호, pinMode()를 미리 INPUT으로 설정하여야 한다.
- 클럭핀번호 : 클럭으로 사용하는 핀 번호, pinMode()를 미리 OUTPUT으로 설정하여야 한다.
- 비트순서 : 입력을 시작할 비트 순서로 MSBFIRST 또는 LSBFIRST

▶ pulseIn()

핀에서 펄스(HIGH 또는 LOW)를 읽는다. 예를 들어 값이 HIGH인 경우 pulseIn()은 핀이 HIGH가 될 때까지 기다려 타이밍을 시작한 다음 핀이 LOW가 될 때까지 기다려 타이밍을 멈춘다.

【형식】

pulseIn(핀번호, 값)
- 핀번호 : 펄스를 읽어올 핀 번호
- 값 : 읽을 펄스 값, HIGH 또는 LOW
- 반환값 : 펄스의 길이(㎲), 1초 이내에 완전한 펄스를 받지 못한 경우 0

pulseIn(핀번호, 값, 시간)
- 시간 : 기다리는 시간
- 반환값 : 펄스의 길이(㎲), 지정한 시간동안 완전한 펄스를 받지 못한 경우 0

【사용 예】

```
int pin = 7;
unsigned long duration;

void setup() {
    pinMode(pin, INPUT);
}

void loop() {
    duration = pulseIn(pin, HIGH);
}
```

6.1.4 시간

▶ millis()

아두이노 보드가 현재 프로그램(스케치)을 실행한 후의 경과시간(ms)을 구한다. 이 시간은 약 50일 후에 오버플로(overflow)되어 0으로 초기화된다.

【형식】

```
millis()
- 반환값 : 현재 프로그램의 실행한 후의 경과시간(ms)
```

【사용 예】

```
unsigned long time;

void setup() {
    Serial.begin(9600);
}
```

```
void loop() {
    delay(1000);
    Serial.print("프로그램 실행후 경과시간 : ");
    time = millis();
    Serial.print(time/1000);
    Serial.println("초");
}
```

▶ micros()

아두이노 보드가 현재 프로그램(스케치)을 실행한 후의 경과시간(μs)을 구한다. 이 시간은 약 70분 후에 오버플로(overflow)되어 0으로 초기화된다.

【형식】

```
micros()
- 반환값 : 현재 프로그램의 실행한 후의 경과시간(μs)
```

【사용 예】

```
Serial.println(micros());
```

▶ delay()

지정한 시간(ms) 동안 프로그램을 일시 중지한다.

【형식】

```
delay(시간)
- 시간 : 일시 중지할 시간(ms)
```

【사용 예】

```
delay(1000); // 1초간 중지
```

▶ delayMicroseconds()
지정한 시간(μs) 동안 프로그램을 일시 중지한다.

【형식】

```
delayMicroseconds(시간)
- 시간 : 일시 중지할 시간(μs)
```

【사용 예】

```
delayMicroseconds(1000); // 1ms 중지
```

6.1.5 수학

▶ min()
두 값 중에서 작은 값을 구한다.

【형식】

```
min(값1, 값2)
- 반환값 : 두 값 중에서 작은 값
```

【사용 예】

```
minVal = min(1, 100); // 1
```

▶ max()
두 값 중에서 큰 값을 구한다.

【형식】

```
max(숫자1, 숫자2)
- 반환값 : 두 값 중에서 큰 값
```

【사용 예】

```
maxVal = max(1, 100); // 100
```

▶ abs()

지정한 숫자의 절대 값을 구한다.

【형식】

```
abs(숫자)
- 반환값 : 숫자의 절대 값
```

【사용 예】

```
absVal = abs(-100); // 100
```

▶ constrain()

예를 들어 가변저항의 값은 0 ~ 1023의 값을 가질 수 있는데, 이 값을 읽었더니 1030이라면 문제가 발생할 것이다. 이처럼 constrain 함수는 analogRead 함수를 통해 읽어온 값의 범위를 제한할 때 주로 사용한다.

【형식】

```
constrain(값, 최소값, 최대값)
- 반환값 : 최소값과 최대값 사이의 값(지정한 값이 최소값과 최대값의 사이에 있
  으면 지정한 값, 최소값보다 작으면 최소값, 최대값보다 크면 최대값)
```

【사용 예】

```
sensVal = constrain(analogRead(A3), 0, 1023); // 0~1023의 값을 가진다.
```

▶ map()

가변저항의 값을 읽어 부저의 출력 값으로 사용하려면 어떻게 해야 할까? 가변 저

항은 0 ~ 1023의 값을 가질 수 있으므로 이 값을 부저의 주파수 20 ~ 4000에 맞춰 매핑해야 한다. 이처럼 map 함수는 analogRead 함수를 통해 읽어온 값의 범위를 제한한 후 새로운 값으로 확장할 때 주로 사용한다.

【형식】

```
map(값, 최소값1, 최대값1, 최소값2, 최대값2)
- 반환값 : 최소값1~최대값2 범위의 값이 최소값2~최대값2 범위의 값으로 매핑된
  결과값
```

【사용 예】

```
sensVal = map(analogRead(A3), 0, 1023, 20, 4000);
// 0 ~ 1023의 값이 20 ~ 4000의 값으로 매핑된다.
```

map 함수의 이해를 돕기 위해 다음 예를 살펴보자.

$$y = map(x, 10, 20, 0, 100);$$

x의 값에 따른 y의 값은 다음 표와 같다.

x	10	11	12	13	14	15	16	17	18	19	20
y	0	10	20	30	40	50	60	70	80	90	100

표 4-27 map 함수 매핑 값

▶ pow()

거듭 제곱 값을 구한다.

【형식】

```
pow(숫자, 지수)
- 반환값 : 숫자의 거듭 제곱 값(실수)
```

【사용 예】

```
powVal = pow(2, 3); // 8.0
```

▶ sqrt()
제곱 근(root) 값을 구한다.

【형식】

```
sqrt(숫자)
- 반환값 : 숫자의 제곱 근(실수)
```

【사용 예】

```
rootVal = sqrt(25); // 5.0
```

6.1.6 삼각함수

▶ sin()
각도에 해당하는 사인(sine) 값을 구한다.

【형식】

```
sin(각도)
- 반환값 : 각도에 해당하는 사인 값(-1 ~ 1)
```

▶ cos()
각도에 해당하는 코사인(cosine) 값을 구한다.

【형식】

```
cos(각도)
- 반환값 : 각도에 해당하는 코사인 값(-1 ~ 1)
```

▶ tan()
각도에 해당하는 탄젠트(tangent) 값을 구한다.

【형식】

```
tan(각도)
- 반환값 : 각도에 해당하는 탄젠트 값(-∞ ~ +∞)
```

6.1.7 문자

▶ isAlphaNumeric()
해당 문자가 알파벳(A ~ Z, a ~ z) 또는 숫자(0 ~ 9)인지 여부를 알려준다.

【형식】

```
isAlphaNumeric(값)
- 반환값 : 참(1) 또는 거짓(0)
```

【사용 예】

```
Serial.println(isAlphaNumeric('~')); // 0 출력
Serial.println(isAlphaNumeric(97)); // 1 출력, 97은 'a'의 아스키 코드 값
```

▶ isAlpha()
알파벳(A ~ Z, a ~ z)인지 여부를 알려준다.

【사용 예】

```
Serial.println(isAlpha(48)); // 0 출력, 48은 '0'의 아스키 코드 값
```

▶ isAscii()
해당 문자가 아스키인지 여부를 알려준다.

【사용 예】

```
Serial.println(isAscii(127)); // 1 출력, 아스키코드는 7비트(0~127)
Serial.println(isAscii(128)); // 0 출력
```

▶ isWhitespace()
해당 문자가 화이트스페이스, 즉 공백 또는 탭인지 여부를 알려준다.

【사용 예】

```
Serial.println(isWhitespace('\t')); // 1 출력
```

▶ isSpace()
해당 문자가 공백인지 여부를 알려준다.

▶ isUpperCase()
해당 문자가 알파벳 대문자(A ~ Z)인지 여부를 알려준다.

▶ isLowerCase()
해당 문자가 알파벳 소문자(a ~ z)인지 여부를 알려준다.

▶ isDigit()
해당 문자가 숫자(0 ~ 9)인지 여부를 알려준다.

▶ isHexadecimalDigit()
해당 문자가 16진수(0 ~ 9, A ~ F(a ~ f))인지 여부를 알려준다.

6.1.8 난수

난수란 누구든지 어떤 수가 나올지 예측할 수 없는 무작위로 추출된 수를 말한다. 난수를 얻기 위해서는 먼저 시드(seed)로 난수 발생기를 초기화하여야 한다.

▶ randomSeed()

난수 발생기를 초기화한다.

【형식】

```
randomSeed(시드)
- 시드 : 일반적으로 타이머를 이용하나 아두이노의 경우 시스템에서 제공하는 타
  이머가 없기 때문에 외부회로에 연결되지 않은 아날로그 입력 핀을 이용한다.
```

【사용 예】

```
randomSeed(analogRead(0));
```

▶ random()

난수를 발생한다.

【형식】

```
random(최대값)
- 최대값 : 생성할 난수의 최대값
- 반환값 : 0 ~ 최대값-1
```

```
random(최소값, 최대값)
- 최소값 : 생성할 난수의 최소값
- 반환값 : 최소값 ~ 최대값-1
```

【사용 예】

```
long randNumber = random(300) + 1; // 1 ~ 300
Serial.println(randNumber);
```

공부해요 실습 3 회로로 LED 무작위 켜기

7개의 LED를 가지고 있으므로 0 ~ 6의 난수를 발생시켜 1초간 해당 LED를 켜도록 코드를 수정해 테스트해 보자.
아래와 같이 코드를 작성하면 된다.

```
#define LED1  5        // 1번
#define LED2  6        // 2번
#define LED3  7        // 3번
#define LED4  8        // 4번
#define LED5  9        // 5번
#define LED6 10        // 6번
#define LED7 11        // 7번
#define OFFSET 5       // 5번 핀부터 시작

int leds[] = { // 7개
    LED1, LED2, LED3, LED4, LED5, LED6, LED7
};
int numOfLeds = sizeof(leds) / sizeof(leds[0]); // LED 개수

void setup() {
    Serial.begin(9600);
    for (int i = 0; i < numOfLeds; i++) { // LED 핀을 출력으로 설정
        pinMode(leds[i], OUTPUT);
    }
    randomSeed(analogRead(0)); // 난수발생기 초기화
}

void loop() {
    long ledNumber = random(numOfLeds) + OFFSET; // LED 선택
```

```
    Serial.print(ledNumber);
    Serial.print("번 LED ON\n");
    digitalWrite(ledNumber, HIGH);      // LED 켜기
    delay(1000);
    digitalWrite(ledNumber, LOW);       // LED 끄기
    delay(10);
}
```

6.1.9 비트 및 바이트

▶ lowByte()

지정한 값의 하위(가장 오른쪽) 바이트를 추출한다.

【형식】

```
lowByte(값)
- 반환값 : 값의 하위 바이트
```

【사용 예】

```
lowVal = lowByte(256); // 0
```

▶ highByte()

지정한 값의 상위(가장 왼쪽) 바이트를 추출한다.

【형식】

```
highByte(값)
- 반환값 : 값의 상위 바이트
```

【사용 예】

```
highVal = highByte(256); // 1
```

▶ bitRead()

지정한 값의 번호(가장 오른쪽의 비트가 0)에 해당하는 비트를 추출한다.

【형식】

```
bitRead(값, 비트번호)
- 반환값 : 값에서 번호에 해당하는 비트(0 또는 1)
```

【사용 예】

```
System.println(bitRead(256, 8)); // 1 출력
```

▶ bitWrite()

변수의 번호에 해당하는 비트를 0 또는 1로 변경한다.

【형식】

```
bitWrite(변수, 번호, 비트)
- 비트 : 0 또는 1
```

【사용 예】

```
int x = 3;              // B11
bitWrite(x, 0, 0);      // 0번 비트를 0으로 변경, B10
Serial.println(x);      // 2 출력
```

▶ bitSet()

변수의 번호(가장 오른쪽의 비트가 0)에 해당하는 비트를 1로 변경한다.

【형식】

```
bitSet(변수, 번호)
```

【사용 예】

```
int x = 4;              // B100
bitSet(x, 0);           // 0번 비트를 1로 변경, B101
Serial.println(x);      // 5 출력
```

▶ bitClear()

변수의 번호에 해당하는 비트를 0으로 변경한다.

【형식】

```
bitClear(변수, 번호)
```

【사용 예】

```
int x = 127;            // B1111111
bitClear(x, 1);         // 0번 비트를 1로 변경, B1111101
Serial.println(x);      // 125 출력
```

▶ bit()

번호에 해당하는 비트의 가중치를 구한다.

【형식】

bit(번호)
- 반환값 : 번호에 해당하는 비트의 가중치($2^{번호-1}$)

【사용 예】

```
Serial.println(bit(5)); // 16 출력
```

6.1.10 인터럽트

인터럽트는 인터럽트 핀으로 지정된 디지털 핀의 input 상태가 원하는 모드와 일치하면 미리 등록한 인터럽트 콜백 함수(interrupt service routine)를 자동으로 호출해주는 기능이다. 아두이노는 인터럽트가 발생하면 실행 중이던 loop 함수 안의 루틴은 인터럽트 콜백 함수가 끝날 때까지 대기상태로 된다. 이와 같은 인터럽트를 하드웨어 인터럽트 또는 외부 인터럽트라고 부른다.
인터럽트는 시스널 상태에 따라 자동으로 특정 동작을 수행할 수 있도록 해주며, 타이밍 문제를 해결할 수 있는 강력한 기능이다. 아두이노 인터럽트 핀은 다음과 같다.

보드	인터럽트 핀
우노, 나노, 미니, 기타 328 기반 보드	2, 3
메가, Mega2560, 메가ADK	2, 3, 18, 19, 20, 21
마이크로, 레오나르도, 기타 32u4 기반 보드	0, 1, 2, 3, 7
제로	4를 제외한 모든 디지털 핀
MKR1000 Rev.1	0, 1, 4, 5, 6, 7, 8, 9, A1, A2
듀에, 101	모든 디지털 핀

표 4-28 인터럽트 핀

궁금해요 **콜백 함수**

프로그래밍에서 콜백(callback)은 다른 코드의 인수로서 넘겨주는 실행 가능한 코드를 말한다. 콜백을 넘겨받는 쪽에서는 콜백을 즉시 실행할 수도 있고, 아니면 나중에 실행할 수도 있다.

아두이노 하드웨어 인터럽트 사용시 주의사항은 다음과 같다.

- 인터럽트 콜백 함수 ISR은 파라미터를 전달하거나 리턴할 수 없다. void 콜백함수이름() 형태가 된다.
- ISR은 최대한 짧고 빠르게 수행되도록 작성한다.
- 여러 개의 ISR이 등록되어 있더라도 동시에 수행되지는 않는다. 현재 인터럽트가 완료된 후 우선순위에 따라 다음 인터럽트가 수행된다.
- millis()는 인터럽트를 사용하여 계산하므로 ISR 내에서 증가하지 않는다.
- delay()는 인터럽트가 작동해야하기 때문에 ISR 내부에서 호출되면 인터럽트가 작동하지 않는다. 그러므로 ISR 안에서는 함수를 사용할 수 없다.
- micros()는 처음에는 작동하지만 1 ~ 2ms 후에 이상하게 작동한다. 인터럽트를 사용하지 않는 delayMicroseconds()의 경우는 정상 동작한다.
- ISR 안에서 수정되는 전역 변수는 volatile로 선언해야 한다.
- ISR 안에서 시리얼 통신 데이터를 읽을 경우 값이 없어진다.
- 블루투스 모듈과의 통신을 위해 주로 사용되는 SoftwareSerial 라이브러리의 경우 내부적으로 인터럽트를 사용하므로 우노의 경우 D2, D3에 연결해야만 정상 동작한다. 이를 회피하기 위해서 D0, D1 핀에 연결해서 하드웨어 시리얼로 동작시킬 수 있다.

아두이노 인터럽트와 관련된 라이브러리 함수에 대해 살펴보자.

▶ attachInterrupt()

인터럽트를 등록한다.

【형식】

```
attachInterrupt(digitalPinToInterrupt(핀번호), ISR, 모드);
- 핀번호 : 인터럽트 핀 번호(우노는 2 또는 3)
- ISR : 인터럽트 발생시 처리할 함수
- 모드 : 인터럽트가 수행될 조건으로 LOW, CHANGE, RISING, FALLING, HIGH
  중 선택
```

인터럽트 트리거 모드는 다음과 같다.

모드	의미	비고
LOW	핀 수준이 LOW일 때 인터럽트 트리거	
CHANGE	핀 수준이 바뀔 때 인터럽트 트리거	
RISING	핀 수준이 LOW에서 HIGH로 변경될 때 인터럽트 트리거	
FALLING	핀 수준이 HIGH에서 LOW로 변경될 때 인터럽트 트리거	
HIGH	핀 수준이 HIGH일 때 인터럽트 트리거	Due, Zero, MKR1000, 101 보드만 해당

표 4-29 인터럽트 트리거 모드

【사용 예】

```
const byte ledPin = 13;
const byte interruptPin = 2;
volatile byte state = LOW;

void setup() {
    pinMode(ledPin, OUTPUT);
    pinMode(interruptPin, INPUT_PULLUP);

    // 2번 핀수준이 바뀌면 blink() 호출
    attachInterrupt(digitalPinToInterrupt(interruptPin), blink, CHANGE);
}

void loop() {
    digitalWrite(ledPin, state);
}
```

```
void blink() { // 사용자 정의 함수
    state = !state;
}
```

▶ detachInterrupt()

등록된 인터럽트를 해제한다.

【형식】

```
detachInterrupt(digitalPinToInterrupt(pin));
- 핀번호 : attachInterrupt 함수에서 등록한 인터럽트 핀번호
```

▶ interrupts()

인터럽트는 기본적으로 활성화되는데, interrupts()는 noInterrupts()로 비활성화된 인터럽트를 활성화시킬 때 사용한다. 인터럽트를 사용하면 백그라운드에서 중요한 작업을 수행할 수 있다. 하지만 인터럽트는 코드의 타이밍을 방해 할 수 있으며, 특히 중요한 코드 섹션에서는 사용할 수 없다.

【형식】

```
interrupts();
```

▶ noInterrupts()

인터럽트를 비활성화시킨다. 인터럽트가 비활성화되면 일부 기능이 작동되지 않으며, 통신 수신은 무시될 수 있다.

【형식】

```
noInterrupts();
```

noInterrupts()와 interrupts()는 아래와 같은 방법으로 주로 사용된다.

【사용 예】

```
void loop() {
    :
  noInterrupts();
  // 중요한, 시간에 민감한 코드 작성
  interrupts();
    :
}
```

6.2 사용자 정의 함수

우리가 즐겨 입는 소매가 있는 티셔츠를 직접 만든다고 가정해보자. 티셔츠 전체를 생각하면 소매부터 만들지 앞판부터 만들지 뒤판부터 만들지, 각각은 또 어떻게 만들지 고민될 것이다. 하지만 티셔츠를 구성하는 부분을 분리해서 앞판, 뒤판, 왼쪽 소매, 오른쪽 소매로 나누어 생각하면 전체를 생각할 때보다 생각이 단순해진다. 앞판, 뒤판, 왼쪽 소매, 오른쪽 소매는 순서와 상관없이 아무거나 먼저 만들어도 된다. 이때 양쪽 소매 모양을 동일하게 만든다면 양쪽 본을 만들지 않아도 뒤집어서 사용하면 되기 때문에 한쪽 소매 본만 있으면 된다. 각각을 다 만든 다음에 앞판과 뒤판을 연결하고, 왼쪽이든 오른쪽이든 아무거나 먼저 한쪽 소매를 달고 다른 쪽 소매를 달면 티셔츠를 완성할 수 있다. 티셔츠가 완성되고 옷을 입어봤더니 오른쪽 소매가 길었다면 옷 전체를 수선할 필요 없이 오른쪽 소매만 수선하면 될 것이다. 이처럼 전체를 부분으로 나누어 만들면 복잡한 문제를 단순화 시킬 수 있으며, 소매 본이 하나만 있으면 되는 것처럼 중복된 일을 제거할 수 있으며, 어떤 기능에 문제가 생겼다면 문제가 있는 부분만 고치면 되므로 오류를 수정하기 편리해 진다.
보통 프로그래밍에 익숙하지 않은 초보 개발자들은 아두이노 보드에서 처리해야 할 일을 setup()과 loop()에만 작성하는 경우가 많다. 여러분은 이제부터 처리해야 할 일을 기능별로 분리해서 작성하고(함수 정의), 그 다음에 이것들을 연결하는(함수 호출) 방법으로 프로그램을 작성하기 바란다.

6.2.1 함수 정의

함수를 만드는 과정을 함수 정의라고 한다. 함수 정의는 다음의 형식에 따라 작성한다.
함수는 위의 형식에서 첫 번째 줄을 함수의 중요 정보를 담고 있다고해서 함수의 머리(head)라고 하며, { } 부분을 함수의 몸통(body)라고 한다.

【형식】

```
데이터형 함수이름(데이터형 매개변수이름1, 데이터형 매개변수이름2, …)      머리
{
    처리할 문장;
        :                                                                      몸통
    return 반환값;       //함수를 호출한 쪽에 되돌려 주는 값
                         //이 값의 형태가 함수의 데이터형
}
```

궁금해요 **매개변수**

두 개의 함수 사이에 데이터를 주고받을 때(전달할 때) 사용하는 변수를 매개변수(parameter)라 한다. 데이터를 전달하기 위해 함수를 호출할 때 사용한 매개변수를 실 매개변수라고 하며, 함수를 호출시 전달된 데이터를 보관하기 위해 함수를 정의할 때 선언된 매개변수를 형식 매개변수라 한다. 실 매개변수를 형식 매개변수로 전달하는 방식은 다음과 같다.

- 값에 의한 호출(call by value) : 실 매개변수에 저장되어 있는 값을 전달한다.
- 참조에 의한 호출(call by reference) : 실 매개변수가 위치하는 메모리 주소가 전달된다.

현재 사용하고 있는 대부분의 프로그래밍 언어는 위 두 가지 방식을 모두 지원해 준다. C 언어는 기본적으로 값이 전달되며, 주소를 전달하기 위해서는 실 매개변수는 주소를, 형식 매개변수는 포인터 변수를 사용해야 한다.

함수의 머리는 함수 형식에서 보는 바와 같이 데이터형, 함수이름, 매개변수 리스트 세 부분으로 구분된다.

데이터형 ①	함수이름 ②	(데이터형 매개변수이름1, 데이터형 매개변수이름2, …) ③

① 데이터형은 함수에서 호출한 곳으로 되돌려주는 값(반환 값)의 형태를 나타낸다. 예를 들어 반환 값이 100이라면 int를, 100.5라면 double을 적으면 된다.
② 함수이름은 함수가 어떤 기능을 수행하는지를 나타낸다. 식별자 이름 규칙에 따라 이름을 지으면 된다.
③ 매개변수 리스트는 함수가 기능을 하는데 필요한 값들이다. 예를 들어 BMI(체질량지수)를 구하는 함수라면 키와 몸무게 값이 주어져야 한다.

함수의 몸통은 함수가 수행하는 기능을 기술한 문장들로 구성된다. 이 문장들 중에는 return 문이 포함되어야 하는데(함수의 데이터형이 void일 경우는 없어도 된다), 이 문장의 역할은 함수를 호출한 곳으로 반환 값을 가지고 되돌아가는 것이다. 즉 return을 만나면 함수는 종료된다.

【사용 예 - 매개변수가 없는 함수】

```
double getPi(void) { // void는 생략 가능, double getPi()
    return 3.141592;
}
```

【사용 예 - 반환값이 없는 함수】

```
void printMenu() {
    Serial.println("1. 가스레인지 켜기");
    Serial.println("2. 보일러 켜기");
    Serial.println("3. 전등 켜기");
    return; // return; 생략 가능
}
```

6.2.2 함수 호출

함수를 정의했다면 필요할 때마다 불러서 사용하면 된다. 함수를 불러서 사용하는 것을 함수 호출이라고 한다.

【형식】

```
함수이름(값1, 값2, …)
```

【사용 예】

```
Serial.println("원주율은 ");
Serial.println(getPi(), DEC); // 함수 호출
```

6.2.3 함수 선언

아래 두 개의 C 프로그램을 살펴보자. 첫 번째 프로그램은 함수 호출이전에 함수 정의가 되어 있어 정상적으로 동작한다. 하지만 두 번째 프로그램은 함수 정의가 함수 호출이후에 있기 때문에 컴파일 에러가 발생한다.

【사용 예 - 함수 정의가 호출 이전에 있을 경우】

```
#include <stdio.h>

// getBmi() 정의, bmi를 구하는 함수
double getBmi(double height, double weight) { // 몸무게(kg), 키(m)
    double bmi = weight / (height * height);    // bmi = 몸무게 / 키²
    return bmi;
}

int main(void) {
    double weight, height; // 몸무게, 키
```

```
    printf("몸무게를 입력하세요(kg) : ");
    scanf("%lf", &weight);
    printf("키를 입력하세요(cm) : ");
    scanf("%lf", &height);

    printf("BMI : %lf\n", getBmi(weight, height/100)); // getBmi() 호출
    return 0;
}
```

【사용 예 - 함수 정의가 호출 이후에 있을 경우】

```
#include <stdio.h>

int main(void) {
    double weight, height; // 몸무게, 키

    printf("몸무게를 입력하세요(kg) : ");
    scanf("%lf", &weight);
    printf("키를 입력하세요(cm) : ");
    scanf("%lf", &height);

    printf("BMI : %lf\n", getBmi(weight, height/100)); // getBmi() 호출, 에러
    return 0;
}

// getBmi() 정의, bmi를 구하는 함수
double getBmi(double height, double weight) { // 몸무게(kg), 키(m)
    double bmi = weight / (height * height);    // bmi = 몸무게 / 키^2
    return bmi;
}
```

위 두 예에서 살펴본 것처럼 표준 C 프로그램에서는 함수를 호출하기 전에 정의되어 있지 않으면 컴파일 에러가 발생한다(아두이노에서는 함수 정의가 어디에 있던지 간에 에러가 발생하지 않는다). 따라서 표준 C 프로그램에서 함수 호출 뒤에 함수를 정의할 경우에는 아래와 같이 함수를 선언해야 한다.

【사용 예 - 함수 선언】

```
#include <stdio.h>

double getBmi(double height, double weight); // getBmi() 선언

int main(void) {
    double weight, height; // 몸무게, 키

    printf("몸무게를 입력하세요(kg) : ");
    scanf("%lf", &weight);
    printf("키를 입력하세요(cm) : ");
    scanf("%lf", &height);

    printf("BMI : %lf\n", getBmi(weight, height/100)); // getBmi() 호출
    return 0;
}

// getBmi() 정의, bmi를 구하는 함수
double getBmi(double height, double weight) { // 몸무게(kg), 키(m)
    double bmi = weight / (height * height);    // bmi = 몸무게 / 키^2
    return bmi;
}
```

함수 선언을 하지 않기 위해 함수 정의를 호출이전에 한다면 어떤 일이 발생할까? 언뜻 생각하면 함수 선언을 굳이 할 필요없이 호출 이전에 정의를 하면 선언하지 않아도 되기 때문에 훨씬 편해 보일 것이다. 그럼에도 불구하고 함수 정의를 호출보다 뒤쪽에 하는 이유는 C 프로그램의 실행이 main 함수에서 시작하기 때문이다. 우리가 만든 함수들은 대부분 main 함수에서 호출(아두이노에서는 loop 함수가 대부분 호출)하기 때문에 길이가 긴 프로그램의 경우 main 함수가 뒤쪽으로 밀리게 된다. 그렇게 되면 프로그램의 실행을 알아보기 위해 main 함수(아두이노에서는 loop 함수)를 찾아가는데 시간이 오래 걸리게 된다. 따라서 프로그램 내에 어떤 함수들이 있는지 미리 알 수 있도록 함수 선언을 앞부분에 해주는 것이 프로그램을 더 읽기 쉽게 만들어 준다.

함수 선언은 아래와 같이 함수 정의의 머리 부분을 그대로 적고 마지막에 세미콜론(;)을 붙이면 된다. C 프로그램에서는 main() 바로 앞에 함수 선언을 해주면 되며, 아두이노 스케치에서는 함수 선언을 하지 않아도 에러가 발생하지 않지만 setup() 바로 앞에 함수 선언을 해주는 것이 좋다.

【사용 예】

```
double getBmi(double height, double weight); // bmi를 구하는 함수
        // 매개변수 이름 생략 가능, double getBmi(double, double);
double getPi(void);      // 원주율을 알려주는 함수, () 안의 void는 생략가능
void printMenu(void); // 메뉴를 출력하는 함수, () 안의 void는 생략가능
```

실습 6 사용자 정의 함수 사용하기

13번핀 LED를 지정한 횟수만큼 0.2초 단위로 깜박이도록 하는 스케치를 작성해 보자. LED를 켜는 함수, LED를 끄는 함수, 지정한 횟수만큼 깜박이는 함수를 별도로 만들고 호출해서 사용하도록 한다.

(1) 하드웨어 준비물

아두이노 우노 × 1개

표 4-30 실습 6을 위한 하드웨어

(2) 스케치 작성

❶ 아두이노 IDE를 실행하여 '파일>새 파일' 명령을 실행한다.

❷ 아래와 같이 코드를 작성한다.

```
void ledOff(int pinNo);// LED를 켜는 함수
void ledOn(int pinNo);// LED를 끄는 함수
void ledBlink(int pinNo, int count); // LED를 count만큼 깜박이는 함수

void setup() {
   Serial.begin(9600);
   pinMode(LED_BUILTIN, OUTPUT);
   ledOff(LED_BUILTIN);
}

void loop() {
   int count;
   Serial.println("LED를 몇 번 깜박일까요?");
   do {
```

```
        count = Serial.readString().toInt(); // 숫자 문자열을 정수로 변환
        delay(100);
    } while (count < 1); // 0보다 큰 수가 입력될 때까지 기다림

    Serial.print("LED 깜박임 횟수는 ");
    Serial.println(count);
    ledBlink(LED_BUILTIN, count);
}
```

❸ '파일>저장' 메뉴를 실행한다. 바탕화면에 'ArduinoProjects' 폴더를 선택하여 'BuiltinLedBlink'라는 이름으로 스케치를 저장한다.

❹ 파일탭의 오른쪽 드롭다운 버튼(▼)을 눌러 '새 탭'을 눌러 새로운 파일 이름을 'LedOnOff'을 입력하고 '확인' 버튼을 누른다.

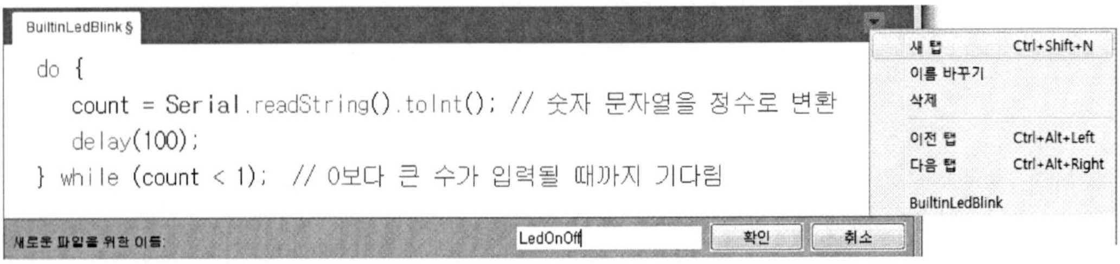

그림 4-41 새 탭 생성

❺ 'LedOnOff'에 아래와 같이 코드를 작성한다.

```
// LED On
void ledOff(int pinNo) {
    digitalWrite(pinNo, LOW);
    delay(200);
}

// LED Off
void ledOn(int pinNo) {
```

```
    digitalWrite(pinNo, HIGH);
    delay(200);
}

// LED OnOff
void ledBlink(int pinNo, int count) {
    for ( ; count; count--) { // count가 0이 될 때까지 반복
        ledOn(pinNo);
        ledOff(pinNo);
    }
}
```

❻ 도구상자의 확인 버튼( )을 눌러 스케치를 컴파일하여 업로드한다.

❼ 도구상자의 시리얼 모니터 버튼( )을 눌러 입력란에 숫자를 입력한 후 아두이노 보드의 13번핀 LED의 깜빡임 횟수를 세어보자.

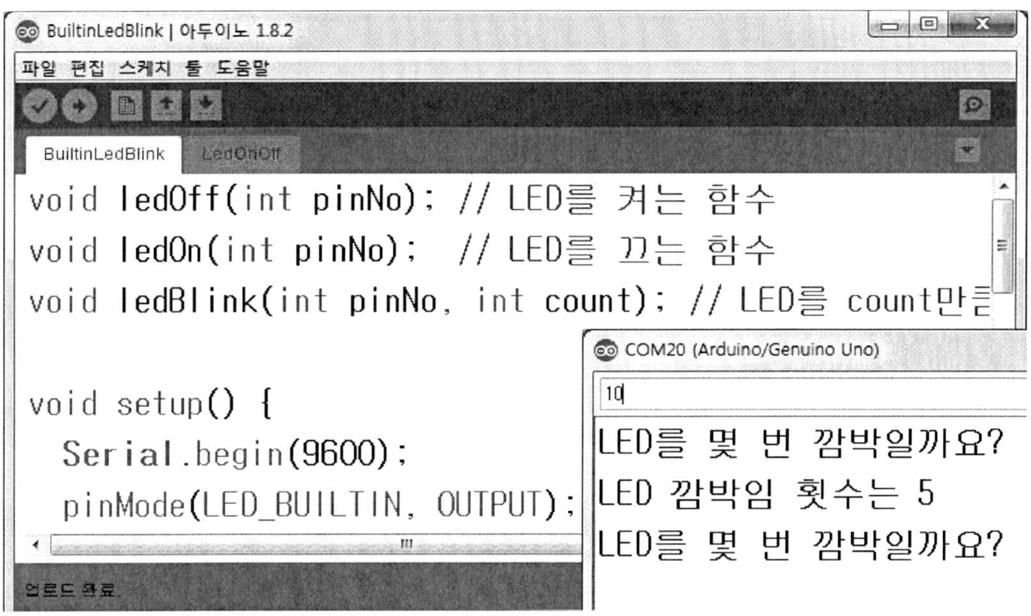

그림 4-42 실습 6 실행결과

5장 아두이노 프로그래밍

아두이노 우노 보드와 각종 센서를 사용하여 다양한 기능을 하는 아두이노 프로그램을 작성해 본다.

1. 디지털 입출력

2. 아날로그 입출력

2.1 아날로그 출력

2.2 아날로그 입력

3. 센서 입력

3.1 모션 센서

3.2 온습도 센서

3.3 조도 센서

3.4 조음파 센서

4. 아날로그 PWM 출력

4.1 피에조 부저

4.2 서보 모터

4.3 DC 모터

5. 블루투스 통신

5.1 블루투스 통신 개요

5.2 아두이노 블루투스 통신

5.3 안드로이드 블루투스 앱

1. 디지털 입출력

우리는 이미 이전의 실습에서 아두이노 보드의 디지털 핀에 LED를 연결한 후 LED를 켜고 끄는 스케치를 작성해 보았다.
아두이노 우노의 경우 D2 ~ D13 핀들에 들어오는 전압(0 ~ 5V)을 읽을 수도 있고 전압을 출력할 수도 있는데, 이런 동작을 수행하는 함수가 digitalRead(), digitalWrite()이다. 이 함수는 on(5V, HIGH)과 off(0V, LOW)의 두 가지 상태를 읽고 쓸 수 있다. 실습을 통해 어떻게 동작하는지 살펴보자.

실습 7 스위치를 눌러 LED 켜기

우노의 디지털 핀에 택트 스위치와 LED를 연결하여 스위치를 눌렀을 때 LED가 켜지는 프로그램을 작성해 보자.

(1) 하드웨어 준비물

▶ 택트 스위치
택트 스위치(tact switch)는 누르면 딸깍 소리가 나는 푸시버튼 타입의 스위치로 4개의 다리를 가지고 있다. 스위치를 누르지 않았을 때는 하나의 다리를 기준으로 위쪽 또는 오른쪽 다리중 거리가 먼 곳에 있는 다리끼리 서로 연결되어 있고 스위치를 누르면 모두 연결된다. 따라서 아래 외형 그림에서 보는 바와 같이 빨간색 다리중 한 곳, 파란색 다리중 한 곳을 선택하여 사용하면 된다.

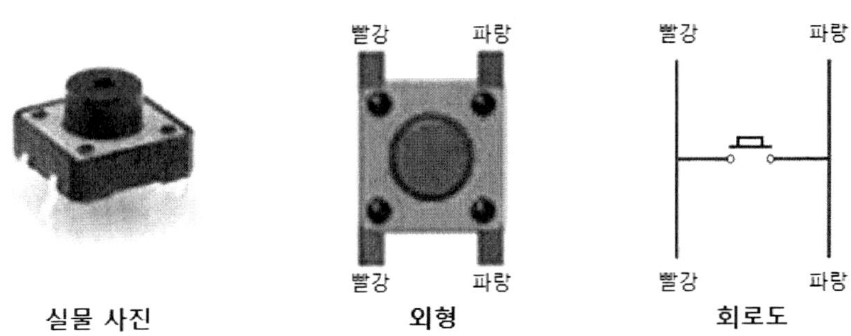

그림 5-1 택트 스위치

아두이노 우노 × 1개

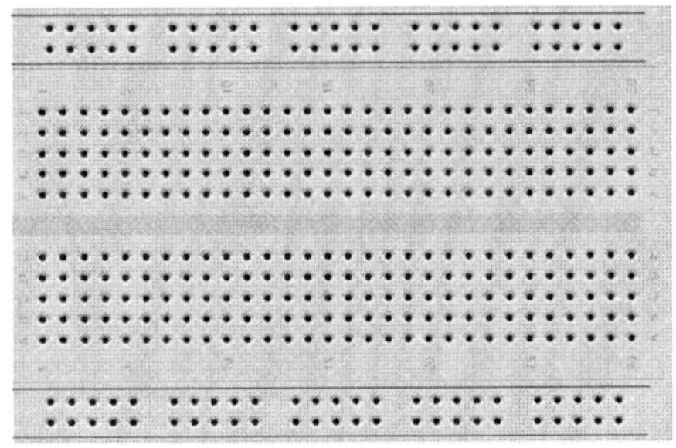

브레드보드 × 1개

택트 스위치 × 1개

5mm LED × 1개

10kΩ 저항 × 1개

220Ω 저항 × 1개

연결선(수-수)

표 5-1 실습 7을 위한 하드웨어

▶ 풀업 저항과 풀다운 저항

디지털 칩의 입력 단자에 VCC(5V)가 연결되어 있으면 HIGH 상태, GND(0V)에 연결되어 있으면 LOW 상태가 된다. 하지만 아무 것도 연결되어 있지 않다면 HIGH도 LOW도 아닌 상태에 있게 되는데, 이 상태를 플로팅되었다라고 한다.

아래 회로에서 스위치를 누르면 IN에 5V가 입력되지만 스위치를 누르지 않았다면 0V가 입력되는 것이 아니라 그냥 연결이 단절되어 있는 플로팅 상태에 놓이게 된다.

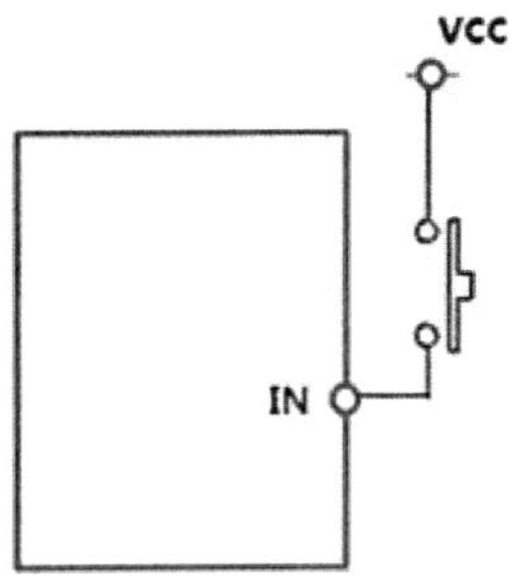

그림 5-2 플로팅 상태

플로팅 상태는 잡음에 매우 취약하므로 시스템이 불안정하여 오작동이 발생할 수 있다. 이를 해결하기 위해서 칩의 입력단자에 풀업(pull-up) 또는 풀다운(pull-down) 저항을 연결하여 사용한다. 외부 변화가 생기기 전에 입력 핀을 VCC 입력 상태로 묶어두는 것이 풀업 저항이며, GND 입력 상태로 묶어두는 것이 풀다운 저항이다. 따라서 풀업 저항을 사용하면 회로의 전압은 스위치가 열려 있을 때(누르지 않았을 때) 5V, 스위치를 닫는다면(눌렀을 때) 0V가 된다. 반대로 풀다운 저항을 사용하면 회로의 전압은 스위치가 열려 있을 때 0V, 스위치를 닫는다면 5V가 된다. 일반적으로 풀다운보다는 풀업이 노이즈에 강해 풀업 저항을 많이 사용한다.

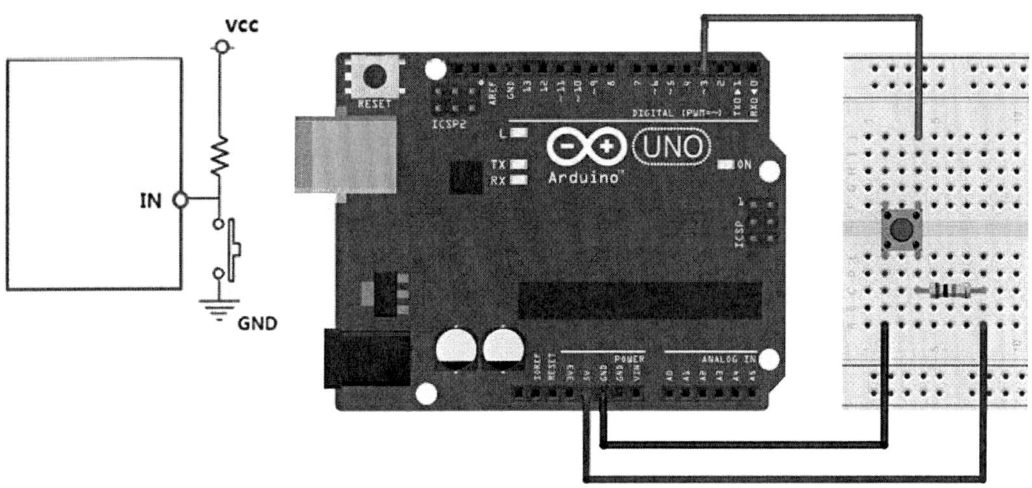

그림 5-3 풀업 저항

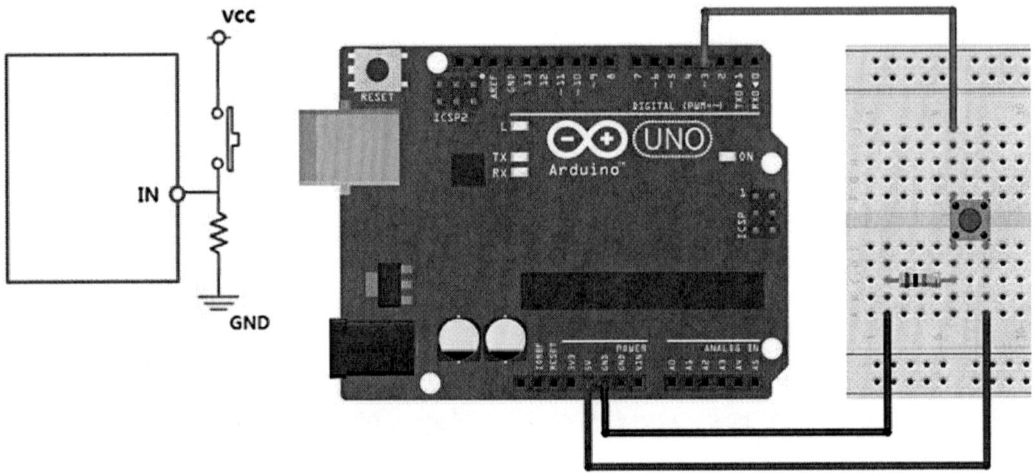

그림 5-4 풀다운 저항

디지털 회로에서 대부분 푸시 타입의 스위치는 풀업 또는 풀다운 회로로 구성해 사용한다. 이 때 사용하는 저항의 크기는 스위치를 눌렀을 때 형성되는 페회로에 흐르는 전류의 크기를 감안하여 결정한다. 일반적으로 이 전류의 크기는 수 mA가 되도록 하며, 보통은 수 kΩ 정도의 저항을 사용하면 된다.

(2) 하드웨어 구성

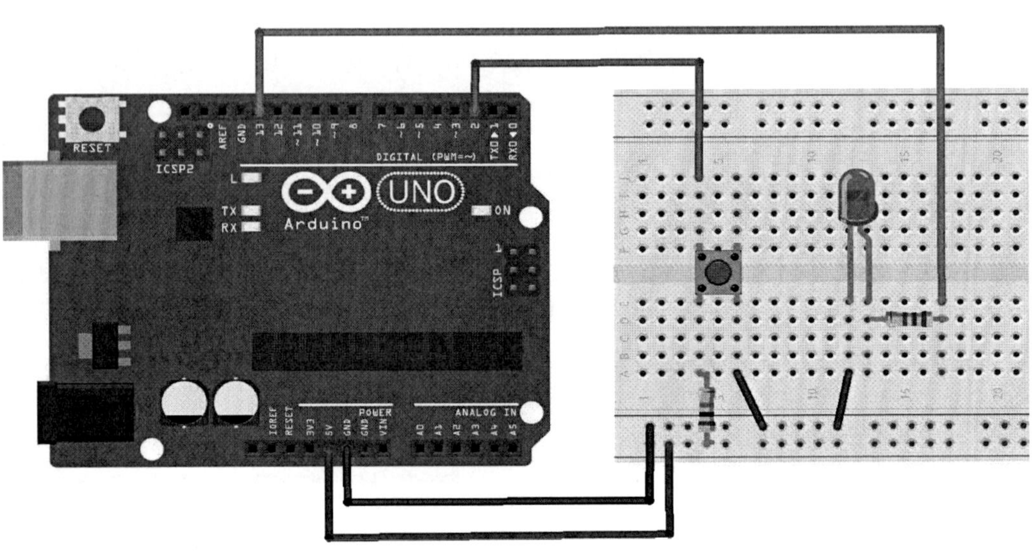

그림 5-5 실습 7을 위한 회로도 - 풀다운 저항

(3) 스케치 작성

❶ 아두이노 IDE를 실행하여 '파일>새 파일' 명령을 실행한다.

❷ 아래 코드를 작성한다.

```
int ledPin = 13;        // LED 핀 - 출력
int switchPin = 2;      // 스위치 핀 - 입력

void setup() {
    pinMode(ledPin, OUTPUT);
    pinMode(switchPin, INPUT);
}

void loop() {
    digitalWrite(ledPin, digitalRead(switchPin));
}
```

❸ '파일>저장' 메뉴를 실행한다. 바탕화면에 'ArduinoProjects' 폴더를 선택하여 'LedOnOff_PushButton_Pulldown'이라는 이름으로 스케치를 저장한다.

❹ 도구상자의 확인 버튼( )을 눌러 스케치를 컴파일하여 업로드한다.

❺ 택트 스위치를 눌렀을 때 LED가 꺼지는지 확인한다.

공부해요 풀업 저항 회로로 테스트 해보기

하드웨어 회로를 풀업 저항을 사용하여 구성하여 위의 스케치 프로그램을 테스트보자.
풀다운과 풀업이 반대로 동작한다는 것을 알 수 있을 것이다. 풀다운처럼 스위치를 누르면 켜지도록 하도록 딱 한글자만 추가하면 된다.

```
digitalWrite(ledPin, !digitalRead(switchPin));
```

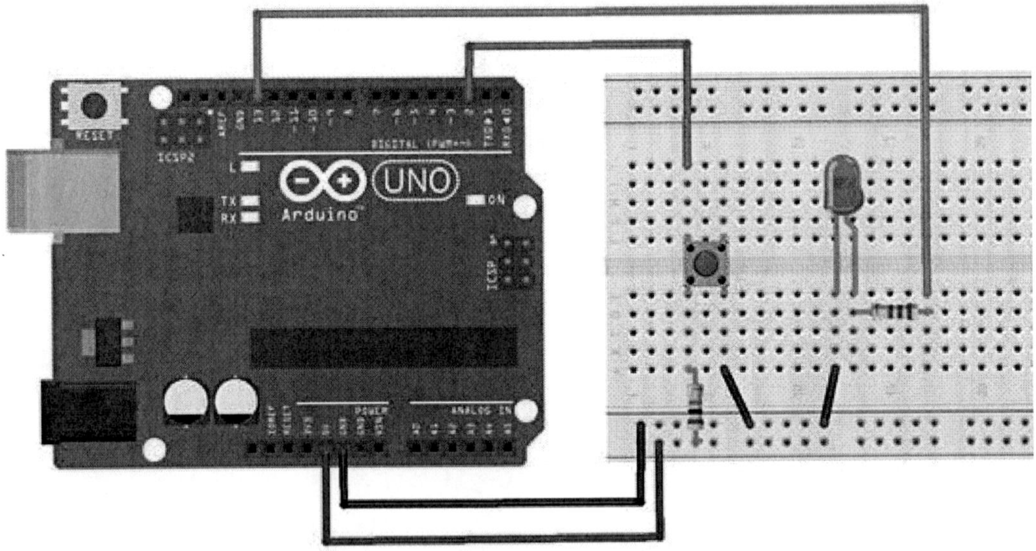

그림 5-6 실습 7을 위한 회로도 - 풀업 저항

공부해요 토글 스위치처럼 사용하기

택트 스위치를 누르면 LED가 켜지고 다시 누르면 LED가 꺼지기를 반복하는 스케치를 테스트 해보자.
'파일>예제>02.Digital>Debounce' 메뉴를 실행하여 업로드하면 된다.

2. 아날로그 입출력

아두이노는 ADC와 PWM으로 아날로그 입력과 출력을 수행할 수 있다. 아날로그 입출력 함수는 analogRead()와 analogWrite()이다.

2.1 아날로그 출력

아두이노의 디지털 핀은 LOW(0V, 0) 또는 HIGH(5V, 1) 두 가지 신호외에는 출력할 수 없으며, 전압의 관점에서 보면 0V와 5V만 가질 수 있다. 하지만 PWM 기능을 이용하면 analgWrite 함수로 마치 아날로그 전압처럼 0V와 5V 사이의 전압을 256단계(0 ~ 255)로 출력할 수 있다. PWM은 펄스폭을 조절해서 전류를 조정하는 것으로 이 기능으로 조명 밝기를 제어하거나 부저 소리를 제어할 수 있다.
아두이노 자체에서 전압을 조절하는 능력은 없지만 PWM은 아날로그 출력을 흉내내는 것인데, 그 원리는 다음 그림과 같다.

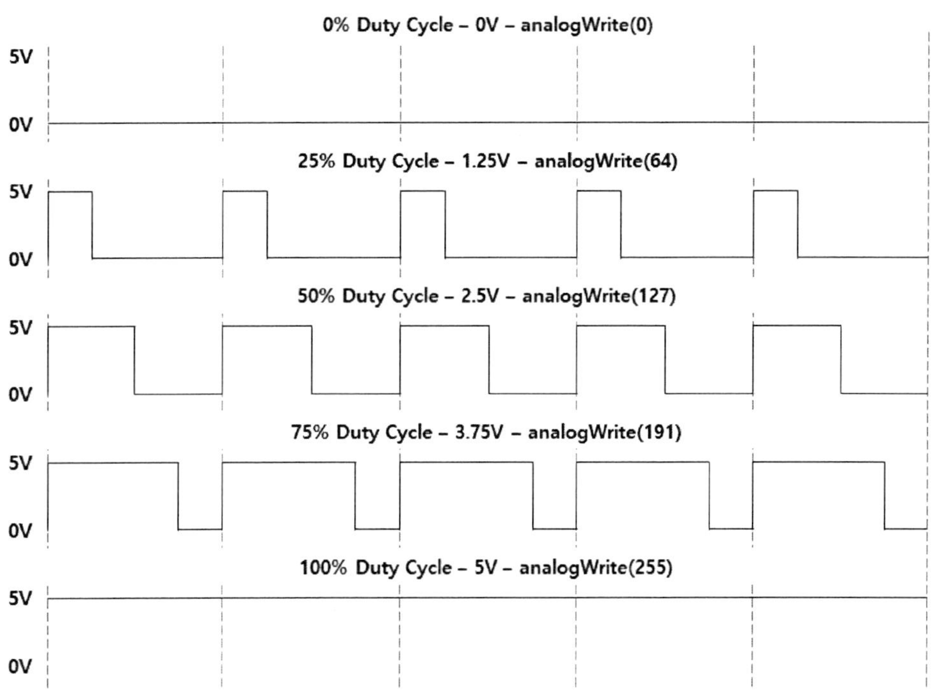

그림 5-7 PWM 듀티 사이클

위의 그림에서 보면 주기적인 구형파를 발생하고 이 구형파의 폭을 조절하여 그 듀티비(HIGH 구간 대비 LOW 구간의 비율)로 아날로그 전압 값을 가지도록 한다. 이 구형파의 주기를 매우 빠르게 하면 상대적으로 반응 속도가 느린 기계 장치는 이것을 아날로그 전압으로 인식하게 된다.
아두이노의 모든 핀이 PWM 출력을 낼 수 있는 것은 아니고 디지털 핀 번호 앞에 ~가 표시되어 있는 핀이 PWM 출력이 가능하다. 아두이노 우노의 경우 3, 5, 6, 9, 10, 11번 핀으로 각 핀별 주파수는 아래 표와 같다.

핀번호	주파수	핀번호	주파수
5, 6	980Hz	3, 9, 10,11	490Hz

표 5-2 아두이노 우노의 PWM 주파수

실습 8 LED 밝기 변경하기

우노의 PWM 핀에 LED를 연결하여 LED 밝기를 어두운 상태에서 점점 밝아지기를 반복하는 프로그램을 작성해 보자.

(1) 하드웨어 준비물

아두이노 우노 × 1개

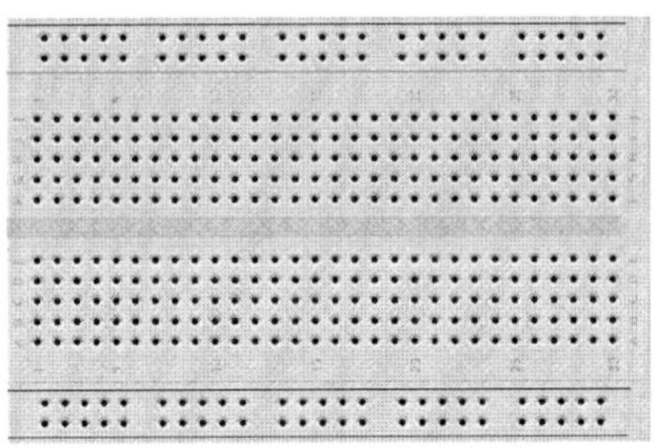

브레드보드 × 1개

5mm LED × 1개

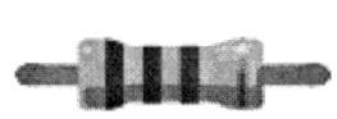

220Ω 저항 × 1개

연결선(수-수)

표 5-3 실습 8을 위한 하드웨어

(2) 하드웨어 구성

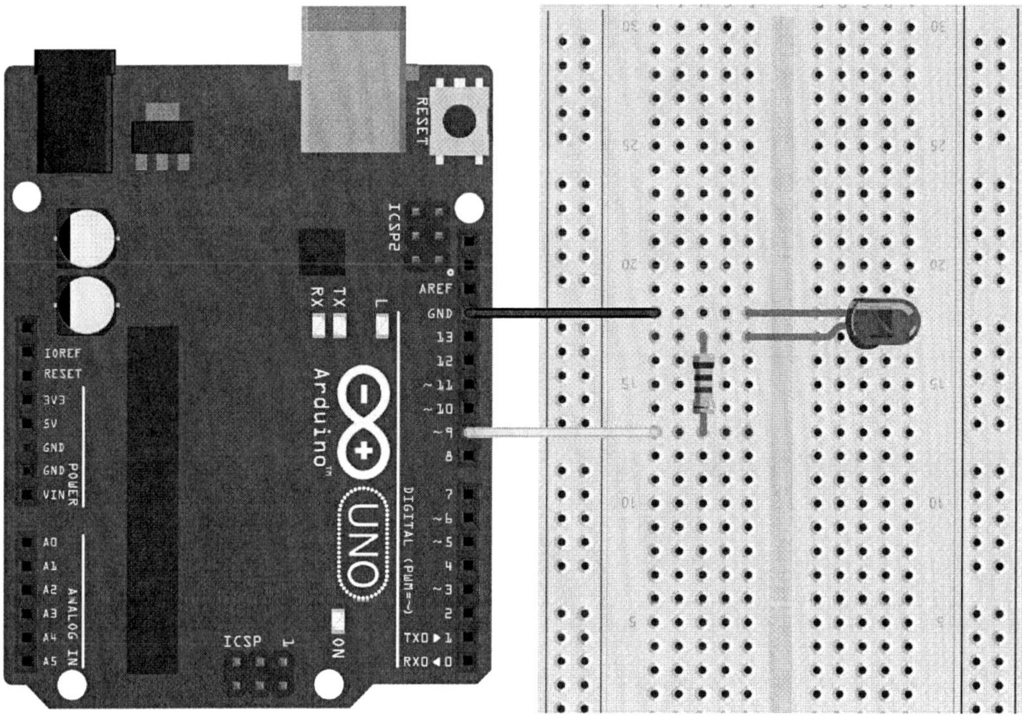

그림 5-8 실습 8을 위한 회로도

(3) 스케치 작성

❶ 아두이노 IDE를 실행하여 '파일>새 파일' 명령을 실행한다.

❷ 아래 코드를 작성한다.

```
int ledPin = 9;          // LED 연결 핀번호
int brightness = 0;      // 밝기
int fadeAmount = 1;  // 페이드 간격

void setup() {
    pinMode(ledPin, OUTPUT);
```

```
}

void loop() {
    analogWrite(ledPin, brightness); // LED에 출력
    brightness = (brightness + fadeAmount) % 256; // 0~255, 0~255, ...
    delay(10);
}
```

❸ '파일>저장' 메뉴를 실행한다. 바탕화면에 'ArduinoProjects' 폴더를 선택하여 'LedFading'이라는 이름으로 스케치를 저장한다.

❹ 도구상자의 확인 버튼()을 눌러 스케치를 컴파일하여 업로드한다.

❺ LED가 꺼졌다가 점점 밝아지기를 빈복하는지 확인한다.

공부해요 **코드를 수정하여 테스트 해보기**

위의 코드의 밑줄 친 부분을 아래와 같이 수정한다. LED가 점점 밝아졌다가 다시 점점 어두워지기를 반복한다.

```
brightness = brightness + fadeAmount;
if (brightness == 0 || brightness == 255) {
    fadeAmount = fadeAmount * -1;
}
```

2.2 아날로그 입력

아날로그 입력은 ADC(Analog Digital Converter) 기능을 이용한다. ADC란 연속적인 신호인 아날로그 신호를 부호화된 디지털 신호로 변환하는 장치로 온도, 압력, 음성, 영상, 전압 등의 아날로그 신호를 측정하여 디지털 신호로 변환하는 것이다.
아두이노 우노의 경우 analogRead 함수는 아날로그입력 핀의 전압이 0V이면 0,

5V이면 1023을 반환한다.

실습 9 가변저항으로 LED 밝기 제어하기

아날로그 입력 핀에 가변저항을 연결하고 PWM 핀에 LED를 연결하여 가변저항 입력 값으로 LED 밝기를 제어하는 프로그램을 작성해 보자.

(1) 하드웨어 준비물

아두이노 우노 × 1개

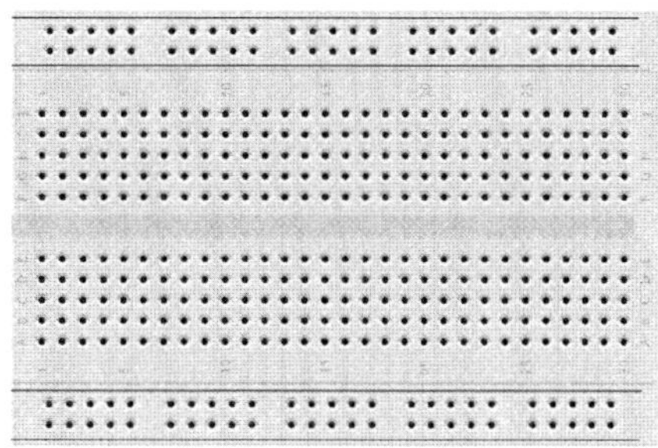

브레드보드 × 1개

5mm LED × 1개

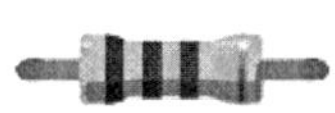

220Ω 저항 × 1개

가변저항 × 1개

연결선(수-수)

표 5-4 실습 9를 위한 하드웨어

▶ 가변저항

가변저항(potentiometer)은 전자회로에서 저항 값을 임의로 바꿀 수 있는 저항이다. 가변저항을 사용하여 저항 값을 바꾸면 전류의 크기도 바뀐다. 장비 운용중 사용자에 의해 조작되는 형태와 장비 내부에서 생산 또는 교정중 조정되는 반고정저항 등의 형태가 있다. 소자의 특성상 3단자인 경우가 많으며, 일반적으로 회전 방식이 많이 사용되나 오디오 믹서에서처럼 상하 또는 좌우로 조정하는 직동 방식도 있다.

그림 5-9 다양한 모양의 가변저항

3개의 핀을 가진 가변저항은 양쪽 가장자리 2개의 핀은 +, - 전원이며, 가운데 핀이 데이터이다. 따라서 가운데 핀을 아날로그입력 핀에 연결하고, 가운데 핀의 왼쪽 핀에 +, 오른쪽 핀에 - 전원을 연결하면 된다.

(2) 하드웨어 구성

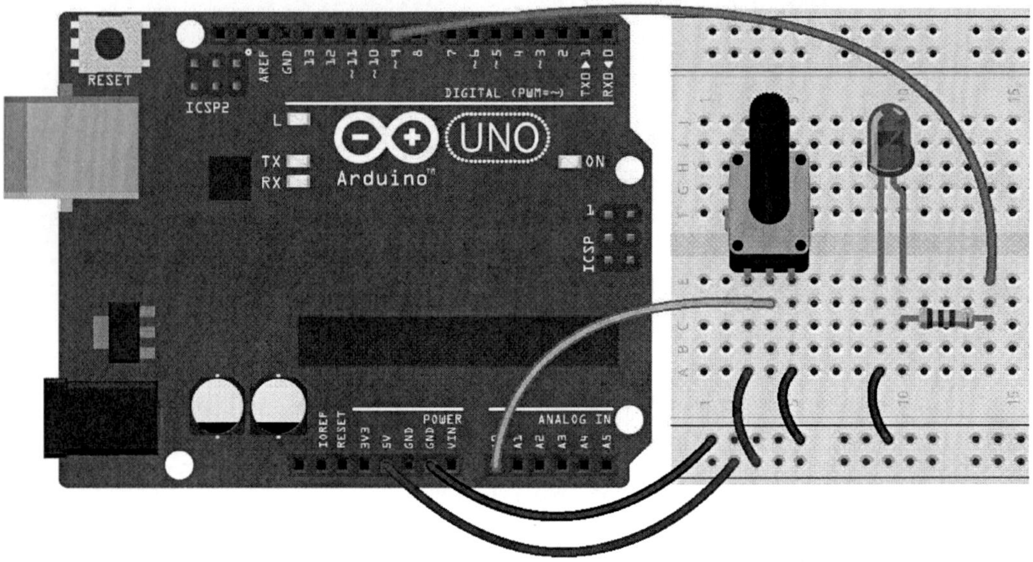

그림 5-10 실습 9를 위한 회로도

(3) 스케치 작성

❶ 아두이노 IDE를 실행하여 '파일>새 파일' 명령을 실행한다.

❷ 아래 코드를 작성한다.

```
int sensorPin = A0;   // 가변저항 연결 핀
int ledPin = 9;       // LED 연결 핀

void setup() {
    Serial.begin(9600);
    pinMode(ledPin, OUTPUT);
}

void loop() {
    int sensorValue = analogRead(sensorPin) / 4;   // 가변저항 값 읽음
    Serial.println(sensorValue);
    analogWrite(ledPin, sensorValue);              // LED에 출력
    delay(10);
}
```

❸ '파일>저장' 메뉴를 실행한다. 바탕화면에 'ArduinoProjects' 폴더를 선택하여 'LedFading_Potentiometer'라는 이름으로 스케치를 저장한다.

❹ 도구상자의 확인 버튼()을 눌러 스케치를 컴파일하여 업로드한다.

❺ 가변저항을 회전시켜 LED 밝기가 조절되는지와 시리얼 모니터 출력을 확인한다.

3. 센서 입력

3.1 모션 센서

보통 PIR 센서(Passive InfraRed Sensor, 수동 적외선 센서)라고 불리는 모션 센서는 아파트 복도나 현관문 등에서 움직임(motion)이 감지되면 조명을 켜주는데 많이 사용된다. 감지 각도 범위 안에 인체나 동물 등의 열로 인한 적외선(빛)의 변화가 있으면 HIGH 신호를 출력하고, 없으면 LOW 신호를 출력하는 디지털 센서이다.

그림 5-11 모션 센서

실습 10 모션 센서로 LED 켜기

PIR 센서에서 움직임이 감지되면 LED를 켜는 프로그램을 작성해 보자. 피에조 부저를 연결하여 경고음을 낼 수도 있다.

(1) 하드웨어 준비물

▶ HC-SR501

HC-SR501은 모션 센서의 한 종류로 감도 조절과 신호를 보내는 시간을 조절할 수 있는 센서이다. 신호를 유지하는 시간이 있기 때문에 모션 감지가 끝났더라도 일정 시간은 HIGH 신호를 보내주므로 불이 켜졌다가 사람이 없어도 금방 불이 꺼지지 않고 잠시 뒤에 꺼지게 된다.

	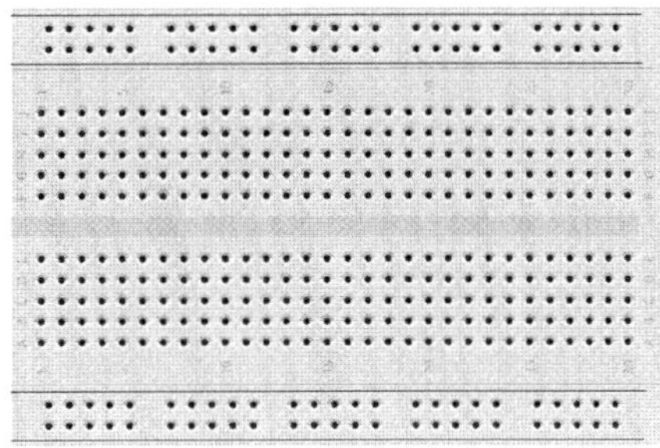
아두이노 우노 × 1개	브레드보드 × 1개

	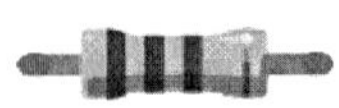		
5mm LED × 1개	220Ω 저항 × 1개	PIR 센서 × 1개 (HC-SR501)	연결선 (수-수, 암-암)

표 5-5 실습 10을 위한 하드웨어

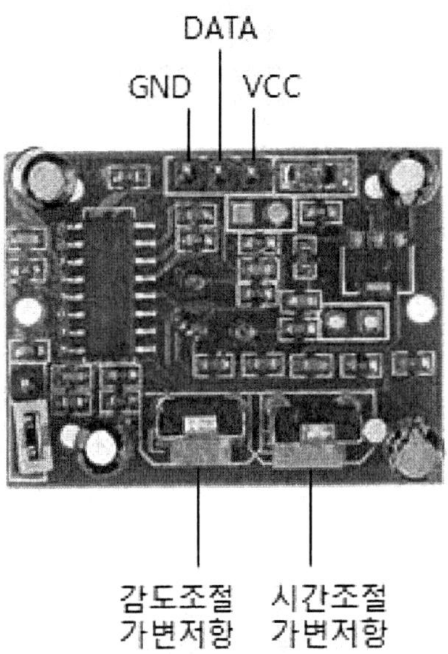

그림 5-12 HC-SR501 구성

양쪽 가장자리 2개의 핀은 +, - 전원이며, 가운데 핀이 출력신호이다. 따라서 가운데 핀을 디지털 핀에 연결한다. 감도 조절(sensitivity adjust)과 시간 조절(time deley adjust)은 가변저항으로서 시계방향으로 돌리면 값이 커지고 반시계방향으로 돌리면 값이 작아진다.

(2) 하드웨어 구성

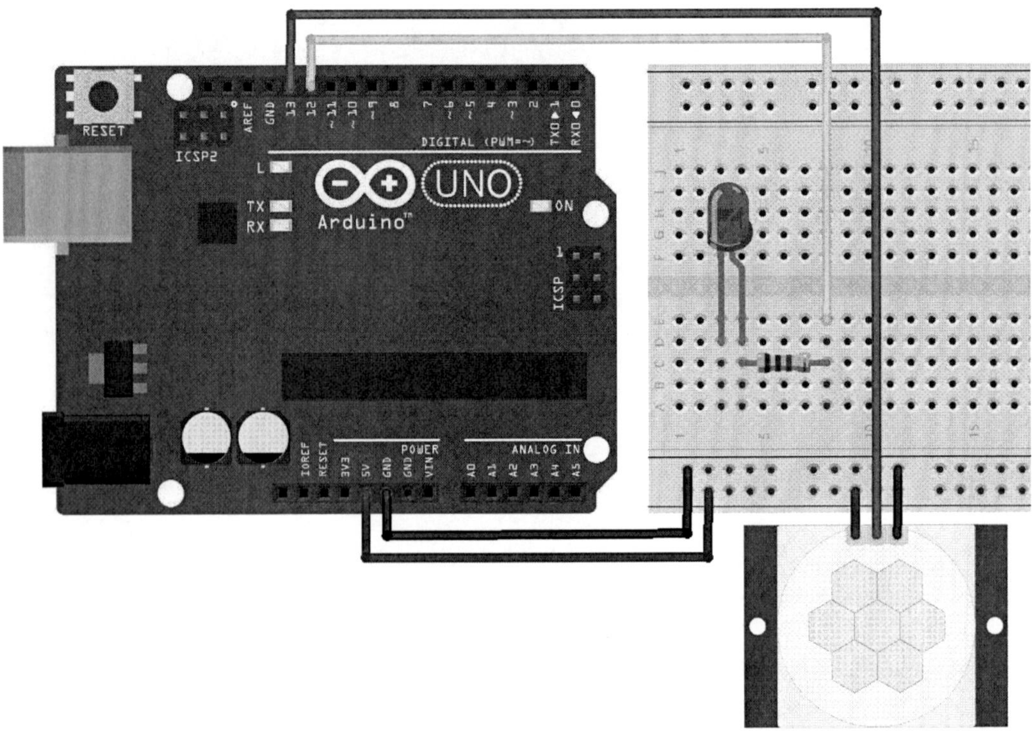

그림 5-13 실습 10을 위한 회로도

(3) 스케치 작성

❶ 아두이노 IDE를 실행하여 '파일>새 파일' 명령을 실행한다.

❷ 아래 코드를 작성한다.

```
int pirPin = 13; // PIR 센서
int ledPin = 12; // LED

void setup() {
    pinMode(pirPin, INPUT);
    pinMode(ledPin, OUTPUT);
    digitalWrite(pirPin, LOW);
}

void loop() {
    if (digitalRead(pirPin) == HIGH)
        digitalWrite(ledPin, HIGH);
    else
        digitalWrite(ledPin, LOW);
}
```

❸ '파일>저장' 메뉴를 실행한다. 바탕화면에 'ArduinoProjects' 폴더를 선택하여 'LedOnOff_PirSensor'라는 이름으로 스케치를 저장한다.

❹ 도구상자의 확인 버튼( )을 눌러 스케치를 컴파일하여 업로드한다.

❺ 모션 센서 앞쪽에서 손을 흔들어 보자. LED가 일정시간 켜졌다가 꺼지는지 확인한다.

3.2 온습도 센서

대기중의 온도와 습도를 전압이나 저항 변화와 같은 전기신호로 변환하는 장치를 온습도 센서라고 한다. 온도와 습도는 별도 센서를 사용하여 측정할 수도 있으나 기술의 발전과 간편성 때문에 일체형 센서를 사용하는 것이 일반적이다.
아두이노에서 온습도 센서를 사용하여 토양 습도가 낮아지면 물을 자동으로 주는 식물

재배기나 날씨가 더우면 자동으로 켜지는 인공지능 선풍기 등을 구현할 수 있다.

그림 5-14 온습도 센서

실습 11 온습도 센서로 LED 켜기

여름철 실내 적정 온도는 26℃이며, 적정 습도는 40%라고 한다. DHT11 센서를 사용하여 온도가 26℃를 초과하면 냉방기를 켜고 습도가 40%를 초과하면 제습기를 켜는 프로그램을 작성해 보자. 냉방기와 제습기 대신 LED를 사용한다.

(1) 하드웨어 준비물

아두이노 우노 × 1개

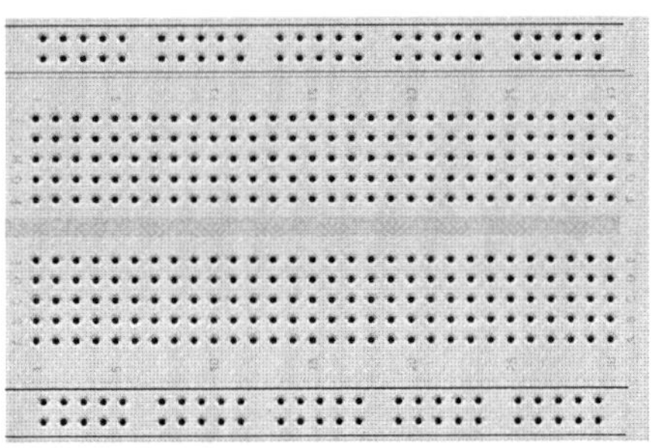

브레드보드 × 1개

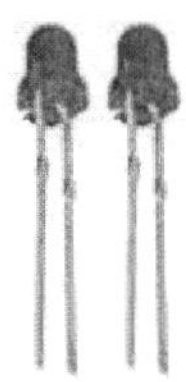

5mm LED × 2개

220Ω 저항 × 2개

온습도 센서 × 1개 (DHT11)

연결선(수-수)

표 5-6 실습 11을 위한 하드웨어

▶ DHT11

DHT11은 정전식 습도 센서와 서미스터를 사용하여 대기 온도와 습도를 측정하여 디지털 신호로 출력하는 센서이다. 정전식 습도 센서는 습도에 따라 저항 값이 변하며, 서미스터는 온도에 따라 저항 값이 변하는 소자이다. DHT11로 측정 가능한 온도는 0 ~ 50℃(±2℃)이며, 습도는 20 ~ 90%RH(±5%RH)이다.

인터페이스 보드 유무에 따라 아래 그림에서 보는 바와 같이 2가지 유형이 있다.

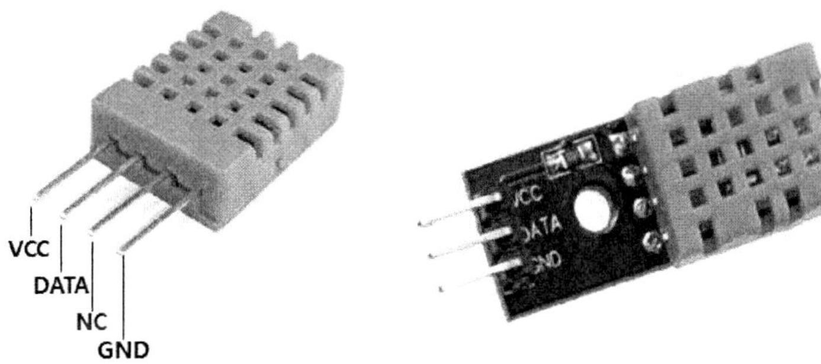

그림 5-15 DHT11 구성

궁금해요 **서미스터**

서미스터(Thermistor)는 Thermally Sensitive Resistor의 합성어로, 온도 변화에 대해 저항 값이 민감하게 변하는 저항기이다. 자기(ceramic) 재료에 불순물을 첨가하여 만든다. 온도 상승에 저항 값이 떨어지는 부성 온도 특성(NTC) 서미스터는 온도 감지기에 사용되는 일반적인 부품이고, 이와 반대로 온도가 올라가면 저항 값도 올라가는 정온도 특성(PTC) 서미스터는 자기 가열(self-heating) 때문에 발열체 또는 스위칭 용도로 사용된다. (출처 : TTA정보통신용어사전)

양쪽 가장자리 2개의 핀은 +, - 전원이므로 아두이노 우노의 5V 핀과 GND 핀에 연결하고 두 번째 또는 가운데 핀이 데이터이므로 아두이노 우노의 디지털 핀에 연결한다.

(2) 하드웨어 구성

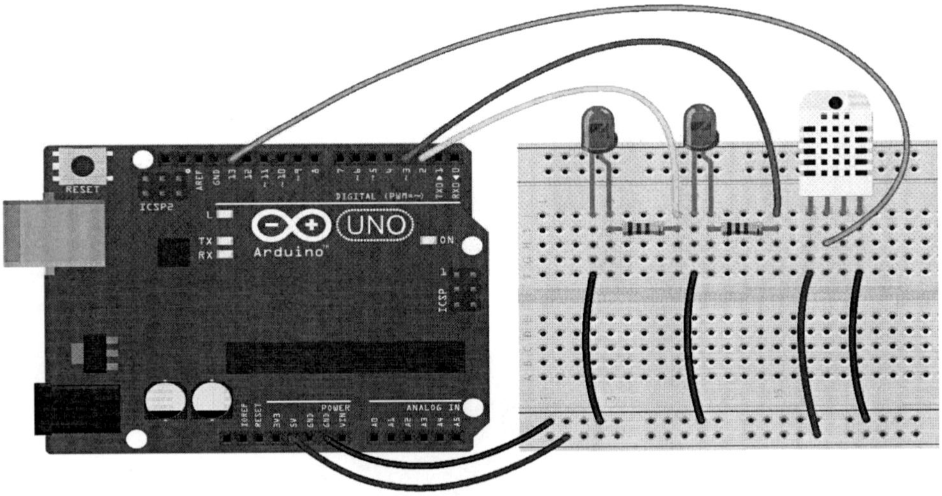

그림 5-16 실습 11을 위한 회로도

(3) 스케치 작성

❶ 아두이노 IDE를 실행하여 '파일>새 파일' 명령을 실행한다.

❷ DHT11 또는 DHT22를 사용하여 온도와 습도를 읽어오기 위해 DHT 라이브러리를 다음과 같은 방법으로 설치한다.
먼저 아두이노 IDE를 실행하여 '스케치>라이브러리 포함하기>라이브러리 관리' 명령을 실행한다.

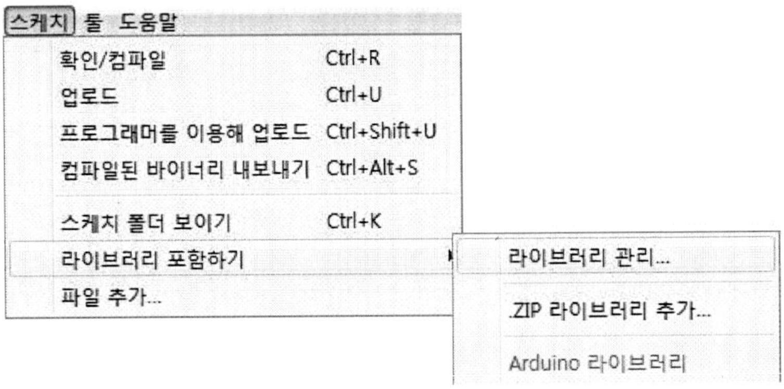

그림 5-17 라이브러리 관리 메뉴 실행

다음으로 '라이브러리 매니저' 창의 검색어 입력란에 'dht'를 입력하고, 검색 목록의 'DHT sensor library by Adafruit'를 선택한다. '버전 1.2.3'으로 변경한 후 '설치' 버튼을 누른다.

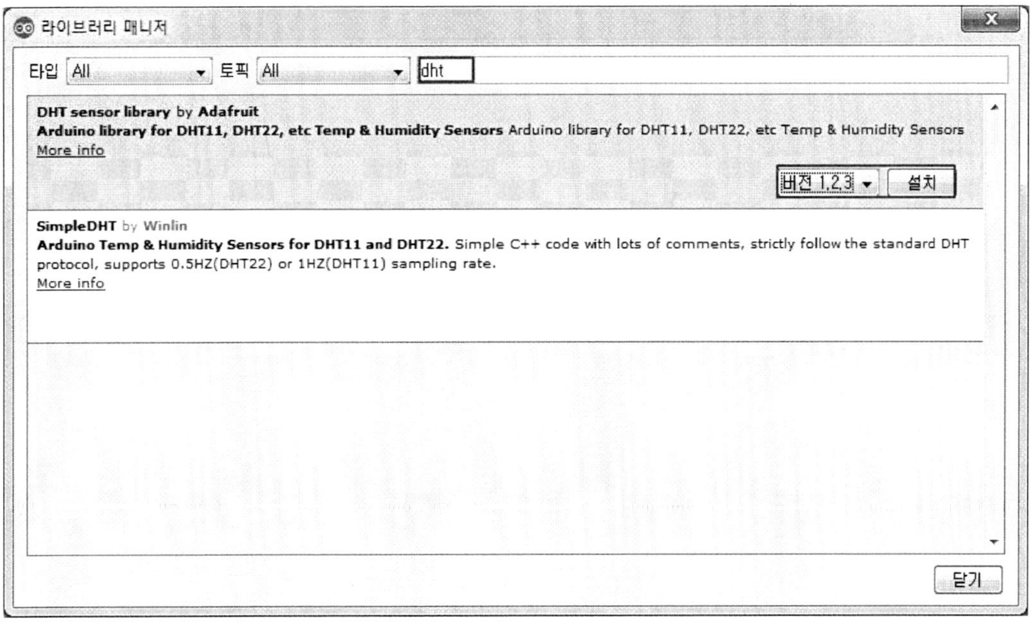

그림 5-18 라이브러리 매니저 창

궁금해요

DHT 라이브러리

DHT11, DHT22, DHT21, AM2301 온습도 센서의 온습도를 읽어오는 함수를 제공하는 클래스 라이브러리이다. 클래스란 데이터와 함수를 묶어놓은 C++ 프로그램의 구성단위이다.

DHT 클래스의 멤버함수는 다음과 같다.

· begin()
  - 센서의 DATA와 연결된 디지털 핀을 INPUT_PULLUP으로 설정하고 센서가 동작하도록 2초간 기다린다.
  - 사용 예 : dht11.begin();

· DHT(핀번호, 센서종류)
  - 온습도 센서 객체를 생성한다.
  - 핀번호는 센서의 DATA와 연결된 디지털 핀의 번호이며, 센서종류는 DHT11, DHT22, DHT21, AM2301 중 하나이다.
  - 사용 예 : DHT dht11(13, DHT11);

· readTemperature()
  - 섭씨온도(float 형)를 읽는다.
  - 사용 예 : float t = dht11.readTemperature();

· readHumidity()
  - 습도(float 형)를 읽는다.
  - 사용 예 : float h = dht11.readHumidity();

· computeHeatIndex(화씨온도, 습도)
  - 체감온도(float 형)를 계산한다.
  - 사용 예 : float hi = dht11.computeHeatIndex(t * 1.8 + 32, h);

· computeHeatIndex(섭씨온도, 습도, false)
  - 체감온도(float 형)를 계산한다.
  - 사용 예 : float hi = dht11.computeHeatIndex(t, h, false);

❸ 아래 코드를 작성한다.

```
#include "DHT.h"
#define DHTPIN 13                          // DATA 핀
#define DHTTYPE DHT11                      // 센서 종류

int tLedPin = 2;                           // 온도 LED 핀
int hLedPin = 3;                           // 습도 LED 핀
DHT dht11(DHTPIN, DHTTYPE);                // DHT 생성

void setup() {
    Serial.begin(9600);
```

```
    dht11.begin();

    // LED 초기화
    pinMode(tLedPin, OUTPUT);
    pinMode(hLedPin, OUTPUT);
    digitalWrite(tLedPin, LOW);
    digitalWrite(hLedPin, LOW);
}

void loop() {
    delay(2000);

    float t = dht11.readTemperature();          // 온도 읽음
    float h = dht11.readHumidity();             // 습도 읽음

    // 온도, 습도 출력
    Serial.print("온도 : ");
    Serial.print(t);
    Serial.print("℃, 습도 : ");
    Serial.print(h);
    Serial.print("%\n");

    // 온도 LED 제어
    if (t > 26.0) {
        digitalWrite(tLedPin, HIGH);
    } else {
        digitalWrite(tLedPin, LOW);
    }

    // 습도 LED 제어
    if (h > 40.0) {
```

```
        digitalWrite(hLedPin, HIGH);
    } else {
        digitalWrite(hLedPin, LOW);
    }
}
```

❹ '파일>저장' 메뉴를 실행한다. 바탕화면에 'ArduinoProjects' 폴더를 선택하여 'LedOnOff_Dht11'이라는 이름으로 스케치를 저장한다.

❺ 도구상자의 확인 버튼( )을 눌러 스케치를 컴파일하여 업로드한다.

❻ 도구상자의 시리얼 모니터 버튼( )을 눌러 시리얼 모니터를 실행한다. 온도와 습도를 확인하고 LED가 켜지는지 확인한다. 온도와 습도에 따라 LED가 켜지는지 확인하고 싶다면 DHT11을 손으로 잡고 있으면 온도와 습도가 올라간다.

3.3 조도 센서

빛 센서는 빛을 전기 신호로 출력하는 센서로 자동차의 헤드라이트에 불이 자동으로 켜지거나 스마트폰의 화면 밝기가 자동으로 조정되는 등 일상생활에서도 많이 사용되고 있다.
빛 센서의 가장 기본적인 센서인 조도 센서는 빛의 세기에 따라 저항이 변하는 광전도 효과를 이용한 것으로 가로등 자동 점멸기나 카메라 노출계 등에서 이 원리를 사용한다. 조도 센서는 CDS 셀, 포토 다이오드 등을 사용하여 구성한다.

그림 5-19 조도 센서

실습 12 조도 센서로 LED 켜기

CDS 센서로 밝기를 측정하여 일정수준 이하로 어두우면 LED를 켜는 프로그램을 작성해 보자.

(1) 하드웨어 준비물

아두이노 우노 × 1개

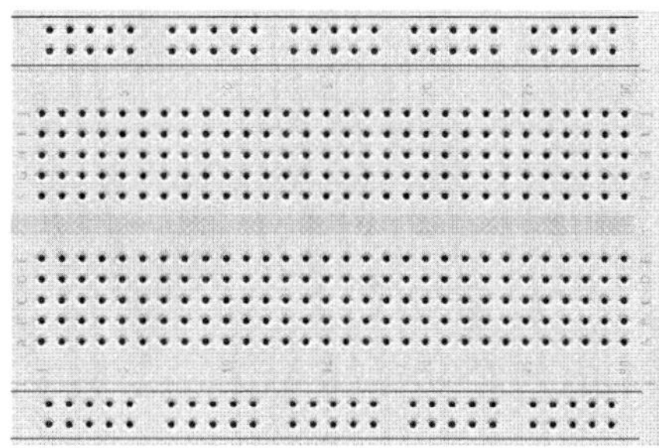

브레드보드 × 1개

5mm CDS 센서 × 1개

5mm LED × 1개

연결선(수-수)

10kΩ 저항 × 1개

220Ω 저항 × 1개

표 5-7 실습 11을 위한 하드웨어

▶ CDS 센서

CDS 센서는 대표적인 빛 센서로 빛의 세기에 따라 저항이 변하는 광전도 효과를 사용한 센서이다. 센서를 구성하는 CDS 셀의 재료가 황화카드뮴인데, 카드뮴의 원소기호가 Cd이고 황의 원소기호가 S이기 때문에 CDS 센서로 불린다. 이 센서는 소형, 저가격, 고감도 등의 장점이 있지만 반응시간이 느리고 값의 오차범위가 큰 단점을 가지고 있다. 선형으로 수치화된 정밀한 측정 값이 필요한 경우 포토 다이오드 센서를 많이 사용한다.

CDS 센서는 아날로그 센서로 밝은 곳에서는 저항 값이 감소하여 0에 가까운 값이, 어두운 곳에서는 저항 값이 증가하여 1023에 가까운 값이 입력된다. 위의 하드웨어 준비물에서 보는 바와 같이 모듈 형태가 아닌 일반 CDS 센서는 저항처럼 극성이 없기 때문에 +, - 구분 없이 한쪽은 아두이노 보드의 아날로그입력 핀에 연결하고 다른 한쪽은 GND 핀에 연결하면 된다. 이 때 아주 밝은 곳에는 저항 값이 감소하여 과전류가 흐를 수 있으므로 저항을 같이 연결해서 사용해야 한다. 실습에서는 10kΩ 저항을 같이 연결해서 사용하도록 한다.

(2) 하드웨어 구성

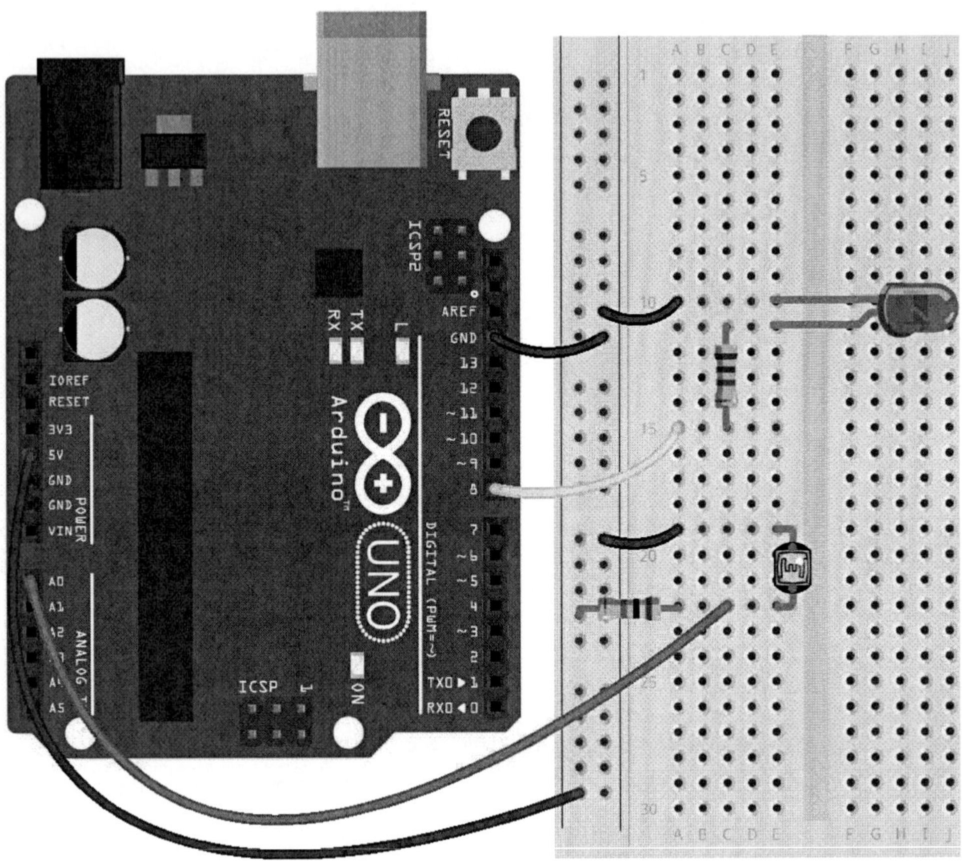

그림 5-20 실습 11을 위한 회로도

(3) 스케치 작성

❶ 아두이노 IDE를 실행하여 '파일>새 파일' 명령을 실행한다.

❷ 아래 코드를 작성한다.

```
int LedPin = 8;    // LED 핀
int CdsPin = A0;  // CDS 핀

void setup() {
    Serial.begin(9600);
    pinMode(LedPin, OUTPUT);
}

void loop() {
    delay(1000);
    int cds = analogRead(CdsPin); // CDS 값 읽기

    // CDS 출력
    Serial.print("CDS : ");
    Serial.println(cds);

    // LED 제어
    if (cds > 500) {    // 어두우면
        digitalWrite(LedPin, HIGH);
    } else {              // 밝으면
        digitalWrite(LedPin, LOW);
    }
}
```

❸ '파일>저장' 메뉴를 실행한다. 바탕화면에 'ArduinoProjects' 폴더를 선택하여

'LedOnOff_CdsSensor'라는 이름으로 스케치를 저장한다.

❹ 도구상자의 확인 버튼(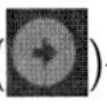)을 눌러 스케치를 컴파일하여 업로드한다.

❺ CDS 센서를 손으로 만져서 LED가 켜졌다꺼졌다 하는지 확인한다.

3.4 초음파 센서

인간이 들을 수 있는 소리의 주파수(음파)인 20㎑를 넘어서는 음파를 초음파라고 한다. 초음파는 파장이 짧아 직선으로 이동하는 성질이 강하다. 이러한 초음파의 성질을 이용한 초음파 센서는 우리 주변에서 쉽게 찾아볼 수 있다. 어군탐지기는 물고기 떼의 위치를 확인할 수 있도록 해주며, 자동차 후방감지기는 장애물을 인식하여 경고음을 내게 함으로써 주차를 안전하게 할 수 있도록 해준다.
초음파 센서는 초음파를 발생시켜 벽이나 사물 등에 초음파가 닿으면 발생한 메아리를 입력받는 방식으로 두 물체사이의 거리, 물건의 두께, 강수량, 자동차의 속도 등을 측정할 수 있다.

그림 5-21 초음파 센서

실습 13 초음파 센서로 LED 켜기

초음파 센서 HC-SR04로 거리를 측정하여 일정거리 내에 장애물이 발견되면 LED를 켜는 프로그램을 작성해 보자.

(1) 하드웨어 준비물

	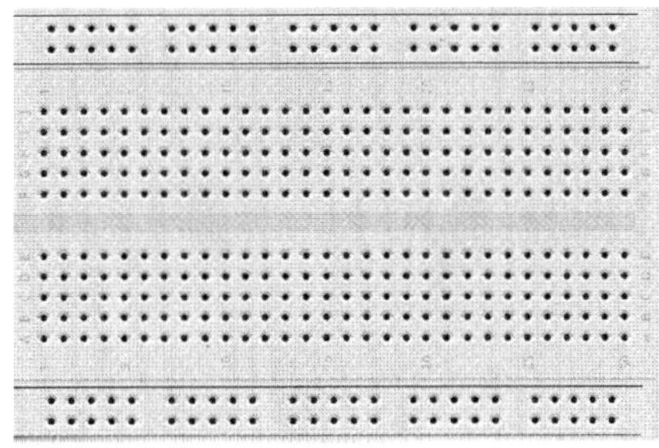
아두이노 우노 × 1개	브레드보드 × 1개

초음파 센서 × 1개 (HC-SR04)	5mm LED × 1개

220Ω 저항 × 1개	연결선(수-수)

표 5-8 실습 12을 위한 하드웨어

▶ HC-SR04

HC-SR04는 초음파 센서 모듈로 송신부(Trig), 수신부(Echo), 제어회로로 구성되어 있다. 가격이 저렴하고 간편하게 거리를 측정할 수 있는 장점을 가지고 있다.

HC-SR04의 상세 스펙은 다음 표와 같다.

구 분	규 격
동작 전압	5V
입력 전류	15mA
동작 주파수	40kHz
측정 거리	2 ~ 400cm
측정 각도	15°
트리거 입력 신호	10μs TTL 펄스
응답 출력 신호	측정거리 비례 TTL 펄스
1cm 왕복하는데 걸리는 시간	58μs

표 5-9 HC-SR04 스펙

HC-SR04 모듈에는 Vcc, Trig, Echo, GND 4개의 핀이 있는데, Vcc와 GND는 우노의 5V, GND에 연결하고 Trig와 Echo는 디지털 핀에 연결하면 된다.
Trig 핀에 HIGH를 출력하고 난 후 Echo 핀이 HIGH가 될 때까지의 시간(μs)은 pulseIn()이라는 아두이노 함수를 이용하여 구한다. 이 시간을 음파가 1cm를 왕복하는데 걸린 시간인 58μs으로 나누어 주면 물체와의 거리를 계산할 수 있다. 1cm를 왕복하는데 걸리는 시간은 58μs인 이유는 다음과 같다.

음속은 340m/s이므로

340m/s = 34000cm/s = 0.034cm/μs(10^{-6}s)

∴ 1cm 이동시간은 29μs이므로, 왕복하는데 걸리는 시간은 58μs이다.

(2) 하드웨어 구성

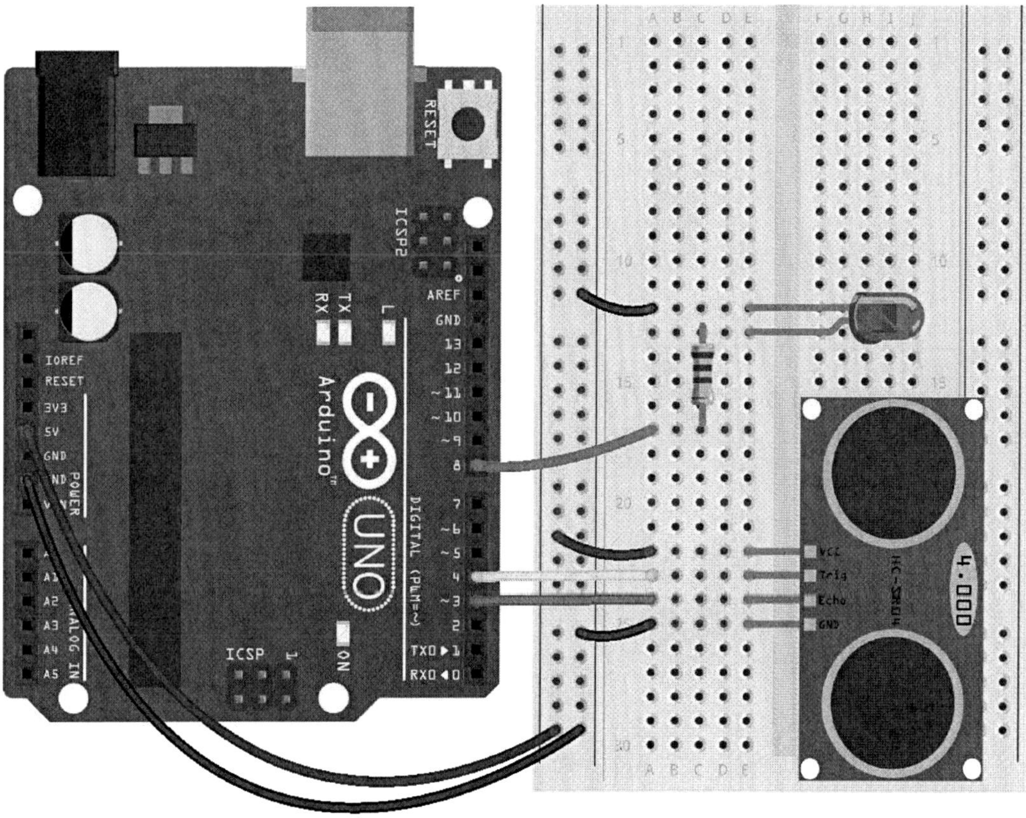

그림 5-22 실습 12를 위한 회로도

(3) 스케치 작성

❶ 아두이노 IDE를 실행하여 '파일>새 파일' 명령을 실행한다.

❷ 아래 코드를 작성한다.

```
int EchoPin = 3;        // ECHO 핀
int TrigPin = 4;        // TRIG 핀
int LcdPin - 8;         // LED 핀
```

```
void setup() {
    Serial.begin(9600);
    pinMode(EchoPin, INPUT);
    pinMode(TrigPin, OUTPUT);
    pinMode(LedPin, OUTPUT);
}

void loop() {
    delay(500);          // 0.5초 간격으로 거리 측정

    digitalWrite(TrigPin, LOW);          // 트리거 초기화
    delayMicroseconds(10);               // 10μs 기다림
    digitalWrite(TrigPin, HIGH);         // 초음파 발사
    delayMicroseconds(10);               // 10μs 기다림
    long duration = pulseIn(EchoPin, HIGH); // 시간(μs)
    long distance = duration / 58;       // 거리(cm)

    Serial.print("장애물과의 거리 : ");
    Serial.print(distance);
    Serial.println("cm");

    // LED 제어
    if (distance < 10) {           // 거리가 10cm 미만이면
        digitalWrite(LedPin, HIGH);
    } else {                       // 거리가 10cm 이상이면
        digitalWrite(LedPin, LOW);
    }
}
```

❸ '파일>저장' 메뉴를 실행한다. 바탕화면에 'ArduinoProjects' 폴더를 선택하여 'LedOnOff_Hcsr04'라는 이름으로 스케치를 저장한다.

❹ 도구상자의 확인 버튼()을 눌러 스케치를 컴파일하여 업로드한다.

❺ 초음파 센서 가까이 손을 움직여 LED가 켜지는지 확인한다.

4. 아날로그 PWM 출력

4.1 피에조 부저

피에조 부저(piezo buzzer)는 피에조를 이용하여 소리를 내는 조그마한 스피커이다. 특정 방향으로 압력을 가하면 수정이나 전기석 등과 같은 결정체의 표면에서 전기가 발생하는데, 피에조는 여기에 얇은 판을 붙여 미세한 떨림으로 소리가 나게 만든 것이다. 부저의 소리가 작다는 단점이 있지만 가격이 저렴하고 단순하며, 주파수 변경을 이용해 음악을 연주할 수도 있다. 피에조 부저를 사용한 제품으로는 소리나는 장난감, 자동차 경보기 등이 있다.

그림 5-23 피에조 부저

실습 14 피에조 부저로 노래 연주하기

피에조 부저를 사용하여 노래를 연주하는 프로그램을 작성해 보자. 실습에서는 2개의 동요, 학교종과 비행기를 순차적으로 연주할 수 있도록 구현한다. 악보는 음계, 음표, 점음표, 가사로 구성된 구조체로 정의하고 노래별로 구조체 배열에 저장한다.

(1) 하드웨어 준비물

▶ 피에조 부저 음계 주파수

피에조 부저에 고유한 주파수 신호를 출력함으로써 음계에 해당하는 소리를 낼 수 있다. 피에조 부저에 대한 옥타브별 음계의 표준 주파수는 다음 표와 같다.

아두이노 우노 × 1개

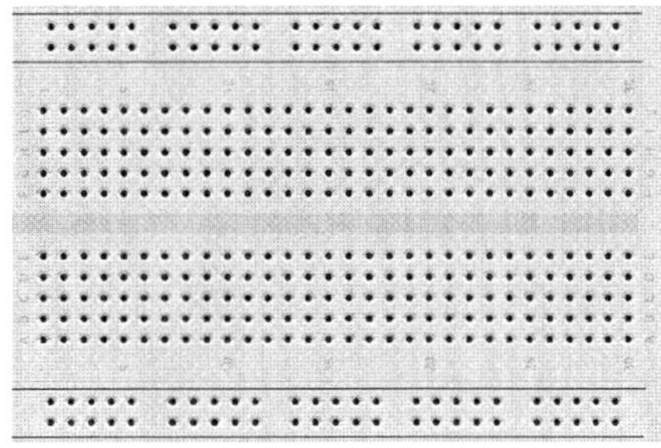

브레드보드 × 1개

피에조부저 × 1개

연결선(수-수)

표 5-10 실습 14를 위한 하드웨어

옥타브 음계	1	2	3	4	5	6	7	8
C(도)	32.7032	65.4064	130.8128	261.6256	523.2511	1046.502	2093.005	4186.009
C#	34.6478	69.2957	138.5913	277.1826	554.3653	1108.731	2217.461	4434.922
D(레)	36.7081	73.4162	146.8324	293.668	587.3295	1174.659	2349.318	4698.636
D#	38.8909	77.7817	155.5635	311.1270	622.2540	1244.508	2489.016	4978.032
E(미)	41.2034	82.4069	164.8138	329.6276	659.2551	1318.510	2637.020	5274.041
F(파)	43.6535	87.3071	174.6141	349.2282	698.4565	1396.913	2793.826	5587.652
F#	46.2493	92.4986	184.9972	369.9944	739.9888	1479.978	2959.955	5919.911
G(솔)	48.9994	97.9989	195.9977	391.9954	783.9909	1567.982	3135.963	6271.927
G#	51.9130	103.8262	207.6523	415.3047	830.6094	1661.219	3322.438	6644.875
A(라)	55.0000	110.0000	220.0000	440.0000	880.0000	1760..000	3520.000	7040.000
A#	58.2705	116.5409	233.0819	466.1638	932.3275	1864.655	3729.310	7458.620
B(시)	61.7354	123.4708	246.9417	493.8833	987.7666	1975.533	3951.066	7902.133

표 5-11 옥타브 및 음계별 표준 주파

실습에서는 우리에게 익숙한 4 옥타브에 해당하는 음계의 주파수를 출력하여 노래를 연주할 것이다. 따라서 도는 262를 출력하면 된다.
피에조부저는 핀이 2개로 구성되어 있으며, 극성이 있기 때문에 윗면에 +라고 표시되어 있거나 홈이 파여 있는 쪽을 PWM 핀에 연결하고 반대쪽은 GND에 연결한다.

(2) 하드웨어 구성

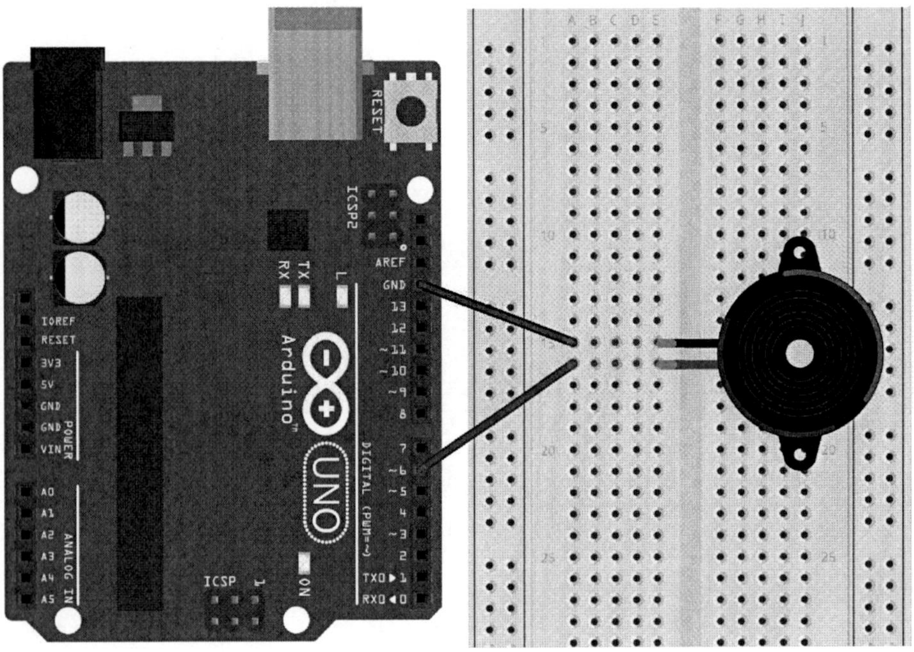

그림 5-24 실습 14를 위한 회로도

(3) 스케치 작성

❶ 아두이노 IDE를 실행하여 '파일>새 파일' 명령을 실행한다.

❷ 아래 코드를 작성한다.

```
const int buzzer = 6; // 부저 핀
```

```
void setup() {
    Serial.begin(9600);
    pinMode(buzzer, OUTPUT); // 부저 핀을 출력으로 설정
}

void loop() {
    playMusic(1);        // 비행기
    delay(3000);         // 3초후
    playMusic(2);        // 학교종
    delay(3000);         // 3초후
}
```

❸ '파일>저장' 메뉴를 실행한다. 바탕화면에 'ArduinoProjects' 폴더를 선택하여 'PlayMusic_PiezoBuzzer'라는 이름으로 스케치를 저장한다.

❹ 파일 탭 버튼(▼)을 눌러 '새 탭'을 선택한다. 새로운 파일의 이름을 "Music"으로 하여 다음 코드를 작성한다.

```
typedef struct {          // 악보 구조체
   unsigned int note; // 음계(주파수)
   unsigned int duration; // 음표(길이), 4분음표는 4, 8분음표는 8, ...
   double halfDuration;
      // 점음표, 0은 없음, 0.5는 점음표, 0.75는 겹점음표, 1은 배온음표
   char text[10];         // 가사
} Music;

#include "Pitches.h"            // 음계
#include "AirPlane.h"           // 1번 노래
#include "SchoolBell.h"         // 2번 노래
```

```
void playMusic(int selNo) {
    Music* music;      // 연주할 노래를 가리키는 포인터
    int timeWeight;    // 악보 연주시간 가중치

    switch (selNo) {   // 선곡
        case 1:        // 비행기
            music = (Music* ) &AirPlane;
            timeWeight = 2;
            break;
        case 2:        // 학교종
            music = (Music* ) &SchoolBell;
            timeWeight = 1;
            break;
    }

    while (music->note) {                    // 0이면 노래의 끝
        Serial.print(music->text);           // 가사 출력
        int noteDuration = (1000 / music->duration) * timeWeight;// 연주시간
        noteDuration += noteDuration * music->halfDuration;    // 점음표시간
        tone(buzzer, music->note, noteDuration);               // 연주 시작
        int pauseBetweenNotes = noteDuration * 1.30; // 연주지연시간
        delay(pauseBetweenNotes);            // 음의 여운을 위해 잠시 기다림
        noTone(buzzer);                      // 오동작을 위해 부저 초기화
        music++;
    }
}
```

❺ 메모장 프로그램을 실행시켜 아래 3개의 코드를 작성하여 각각의 파일을 'ArduinoProjects\PlayMusic_PiezoBuzzer' 폴더에 저장한다.

[Pitches.h]

```
// 음계 정의(주파수) - 편의상 4 옥타브만 정의
#define NOTE_C4     262  // 도
#define NOTE_CS4    277
#define NOTE_D4     294  // 레
#define NOTE_DS4    311
#define NOTE_E4     330  // 미
#define NOTE_F4     349  // 파
#define NOTE_FS4    370
#define NOTE_G4     392  // 솔
#define NOTE_GS4    415
#define NOTE_A4     440  // 라
#define NOTE_AS4    466
#define NOTE_B4     494  // 시
```

[AirPlane.h]

```
// 비행기 악보
Music AirPlane[] = {
  {NOTE_E4,  8, .5, "떴 "},    // 미
  {NOTE_D4, 16,  0, "다 "},    // 레
  {NOTE_C4,  8,  0, "떴 "},    // 도
  {NOTE_D4,  8,  0, "다 "},    // 레
  {NOTE_E4,  8,  0, "비 "},    // 미
  {NOTE_E4,  8,  0, "행 "},    // 미
  {NOTE_E4,  4,  0, "기 "},    // 미

  {NOTE_D4,  8,  0, "날 "},    // 레
  {NOTE_D4,  8,  0, "아 "},    // 레
  {NOTE_D4,  4,  0, "라 "},    // 레
  {NOTE_E4,  8,  0, "날 "},    // 미
```

```
  {NOTE_G4,  8, 0, "아 "},      // 솔
  {NOTE_G4,  4, .5, "라\n"},    // 솔

  {NOTE_E4,  8, .5, "높 "},     // 미
  {NOTE_D4, 16, 0, "이 "},      // 레
  {NOTE_C4,  8, 0, "높 "},      // 도
  {NOTE_D4,  8, 0, "이 "},      // 레
  {NOTE_E4,  8, 0, "날 "},      // 미
  {NOTE_E4,  8, 0, "아 "},      // 미
  {NOTE_E4,  4, 0, "라 "},      // 미

  {NOTE_D4,  8, 0, "우 "},      // 레
  {NOTE_D4,  8, 0, "리 "},      // 레
  {NOTE_E4,  8, .5, "비 "},     // 미
  {NOTE_D4, 16, 0, "행 "},      // 미
  {NOTE_C4,  2, 0, "기\n"},     // 도
  {0, 0, 0, ""}
};
```

[SchoolBell.h]

```
// 학교종
Music SchoolBell[] = {
  {NOTE_G4, 4, 0, "학 "},       // 솔
  {NOTE_G4, 4, 0, "교 "},       // 솔
  {NOTE_A4, 4, 0, "종 "},       // 라
  {NOTE_A4, 4, 0, "이 "},       // 라
  {NOTE_G4, 4, 0, "땡 "},       // 솔
  {NOTE_G4, 4, 0, "땡 "},       // 솔
  {NOTE_E4, 2, 0, "땡 "},       // 미
```

```
    {NOTE_G4, 4, 0, "어 "},        // 솔
    {NOTE_G4, 4, 0, "서 "},        // 솔
    {NOTE_E4, 4, 0, "모 "},        // 미
    {NOTE_E4, 4, 0, "이 "},        // 미
    {NOTE_D4, 2, .5, "자\n"},      // 레

    {NOTE_G4, 4, 0, "학 "},        // 솔
    {NOTE_G4, 4, 0, "교 "},        // 솔
    {NOTE_A4, 4, 0, "종 "},        // 라
    {NOTE_A4, 4, 0, "이 "},        // 라
    {NOTE_G4, 4, 0, "땡 "},        // 솔
    {NOTE_G4, 4, 0, "땡 "},        // 솔
    {NOTE_E4, 2, 0, "땡 "},        // 미

    {NOTE_G4, 4, 0, "기 "},        // 솔
    {NOTE_E4, 4, 0, "다 "},        // 미
    {NOTE_D4, 4, 0, "리 "},        // 레
    {NOTE_E4, 4, 0, "신 "},        // 미
    {NOTE_C4, 2, .5, "다\n"},      // 도
    {0, 0, 0, ""}
};
```

❻ 도구상자의 확인 버튼()을 눌러 스케치를 컴파일하여 업로드한다.

❼ 도구상자의 시리얼 모니터 버튼(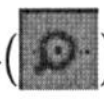)을 눌러 가사가 출력되는지 확인한다. 또한 노래 소리가 들리는지 확인한다.

4.2 서보 모터

모터(하드웨어 자체)와 이를 제어하는 구동회로 및 알고리즘이 결합된 모터를 서보(servo) 모터라 한다. 서보는 '추종하다', '따르다'는 뜻이다. 서보 모터를 사용하면

원하는 회전 각도와 속도로 동작시킬 수 있다.

그림 5-25 서보 모터

서보 모터는 보통 0 ~ 180° 사이를 움직이며, 해당 회전 범위 안에서의 위치를 임의로 설정 가능하다. 360° 회전이 되지 않아 동작 범위가 제한적이지만 정확한 위치 제어가 가능하고 제어 방법이 간단한 장점을 가지고 있어 장난감, 드론, 로봇, CCTV, 프린터 등에 널리 사용된다.

실습 15 서보 모터로 로봇팔 움직이기

표준 서보 모터(HS-311 또는 SG90)을 사용하여 왼쪽으로, 가운데로, 오른쪽으로 이동 명령으로 모터 팔을 움직이는 프로그램을 작성해 보자.

(1) 하드웨어 준비물

▶ HS-311/SG90

HS-311은 표준 RC 서보모터로서 가장 많이 판매되고 애용되는 제품으로 RC용 자동차나 보트, 3.6kg 이하의 비행기, 소형 관절 로봇에 이르기까지 다양한 분야에서 사용된다.

SG90은 경량 마이크로 서보모터로 HS-311보다 크기가 작고 가격 또한 매우 저렴하며, 소형 RC 기기에 주로 사용된다.

표준 서보 모터에는 3가닥의 전선이 있는데, 검정(갈색을 사용하기도 한다)은 GND, 빨강은 PWR(power), 노랑은 SIG(signal)이다. 검정은 아두이노 보드의 GND 핀, 빨강은 5V 핀, 노랑은 모터를 제어할 PWM 신호를 보내주는 선으로 디지털 PWM 핀에 연결한다. 서보 모터가 약하거나 제대로 동작하지 않는다면 아두이노 보드의 출력보다 많은 전류를 요구하기 때문일 수 있다. 이때는 건전지와 같은 외부 전원(일반적으로 4.5 ~ 6V)으로 파워를 공급해주어야 한다. PWR, GND를 외부 전원의 +, - 에 연결하고 다시 외부전원의 -를 아두이노 GND와 연결한다.

아두이노 우노 × 1개

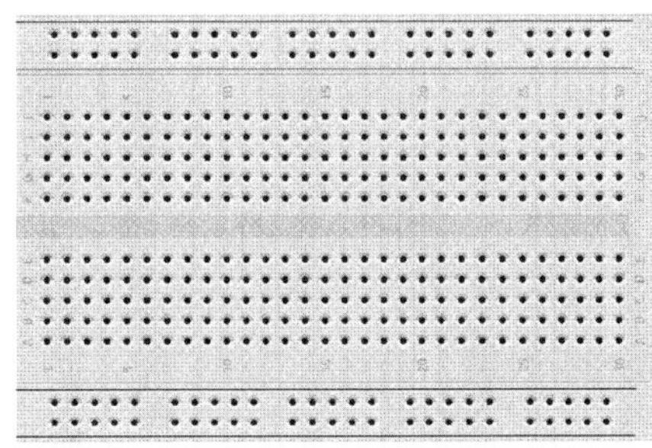

브레드보드 × 1개

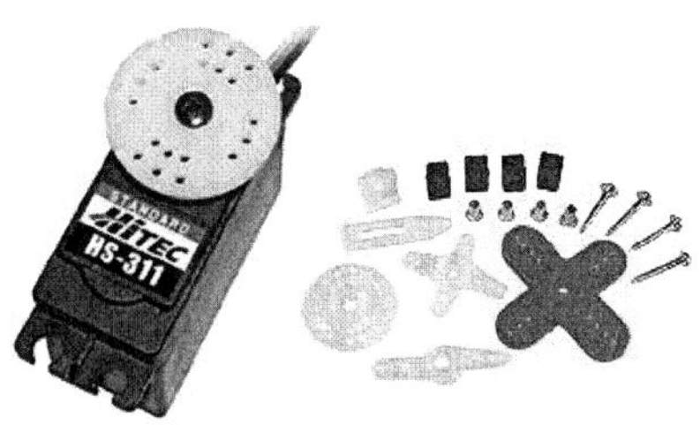

또는

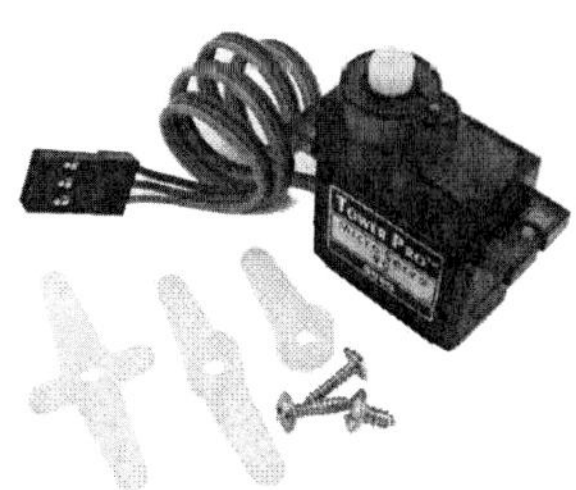

서보모터 × 1개(HS-311/SG90)

연결선(수-수)

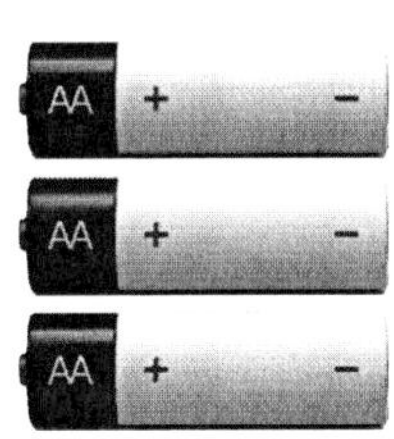

AA 건전지 × 3개
(선택사항)

건전지 홀더 × 1개
(선택사항)

표 5-12 실습 15를 위한 하드웨어

(2) 하드웨어 구성

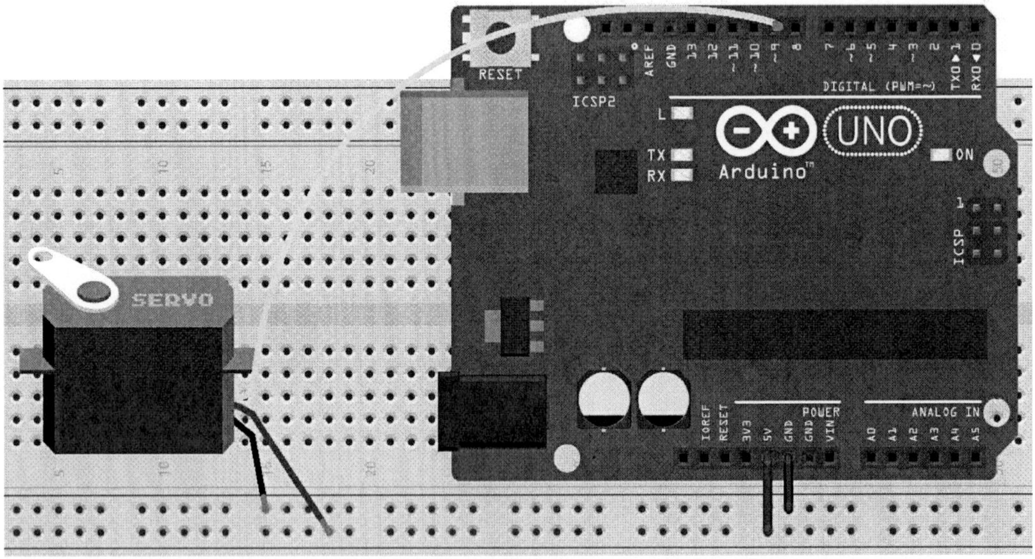

그림 5-26 실습 15를 위한 회로도

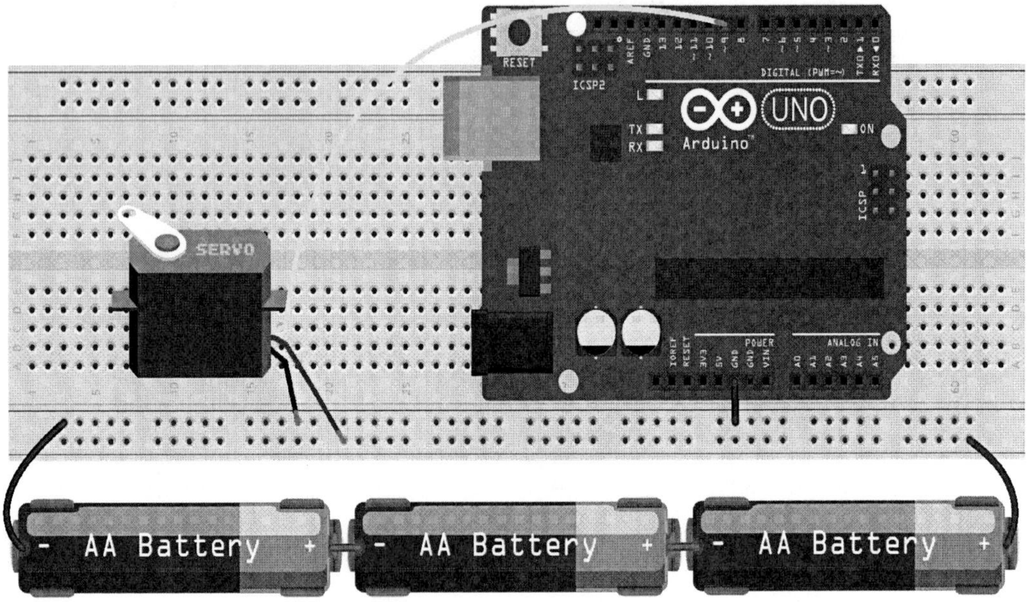

그림 5-27 실습 15를 위한 회로도 - 배터리 연결시

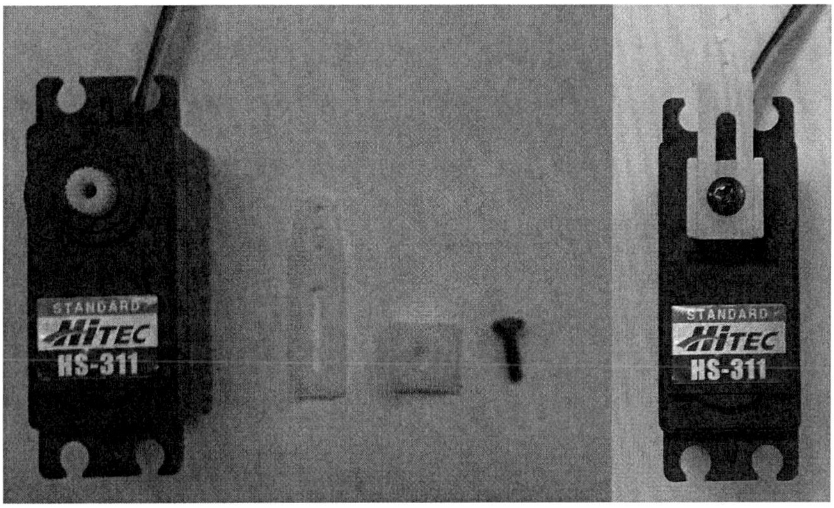

그림 5-28 실습 15를 위한 HS-311 모터 팔 부품과 조립

(3) 스케치 작성

❶ 아두이노 IDE를 실행하여 '파일>새 파일' 명령을 실행한다.

❷ 아래 코드를 작성한다.

```
#include <Servo.h>

Servo servo;
int servoPin = 9;
int minAngle = 0;      // 최소 위치 값 설정
int maxAngle = 180;  // 최대 위치 값 설정
int moveAngle = 5;    // 명령시 이동 값
int centerAngle = (maxAngle - minAngle) / 2; // 가운데 위치 값 설정
int currentAngle = centerAngle;                    // 현재 위치 값 설정

void setup() {
    servo.attach(servoPin);                // 서보 초기화
```

```
    servo.write(currentAngle);           // 가운데로 이동

    Serial.begin(9600);
    Serial.print("서보모터 제어 : ");
    Serial.println("(L)eft, (C)enter, (R)ight 선택");
}

void loop() {
    // 명령 해석
    char cmd = (char) Serial.read();
    switch (cmd) {
        case 'L': case 'l':     // 왼쪽으로
            currentAngle -= moveAngle;
            break;
        case 'C': case 'c':     // 가운데로
            currentAngle = centerAngle;
            break;
        case 'R': case 'r':     // 오른쪽으로
            currentAngle += moveAngle;
            break;
    }

    // 이동 가능 범위 조정
    if (currentAngle < minAngle) currentAngle = minAngle;
    if (currentAngle > maxAngle) currentAngle = maxAngle;

    // 명령 실행
    servo.write(currentAngle);
    delay(15);
}
```

❸ '파일>저장' 메뉴를 실행한다. 바탕화면에 'ArduinoProjects' 폴더를 선택하여 'RobotArmMove_SurvoMotor'라는 이름으로 스케치를 저장한다.

❹ 도구상자의 확인 버튼( )을 눌러 스케치를 컴파일하여 업로드한다.

❺ 도구상자의 시리얼 모니터 버튼( )을 눌러 입력란에 'L(또는 l)', 'C(또는 c)', 'R(또는 r)'를 누르면서 모터 팔이 정상적으로 이동하는지 확인한다.

공부해요 가변저항(포텐셔미터)를 연결하여 서보 모터 제어하기

위의 회로에 가변저항을 추가하여 가변저항 값에 따라 서보를 움직이는 코드를 아래와 같이 작성하자. 가변저항을 돌리면 로봇 팔이 가변저항 방향과 동일하게 움직이는 것을 확인할 수 있다.

```
#include <Servo.h>

Servo servo;
int servoPin = 9;
int potentPin = A0;

void setup() {
    servo.attach(servoPin); // 서보 초기화
}

void loop() {
    // 포텐쇼미터 값(0~1023) 읽음
    int potentValue = analogRead(potentPin);
    // 포텐쇼미터 값을 서보 값으로 매핑
    int moveAngle = map(potentValue, 0, 1023, 0, 180);
```

```
        servo.write(moveAngle); // 서보 이동
        delay(15);
  }
```

4.3 DC 모터

모터가 사용하는 전원에 따라 AC 모터와 DC 모터로 분류하는데 AC 모터는 일반적으로 사용하는 220V 교류(AC) 전원을 사용하는 모터를 말하며, DC 모터는 직류(DC) 전원을 사용하는 모터를 말한다. AC 모터는 동급 출력의 DC 모터에 비해 상대적으로 저렴하고 수명이 길어 큰 힘을 필요로 하는 기계에 많이 사용된다. 하지만 교류는 전압이 일정하지 않기 때문에 속도 및 방향을 제어하기 위해서는 추가 장비가 필요하다. 반면 DC 모터는 AC 모터와 다르게 속도 및 방향을 비교적 간단하게 제어할 수 있어 정밀해야하거나 방향을 제어해야하는 경우, 배터리가 DC 전원이기 때문에 무선으로 제어해야 할 경우에 사용된다. 우리가 흔히 볼 수 있는 휴대용 선풍기는 DC 모터가 장착되어 있다.

DC 모터는 전기에너지를 기계적 에너지로 변환하는 장치로 코일에 전류가 흐르면 자기장이 만들어지는데, 그 자기장의 극성에 따라 코일 양쪽의 자석을 밀고 당기는 힘으로 회전을 하게 된다. 전원을 넣어줄 때 +, - 연결을 반대로 하면 모터의 회전 방향을 반대로 할 수 있으며, 서보 모터와 달리 DC 모터는 360˚ 회전이 가능하다.

그림 5-29 DC 모터

궁금해요 모터 종류

움직이는 무언가를 만들기 위해서는 모터를 사용해야 한다. 모터는 크게는 사용하는 전류에 따라 AC 모터와 DC 모터로 구분되며, 일반적으로 DC 모터, 스텝(Stepper) 모터, 서보 모터를 많이 사용한다. 아래 그림을 참고하여 모터에 대해 알아보기 바란다.

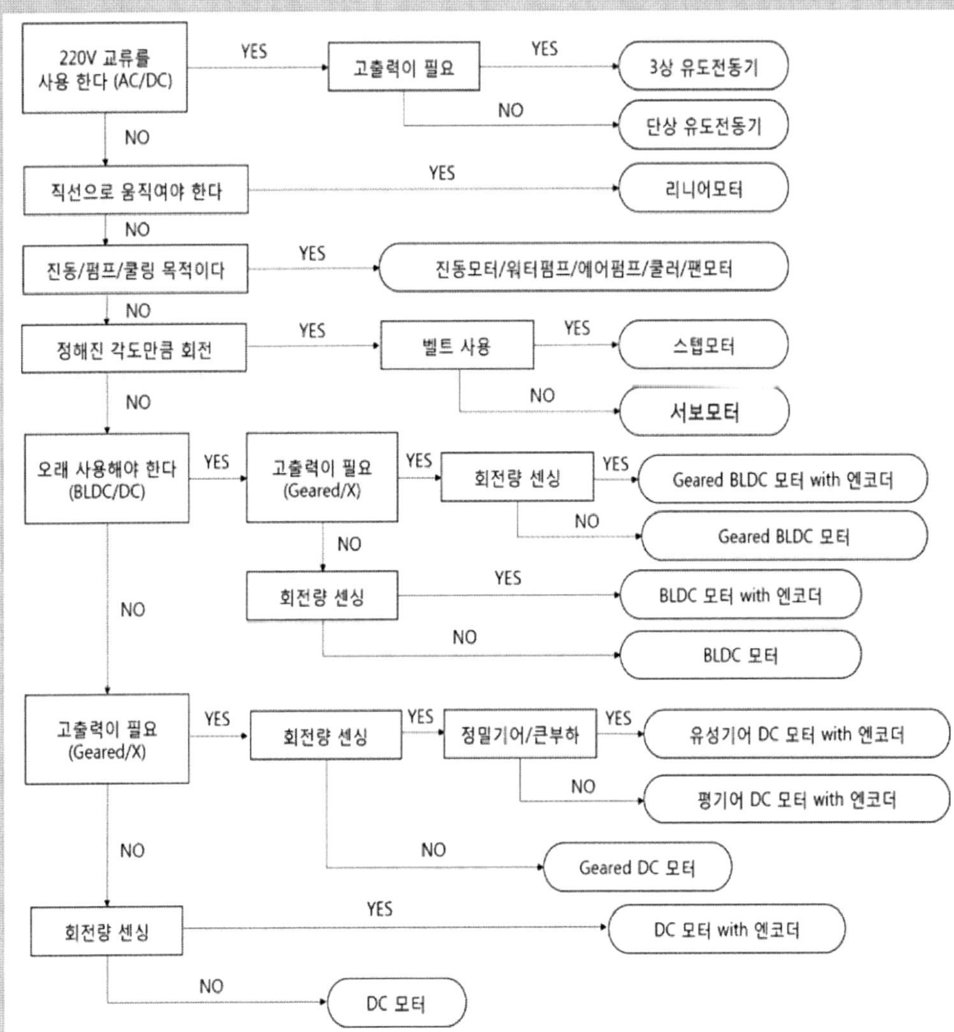

그림 5-30 모터 선택 기준 [출처 : DIY 메카 솔루션 오픈랩]

실습 16 DC 모터로 회전속도 조절하기

DC 모터에 프로펠러를 연결하여 미니 선풍기를 만들어 DC 모터의 회전속도를 이용하여 선풍기의 강약 조절 가능한 프로그램을 작성해 보자. 가변저항을 사용하여 강약조절을 한다.

(1) 하드웨어 준비물

아두이노 우노 × 1개

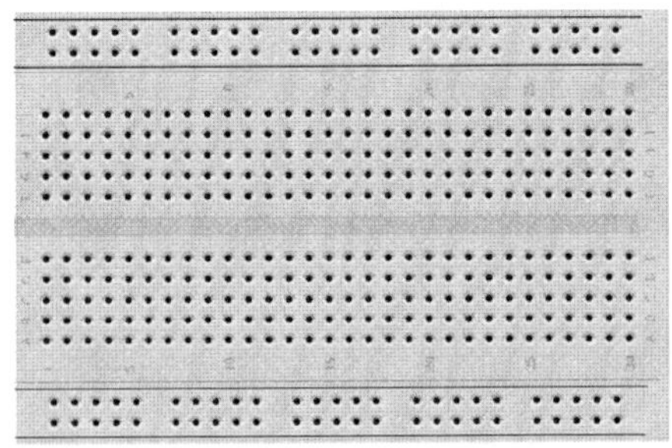

브레드보드 × 1개

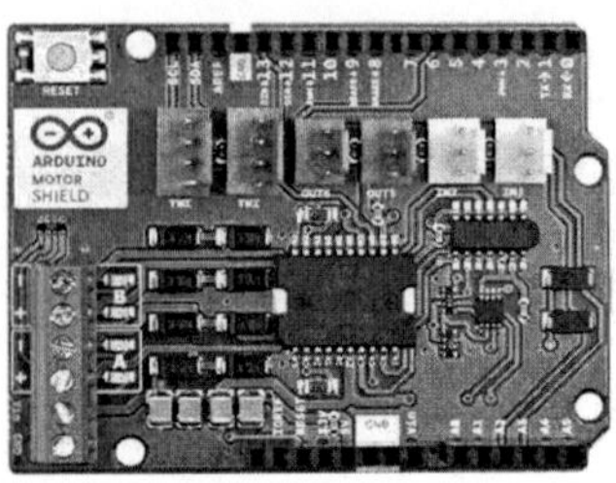

아두이노 모터 쉴드 R3 × 1개
(L293P 모듈 대체 가능)

5V DC모터 × 1개,
플라스틱 프로펠러 × 1개

9V 건전지 × 1개

9V 건전지 홀더 또는 스냅 × 1개

가변저항 × 1개

연결선(수-수)

표 5-13 실습 16을 위한 하드웨어

▶ 아두이노 모터쉴드 R3

DC 모터는 코일에서 생성된 자기장의 유도력으로 고정자석을 움직여 회전을 하게 되는데, 이 유도력으로 인해 스파크를 일으켜 전원에 문제를 일으킬 수 있다. 예를 들면 모터를 갑자기 정지시키거나, 전원을 갑자기 제거하거나, 모터의 회전방향을 바꾸기 위해 전류 방향을 바꿀 경우 역전압 스파크가 발생하여, 아두이노 보드나 모터 등에 손상을 입힐 수 있다. DC 모터를 사용하는 아두이노 프로젝트에서는 이 문제를 해결하기 위해 트랜지스터, 다이오드 등을 사용하여 별도의 드라이버를 구성하거나 모터 드라이버 IC 칩 또는 모터 드라이버 모듈을 사용해야 한다.

실습에서는 L298P 모터 드라이버 모듈을 장착한 아두이노 모터쉴드 R3를 사용한다. 이 보드는 2개의 DC 모터 또는 1개의 스텝 모터를 제어할 수 있는 아두이노 쉴드 보드이다.

아두이노 모터쉴드 R3의 구성과 핀의 기능은 다음과 같으며, 자세한 사항은 아두이노 제품 설명 페이지(https://store.arduino.cc/arduino-motor-shield- rev3)를 참고하기 바란다.

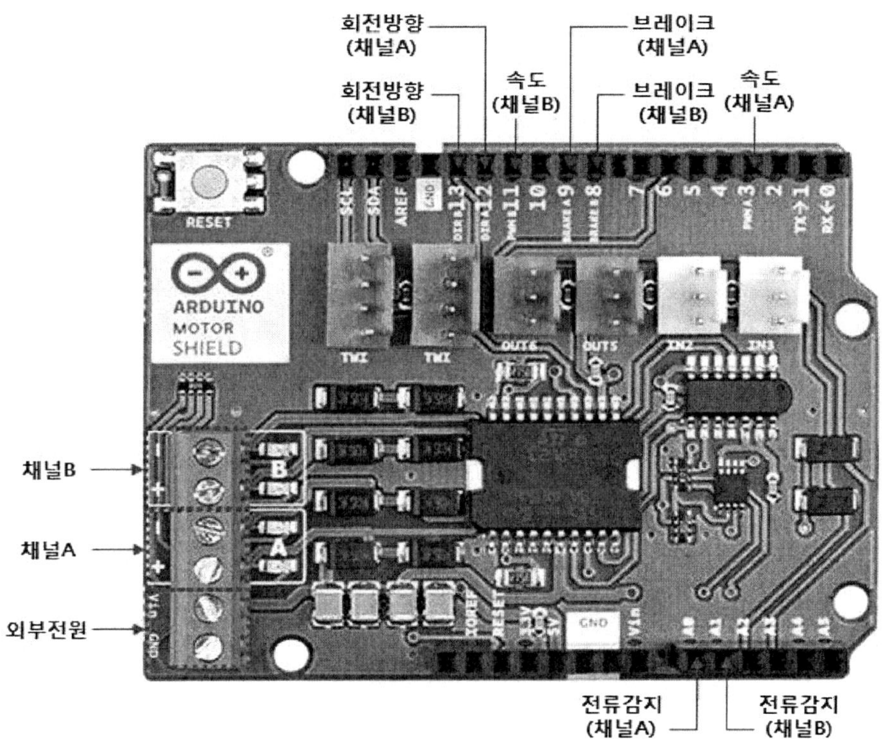

그림 5-31 아두이노 모터쉴드 R3 구성

아두이노 모터 쉴드는 다른 쉴드 보드를 사용할 때와 마찬가지로 아두이노 보드 위에 각 핀의 위치가 일치하도록 꽂아서 사용하면 된다. 또한 보드 자체 전원만으로는 DC모터를 구동할 수 없으므로 외부 전원을 공급해주어야 하는데, 9V 건전지를 사용하면 된다.

기능	채널 A	채널 B	설명
Direction	D12	D13	회전방향(HIGH 또는 LOW)
PWM	D3	D11	회전속도(0 ~ 255)
Brake	D9	D8	강제정지(HIGH일 때)
Current Sensing	A0	A1	전류감지

표 5-14 아두이노 모터쉴드 R3 핀 기능

(2) 하드웨어 구성

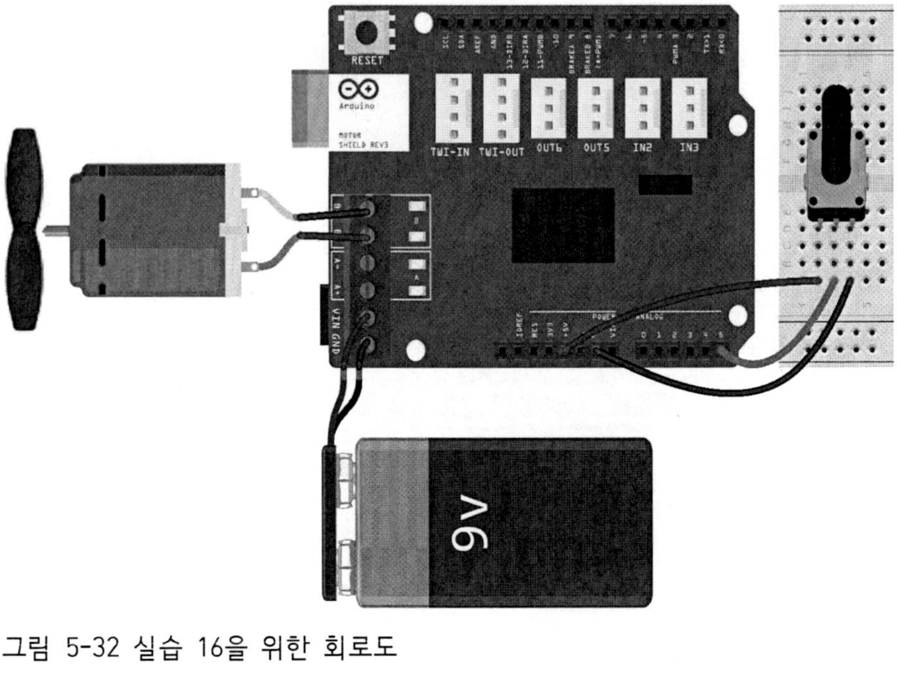

그림 5-32 실습 16을 위한 회로도

(3) 스케치 작성

❶ 아두이노 IDE를 실행하여 '파일>새 파일' 명령을 실행한다.

❷ 아래 코드를 작성한다.

```
// 가변저항
int potentiometerPin = A5;

// DC모터 - 채널B 사용
int directionPinB = 13;// 회전방향
int pwmPinB = 11;     // 회전속도
int brakePinB = 8;    // 브레이크

void setup() {
    Serial.begin(9600);

    pinMode(directionPinB, OUTPUT);
    pinMode(brakePinB, OUTPUT);
    digitalWrite(directionPinB, HIGH);  // 정회전
}

void loop() {
    // 가변저항 값을 읽어 모터 속도로 매핑
    int pwm = map(analogRead(potentiometerPin), 0, 1023, 0, 255);

    if (pwm == 0) { // 강제 정지
        digitalWrite(brakePinB, HIGH);
        analogWrite(pwmPinB, pwm);
    } else {          // 모터 동작
        digitalWrite(brakePinB, LOW);
```

```
        analogWrite(pwmPinB, pwm);
    }

    Serial.print("회전속도 : ");
    Serial.println(pwm);
    delay(3000);
}
```

❸ '파일>저장' 메뉴를 실행한다. 바탕화면에 'ArduinoProjects' 폴더를 선택하여 'PropellerRotate_DcMotor'라는 이름으로 스케치를 저장한다.

❹ 도구상자의 확인 버튼(➡)을 눌러 스케치를 컴파일하여 업로드한다.

❺ 도구상자의 시리얼 모니터 버튼(🔍)을 눌러 모터의 속도를 확인하고 프로펠러의 회전을 확인한다.

공부해요 온습도 센서를 연결하여 온도와 습도에 따라 자동으로 DC 모터 제어하기

위의 회로에 온습도 센서 dht11을 연결하여 회전속도가 30이상이면서 온도가 28℃ 이상이거나 습도가 50%이상이면 DC모터를 동작시키는 코드를 아래와 같이 작성하자. 가변저항 값을 크게 하고 온도 또는 습도가 올라가면 프로펠러가 회전하는 것을 확인할 수 있다.

```
// 온습도센서
#include "DHT.h"
int DHTPIN = 2;                        // 온습도 Data
int DHTTYPE = DHT11;                   // 센서종류
DHT dht11(DHTPIN, DHTTYPE);            // DHT 생성
```

```
// 가변저항
int potentiometerPin = A5;

// DC모터 - 채널B 사용
int directionPinB = 13; // 회전방향
int pwmPinB = 11;       // 회전속도
int brakePinB = 8;      // 브레이크

void setup() {
  Serial.begin(9600);

  dht11.begin();
  delay(2000); // 온습도센서 초기화 시간

  pinMode(directionPinB, OUTPUT);
  pinMode(brakePinB, OUTPUT);
  digitalWrite(directionPinB, HIGH);  // 정회전
}

void loop() {
  float t = dht11.readTemperature();  // 온도 읽음
  float h = dht11.readHumidity();     // 습도 읽음
  int pwm = map(analogRead(potentiometerPin), 0, 1023, 0, 255); // 가
변저항 읽음

  // 온도, 습도, 회전속도 출력
  Serial.print("온도 : ");
  Serial.print(t);
  Serial.print("℃, 습도 : ");
  Serial.print(h);
```

```
  Serial.print("%, 회전속도 : ");
  Serial.println(pwm);

  if ((pwm > 0) && (t > 26.0 || h > 40.0)) {   // 모터 동작
    digitalWrite(brakePinB, LOW);
    analogWrite(pwmPinB, pwm);
  } else {                                       // 모터 중지
    digitalWrite(brakePinB, HIGH);
    analogWrite(pwmPinB, 0);
  }

  delay(3000);
}
```

5. 블루투스 통신

5.1 블루투스 개요

블루투스(bluetooth)는 개인 근거리 무선 시리얼 통신을 위한 산업 표준으로 사무실이나 회의실 등 사용자 주변의 근거리에서 무선으로 서로 다른 통신장치들을 연결하도록 개발되었다.
블루투스를 이용하면 수십 미터(최대 100m)의 가까운 거리에서 노트북, 스마트폰, 무선 헤드셋 등과 같은 모든 정보기기 간에 자유로운 데이터 교환을 할 수 있다. 가까운 거리에 친구가 있다면 스마트폰 블루투스 통신으로 서로 사진을 보내고 메시지를 주고받는 것이 가능하다. 아두이노에서도 블루투스를 지원해주기 때문에 우리가 직접 드론이나 RC카 등을 제작하여 스마트폰으로 제어할 수 있다.
블루투스는 통신을 하려면 두 기기간에 페어링을 수행해야 하는데, 한쪽은 마스터가 되고 다른 한쪽은 슬레이브가 되어야 한다. 연결을 요청한 쪽이 마스터이며, 연결을 허락한 쪽이 슬레이브이다.
간혹 블루투스는 와이파이와 같은 2.4GHz 주파수를 사용하기 때문(와이파이 출력이 블루투스보다 훨씬 크다)에 주변에 와이파이 통신이 많으면 블루투스 연결이 잘 안 되는 경우가 생길 수 있다.

5.2 아두이노 블루투스 통신

아두이노에서 블루투스를 사용하려면 HC-06과 같은 블루투스 모듈을 아두이노 보드에 연결하면 된다. 블루투스는 RX와 TX를 통해 데이터를 송수신하는데, 블루투스의 RX는 아두이노의 TX에 연결하고 블루투스의 TX는 아두이노의 RX에 연결하여야 한다. 블루투스에서 송신된 데이터는 아두이노가 수신해야 되고 아두이노에서 송신한 데이터는 블루투스가 수신해야 되기 때문이다. 그리고 이 두 개의 송수신 핀은 아두이노 보드와 컴퓨터가 통신을 하도록 고정되어 있는 0번 핀(RX), 1번 핀(TX)을 제외한 디지털 핀에 연결할 수 있다.
아두이노에 블루투스 모듈을 장착한 후에는 블루투스 통신을 수행하는 스케치를 작성해야 하는데, SoftwareSerial 라이브러리를 사용하면 쉽게 프로그래밍할 수 있다.

5.3 안드로이드 블루투스 앱

스마트폰이나 테블릿 PC와 같은 모바일 기기로 아두이노 제품을 제어하기 위해서는 블루투스 통신 앱을 제작하거나 무료 앱을 다운받아 사용하여야 한다. 사용자 요구에 맞는 앱을 제작하려면 스마트 기기 운영체제(안드로이드, IOS, 윈도 모바일 등)에 따른 프로그래밍 기술을 가지고 있어야 하지만 RC카 운행과 같은 복잡하지 않는 비교적 단순한 제어는 Bluetooth Controller나 BT Chat과 같은 무료 앱을 사용해도 된다.

실습 17 스마트폰으로 LED 켜고 끄기

스마트폰에 블루투스 앱을 설치하여 스마트폰으로 LED를 켜고 끄는 프로그램을 작성해 보자. 블루투스 앱은 안드로이드 Bluetooth Controller를 사용한다.

(1) 하드웨어 준비물

▶ HC-06

HC-06은 안드로이드폰 등과 같은 마스터와 연결하여 무선으로 통신하는 블루투스 슬레이브 모듈이다(안타깝게도 아이폰과는 연결할 수 없다). 슬레이브 모듈이기 때문에 직접 외부 블루투스 기기를 연결할 수는 없지만 외부 기기에서 연결을 하면 외부기기에서 보내온 데이터를 수신할 수 있으며, 외부기기로 데이터를 송신할 수도 있다.

HC-06은 아래 그림과 같이 4개의 핀을 가지고 있으며, RXD(수신) 핀과 TXD(송신) 핀을 통해 데이터를 교환한다. 또한 내장된 LED를 통해 연결 상태를 확인할 수 있다.

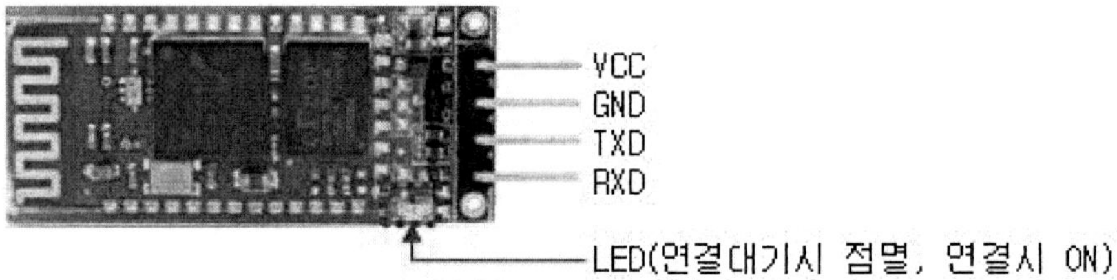

그림 5-33 HC-06의 구성

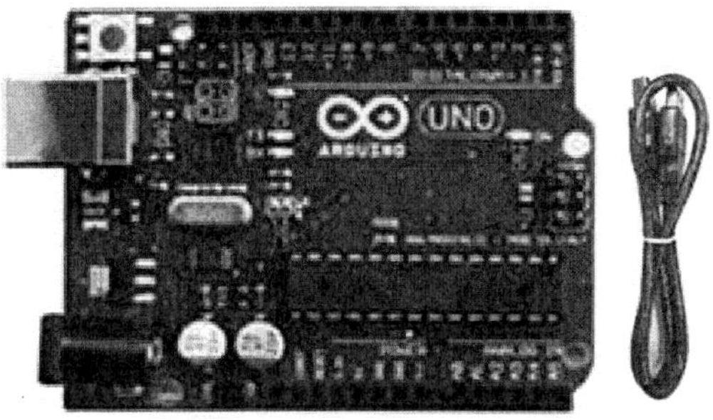

아두이노 우노 × 1개

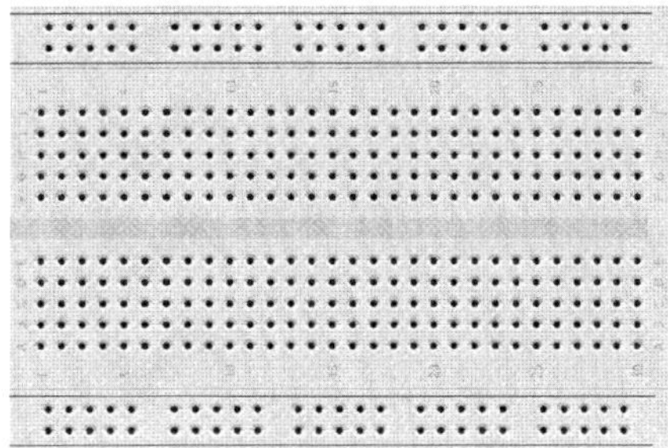

브레드보드 × 1개

블루투스 모듈 × 1개
(HC-06)

5mm LED × 1개

220Ω 저항 × 1개

연결선(수-수)

스마트폰 × 1개
(안드로이드 폰)

블루투스 앱
(Bluetooth Controller)

표 5-15 실습 17을 위한 하드웨어

스마트폰에서 HC-06과 연결하기 위해서는 검색된 장치를 선택하여 페어링을 해야 하는데, HC-06의 기본 설정 값은 Name은 HC-06, Password는 1234, Baud Rate는 9600이다. 설정 값을 변경하기 위해서는 아래 표와 같은 AT 명령을 실행해야 한다.

명령	결과	설 명
AT	OK	통신 테스트, OK를 수신하면 정상 동작중
AT+NAMExxxx	OKsetname	xxxx로 장치이름 변경 (예) AT+NAMEuser03
AT+PINxxxx	OKsetPIN	(예) AT+PIN1234
AT+BAUDx	OKxxxx	x에 정의된 값으로 통신속도 변경 (예) AT+BAUD4

표 5-16 HC-06 설정 값 변경 명령

값	속도(bps)	값	속도(bps)
BAUD1	1200	BAUD5	19200
BAUD2	2400	BAUD6	38400
BAUD3	4800	BAUD7	57600
BAUD4	9600	BAUD8	115200

표 5-17 HC-06 통신속도 설정 값

HC-06에 AT 명령을 실행하기 위해서는 하이퍼터미널 등의 상용 프로그램을 이용할 수도 있지만 간단하게 스케치로도 가능하다. 아래 스케치를 작성하여 아두이노 보드에 업로드한 후 시리얼 모니터를 실행하여 입력란에 명령을 입력하고 전송하면 된다. HC-06의 연결은 이번 실습의 회로도를 참고하기 바란다.

공부해요 HC-06 설정 값 변경 프로그램

```
#include <SoftwareSerial.h>

const int rxPin = 2;
const int txPin = 3;
```

```
SoftwareSerial Bluetooth(rxPin, txPin); // 블루투스 시리얼 생성

void setup() {
  Serial.begin(9600);
  Bluetooth.begin(9600);
}

void loop() {
  if (Bluetooth.available())
    Serial.write(Bluetooth.read()); // 블루투스 -> 시리얼 출력(응답 결과)
  if (Serial.available())
    Bluetooth.write(Serial.read()); // 시리얼 -> 블루투스 출력(명령 실행)
}
```

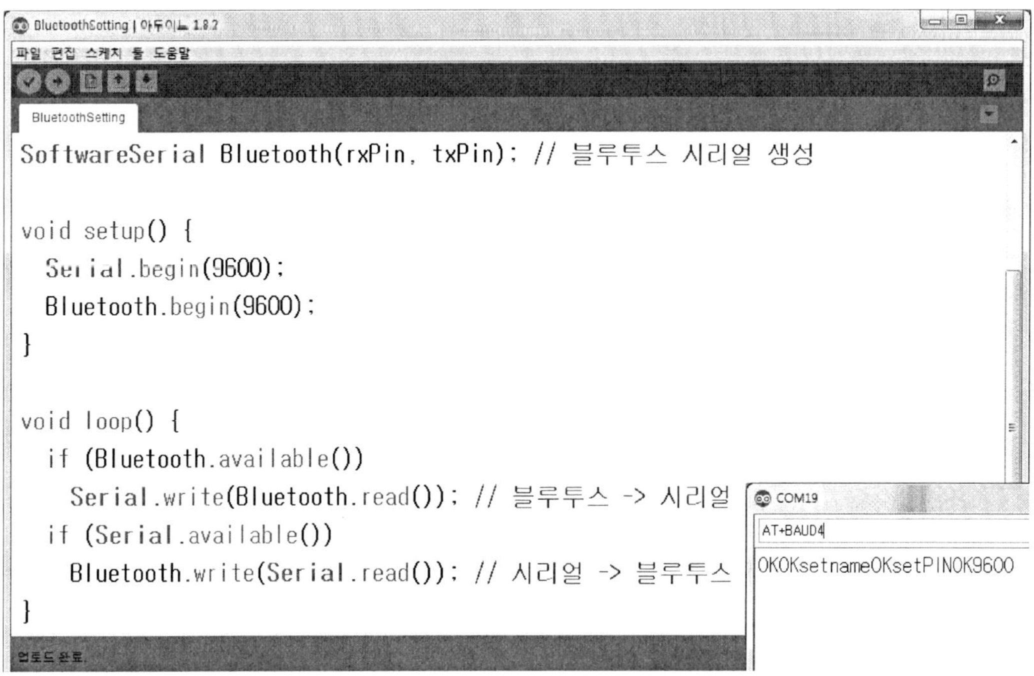

그림 5-34 HC-06 설정 값 변경 실행결과

▶ SoftwareSerial

SoftwareSerial은 시리얼 통신을 수행하는데 필요한 라이브러리이다. 블루투스는 무선 시리얼 통신이므로 이 라이브러리에서 제공하는 함수를 이용해 데이터를 송수신하면 되는데, 다음 절차를 따르면 된다.

❶ SoftwareSerial 라이브러리를 사용할 수 있도록 헤더 파일을 스케치에 포함하고 SoftwareSerial 객체를 생성한다.

【사용 예】

```
#include <SoftwareSerial.h>

int rxPin = 2;
int txPin = 3;

SoftwareSerial Bluetooth(rxPin, txPin); // HC-06과 반대로 연결
```

❷ 송수신 핀의 모드를 설정하고 begin()을 호출하여 블루투스 통신을 시작한다.

【사용 예】

```
pinMode(rxPin, INPUT);
pinMode(txPin, OUTPUT);
Bluetooth.begin(9600);
```

❸ read(), readBytes()를 이용하여 수신한 데이터를 읽어오거나 print(), println() 등을 이용하여 데이터를 송신한다.

【사용 예】

```
char c = Bluetooth.read();
Bluetooth.print("LedOn");
```

▶ Bluetooth Controller

Bluetooth Controller는 블루투스 통신을 지원하는 안드로이드 무료 앱이다. 스마트폰의 Play 스토어에 들어가서 다운받아 설치하면 된다. 실습을 위해 다음과 같이 설정해 두자.

❶ Play 스토어에서 다운받은 앱을 설치한 후 실행한다. 블루투스가 꺼져 있다면 블루투스 승인 요청을 요구하는 대화상자가 나타나는데 '예'를 누른다.

❷ '장치검색' 버튼을 눌러 연결할 장치를 선택한다. 스마트폰에 등록(페어링)된 블루투스 장치 목록을 보여주는데, HC-06을 페어링을 수행하지 않았기 때문에 목록의 목록 아래쪽의 '장치검색' 버튼을 눌러 페어링을 먼저 수행하여야 한다.

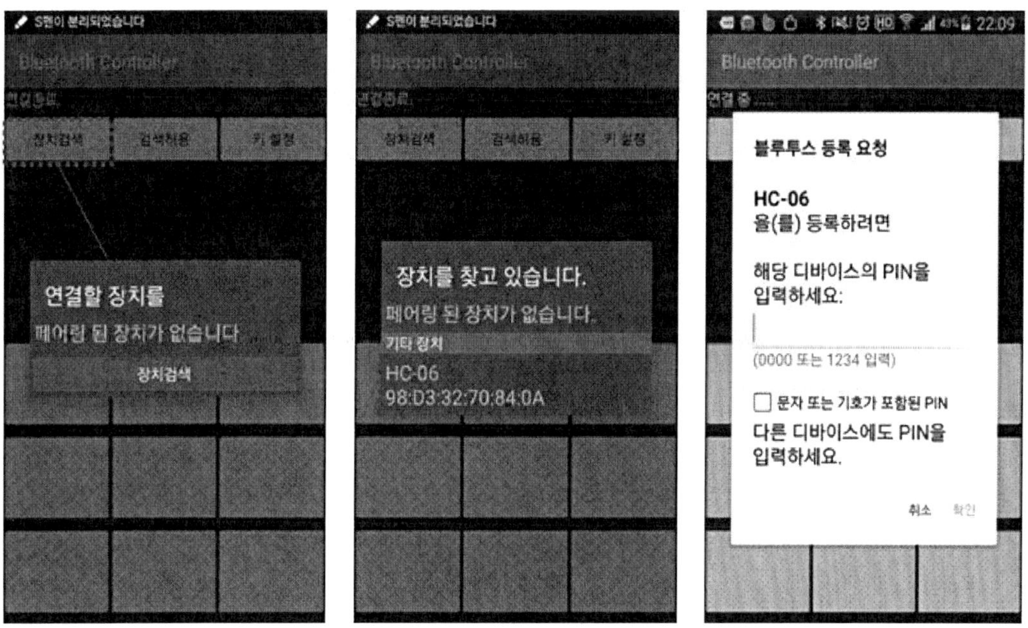

그림 5-35 Bluetooth Controller 실행 화면 - 장치 선택

❸ HC-06 연결이 되면 '키 설정' 버튼을 눌러 명령을 실행할 버튼에 나타낼 텍스트(키 이름)와 전송할 키 값(데이터 설정)을 입력한다.

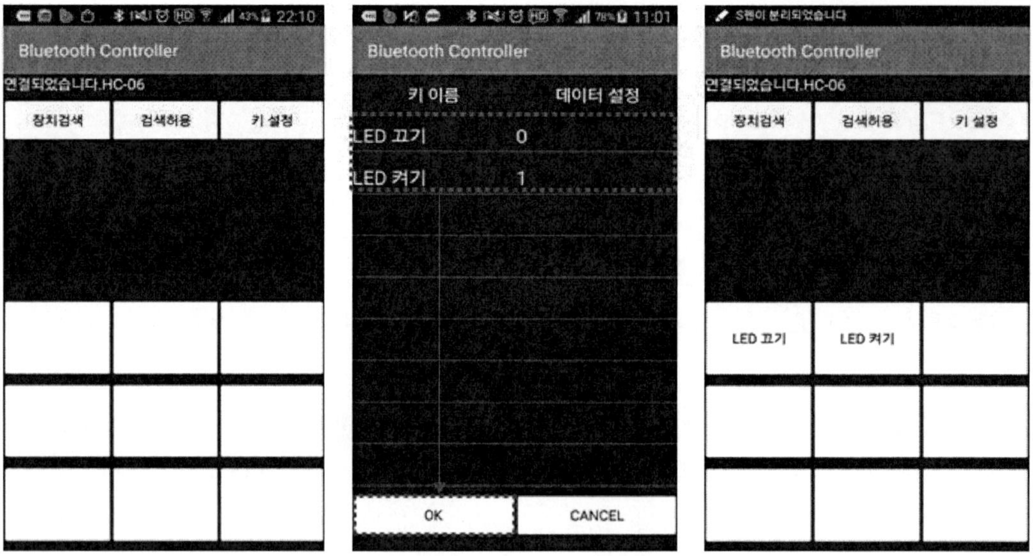

그림 5-36 Bluetooth Controller 실행 화면 - 키 설정

(2) 하드웨어 구성

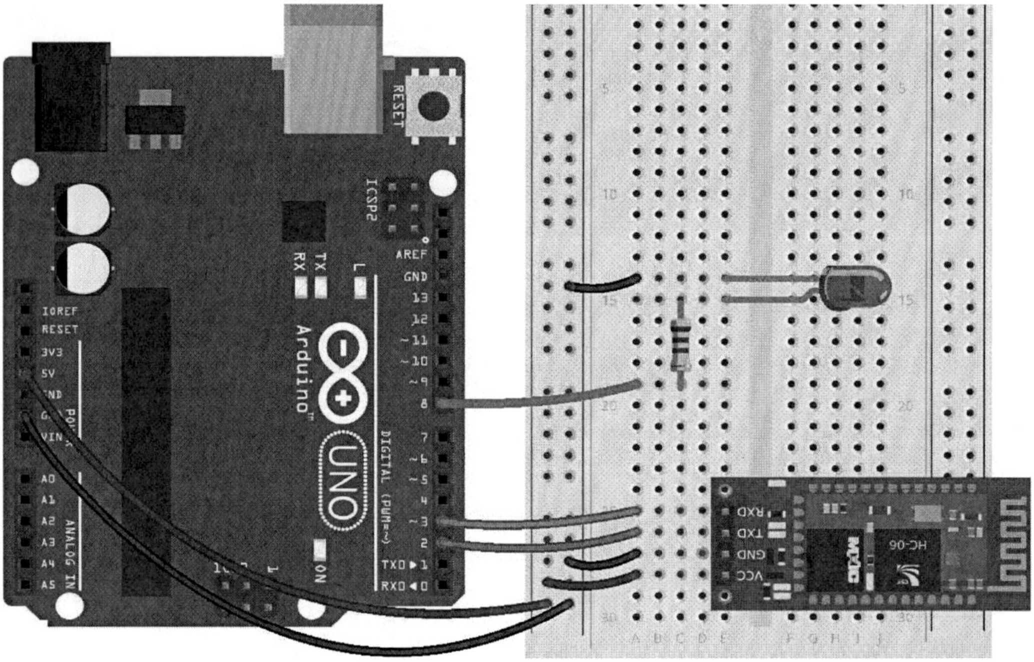
그림 5-37 실습 17을 위한 회로도

(3) 스케치 작성

❶ 아두이노 IDE를 실행하여 '파일>새 파일' 명령을 실행한다.

❷ 아래 코드를 작성한다.

```
#include <SoftwareSerial.h>

const int rxPin = 2;
const int txPin = 3;
const int ledPin = 8;

SoftwareSerial Bluetooth(rxPin, txPin); // 블루투스 시리얼 생성

void setup() {
    Bluetooth.begin(9600);
    pinMode(ledPin, OUTPUT);
}

void loop() {
    if (Bluetooth.available()) { // 수신한 데이터가 있으면
        char cmd = (char) Bluetooth.read(); // 데이터를 읽음
        switch (cmd) {
            case '0':
                digitalWrite(ledPin, LOW);      // LED 끄기
                Bluetooth.print(" LED OFF"); // 상태 송신
                break;
            case '1':
                digitalWrite(ledPin, HIGH);     // LED 켜기
                Bluetooth.print(" LED ON");  // 상태 송신
                break;
```

```
            }
        }
    }
```

❸ '파일>저장' 메뉴를 실행한다. 바탕화면에 'ArduinoProjects' 폴더를 선택하여 'LedOnOff_Bluetooth'라는 이름으로 스케치를 저장한다.

❹ 도구상자의 확인 버튼( )을 눌러 스케치를 컴파일하여 업로드한다. Bluetooth Controller 앱을 실행하여 버튼을 눌러 LED가 동작하는지 확인한다.

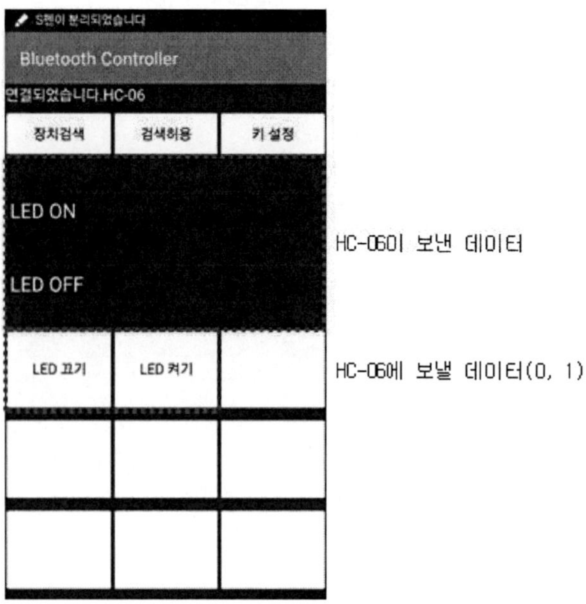

그림 5-38 실습 17 실행 결과

참고문헌 및 사이트

1. 아두이노와 안드로이드로 45개 프로젝트 만들기, 서현우, 엔써북, 2014
2. 임베디드프로그래밍, 여인춘·이동훈 외 3인, ㈜도서출판 길벗, 2004
3. 아두이노, https://www.arduino.cc/
4. 위키백과, https://ko.wikipedia.org/wiki/
5. HARD COPY WORLD, http://www.hardcopyworld.com/
6. fritzing, fritzing.org/home
7. DIY 메카솔루션 오픈랩, http://blog.naver.com/prologue/PrologueList.nhn?blogId=roboholic84&categoryNo=7

찾아보기

(ㅇ)

(ㅈ)

(ㅊ)

(ㅋ)

아두이노 C 프로그래밍

2017년 12월 13일 인쇄
2017년 12월 15일 발행
서 사 권 상 홍 저
한국폴리텍대학대구캠퍼스 스마트전자과 교수
펴낸이 오 성 걸
펴낸곳 **오성미디어**
주 소 132-916 서울시 도봉구 창 3동 491-1
전 화 02)997-0136
FAX 02)997-0137
등 록 2000. 5. 12 제 7-212 호

ISBN 978-89-6628-522-8 값 18,000 원